纲鉴易知录评注

四

国务院参事室　中央文史研究馆　编

中华书局

隋　纪

炀帝

纲 己巳,五年(大业五年,609),春正月,改东京为东都。

纲 禁民间兵器。

目 铁叉、搭钩、欑(zuǎn)刃之类①,皆禁之。

纲 三月,帝巡河右②。夏四月,遣兵击吐谷浑,不克。西域诸国来朝,献
　　地,置西海等郡③。

纲 冬十一月,还东都。

纲 杀司隶大夫薛道衡④。

目 道衡以才学有盛名,自潘州刺史召还⑤,上《高祖颂》。帝不悦,曰:
　　"此《鱼藻》之义也⑥。"拜司隶大夫,将罪之。司隶刺史房彦谦⑦,劝
　　以杜绝宾客,卑辞下气,道衡不能用。会议新令,久不决,道衡谓人

---

① 欑:小矛,比较短的矛。
② 河右:即河西,今河西走廊一带。
③ 西海郡:治今青海共和县,吐谷浑故都。
④ 司隶大夫:司隶台主官,掌监察京畿及各地。
⑤ 潘州:即番州,治今广东广州市。
⑥《鱼藻》之义:《诗·小雅·鱼藻》篇,是对周幽王进行讽谏之篇。炀帝谓道衡之颂高
　　祖,是不满于当今。
⑦ 司隶刺史:首都所在雍州的长官。

纲鉴易知录评注

四

国务院参事室　中央文史研究馆　编

中华书局

纲鉴易知录卷四一

卷首语:本卷起隋炀帝大业五年(609),止隋恭帝杨侗皇泰二年(619),即唐武德二年,所记为隋末唐初十一年史事。隋炀帝三征高句丽,引发全国动乱,各地起义反抗,形成群雄相争局面,最终李渊消灭群雄,建立唐朝,再次统一。

隋　纪

炀帝

纲 己巳,五年(大业五年,609),春正月,改东京为东都。

纲 禁民间兵器。

目 铁叉、搭钩、䃎(zuǎn)刃之类①,皆禁之。

纲 三月,帝巡河右②。夏四月,遣兵击吐谷浑,不克。西域诸国来朝,献
　　地,置西海等郡③。

纲 冬十一月,还东都。

纲 杀司隶大夫薛道衡④。

目 道衡以才学有盛名,自潘州刺史召还⑤,上《高祖颂》。帝不悦,曰:
　　"此《鱼藻》之义也⑥。"拜司隶大夫,将罪之。司隶刺史房彦谦⑦,劝
　　以杜绝宾客,卑辞下气,道衡不能用。会议新令,久不决,道衡谓人

---

① 䃎:小矛,比较短的矛。
② 河右:即河西,今河西走廊一带。
③ 西海郡:治今青海共和县,吐谷浑故都。
④ 司隶大夫:司隶台主官,掌监察京畿及各地。
⑤ 潘州:即番州,治今广东广州市。
⑥《鱼藻》之义:《诗·小雅·鱼藻》篇,是对周幽王进行讽谏之篇。炀帝谓道衡之颂高
　　祖,是不满于当今。
⑦ 司隶刺史:首都所在雍州的长官。

曰:"向使高颎不死,令决当久。"有人奏之,帝怒,付执法者推之。御史大夫裴蕴奏:"道衡负才悖逆,有无君之心。"缢杀之。

[炀帝炫富诸蕃]

纲 庚午,六年(610),春正月,诸蕃来朝,陈百戏于端门以示之①。

目 帝以诸蕃酋长毕集洛阳,陈百戏于端门街,执丝竹者万八千人,自昏达旦,终月而罢,所费巨万。自是岁以为常。

诸蕃请入丰都市交易②,许之。先命整饰店肆,盛设帏帐,珍货充积,人物华盛。胡客过酒食店,悉令邀入,醉饱而散,不取其直③,绐之曰:"中国丰饶,酒食例不取直。"胡客皆惊叹。其黠者颇觉之,见以缯帛缠树,曰:"中国亦有贫者,衣不盖形。何如以此物与之,缠树何为?"市人惭不能答。

帝称裴矩之能,谓群臣曰:"裴矩大识朕意,凡所陈奏,皆朕之成算而未发者。自非奉国尽心,孰能若是?"

纲 三月,帝如江都④。

纲 除榆林太守张衡名,以王世充领江都宫监。

目 初,张衡谏营汾阳宫,帝意不平,乃出为榆林太守。久之,敕督役江都宫。礼部尚书杨玄感使至江都,衡谓之曰:"薛道衡真为枉死。"玄感

---

① 端门:宫城的正南门。
② 丰都市:洛阳城之东市。
③ 直:价钱。
④ 江都:今江苏扬州市。

奏之。江都郡丞王世充又奏衡频减顿具①。帝怒,除名为民,以世充领江都宫监。

纲 冬十二月,文安侯牛弘卒。

目 弘宽厚恭俭,学术精博。隋室旧臣,始终信任,悔吝不及者,一人而已。弟弼,酗酒,射杀弘驾车牛。弘自外还,其妻迎谓之曰:"叔射杀牛。"弘无所问,直云:"作脯②。"坐定,其妻又言,弘曰:"已知之矣。"颜色自若,读书不辍。

〔炀帝一征高句丽〕

纲 征高丽王元入朝,不至。

目 帝之幸启民帐也,高丽使者在启民所,启民不敢隐,与之见帝。裴矩说帝曰:"高丽,汉、晋皆为郡县,今乃不臣,先帝欲征之久矣。今其使者亲见启民举国从化,可因其恐惧,胁使入朝。"帝从之。使牛弘宣旨,令使者还语高丽王入朝。至是不至,乃谋讨之。

纲 辛未,七年(611),春二月,帝自将击高丽。夏四月,至临朔宫③,征天下兵会涿郡④。

目 帝御龙舟渡河,遂下诏讨高丽。敕幽州总管元弘嗣往东莱海口造船

---

① 顿具:顿止宿食所需的器具。
② 脯:肉干。
③ 临朔宫:在幽州蓟县,今北京市城区西南部。
④ 涿郡:治今北京市。

三百艘①,官吏督役,昼夜立水中,不敢息,自腰以下皆生蛆,死者什三四。又敕河南、淮南、江南造戎车五万乘,发江、淮以南民夫及船,运黎阳及洛口诸仓米②。舳舻千里,往还常数十万人,昼夜不绝,死者相枕,天下骚动。

纲 冬十月,底柱崩③。

[各地起义反抗]

纲 王薄、张金称、高士达、窦建德等兵起。

目 是时,百姓穷困,始相聚为群盗。邹平民王薄拥众,据长白山④,自称“知世郎”,言事可知矣。又作《无向辽东浪死歌》,以相感动,避征役者多往归之。

漳南人窦建德⑤,少尚气侠,胆力过人。会募人征高丽,建德以选为二百人长,同县孙安祖亦以骁勇选为征士。县令笞之,安祖杀令,亡抵建德,建德谓曰:“丈夫不死,当立大功,岂可但为亡虏邪!”乃集无赖少年,得数百人,使安祖将之,入高鸡泊中为群盗⑥。时鄃(shū)人张金称聚众河曲⑦,蓨(tiáo)人高士达聚众于清河⑧,郡县疑建德与贼通,

---

① 幽州总管:幽州的军政长官,治涿郡。东莱:郡名,治今山东莱州市。
② 黎阳:仓名,在今河南浚县西南。
③ 底柱:即砥柱,山名,在今河南三门峡市东北。
④ 邹平:县名,今山东邹平市。长白山:在今邹平市东南。
⑤ 漳南:县名,在今山东平原县西北。
⑥ 高鸡泊:在今山东平原县西北,旧为漳水所汇,广数百里。
⑦ 鄃:县名,今山东夏津县。河曲:大清河曲处,在今夏津县北。
⑧ 蓨:县名,在今河北景县南。清河:县名,在今河北南宫市东南。

悉收其家属,杀之。建德帅麾下二百人亡归士达,士达自称东海公,以建德为司兵。顷之,安祖为金称所杀,其众尽归建德,建德兵至万余人。建德能倾身接物,与士卒均劳逸,由是人争附之,为之致死。

[炀帝二征高句丽]

纲 壬申,八年(612),春正月,遣诸军分道击高丽。

纲 三月,诸军渡辽水,击败高丽兵,遂围辽东。

纲 夏六月,帝至辽东。攻城,不克。

纲 秋七月,将军宇文述等九军,大败于萨水而还①。

纲 九月,帝还东都,慰抚使刘士龙伏诛,诸将皆除名。

纲 杀张衡。

目 衡既放废,帝每令亲人觇之。及还自辽东,衡妾告衡怨望谤讪(shàn),诏赐自尽。衡临死大言曰:"我为人作何等事,而望久活!"监刑者塞耳,促令杀之。

纲 癸酉,九年(613),春正月,命代王侑留守西京②。

目 以刑部尚书卫文昇辅之。

纲 二月,复宇文述官爵。

————————

① 萨水:在今朝鲜平壤西。
② 西京:长安,今陕西西安市。

〔炀帝三征高句丽〕

纲 三月,帝复自将击高丽,命越王侗留守东都。

目 帝议复伐高丽,光禄大夫郭荣谏曰:"千钧之弩,不为鼷(xī)鼠发机①。奈何亲辱万乘②,以敌小寇乎!"不听而行。命民部尚书樊子盖辅侗守东都。

纲 夏四月,帝度辽水,遣诸将击高丽。

纲 六月,楚公杨玄感起兵黎阳③,围东都。

目 玄感骁勇,便骑射,好读书,喜宾客,海内知名之士多与之游。蒲山公李密,少有才略,志气雄远,轻财好士。为左亲侍,帝见之,谓宇文述曰:"左仗下黑色小儿,瞻视异常,勿令宿卫!"述乃讽密,使称病自免,密遂屏人事,专务读书。尝乘黄牛读《汉书》,杨素遇而异之,与语大悦。谓玄感等曰:"汝等不及也!"由是玄感与为深交。

初,玄感以朝政日紊,与诸弟潜谋作乱。至是,帝命玄感于黎阳督运。六月,玄感入黎阳,选运夫少壮者得五千余人,刑三牲誓众,且谕之曰:"主上无道,不以百姓为念,天下骚扰,死辽东者以万计。今与君等起兵,以救兆民之弊,何如?"众皆踊跃称万岁。乃勒兵部分。

先是,玄感阴遣召李密。密至,玄感大喜,问计。密曰:"天子出征,远在辽外,去幽州犹隔千里。公拥兵出其不意,长驱入蓟,扼其咽喉。

---

① 鼷鼠:小鼠。

② 万乘:代指皇帝。

③ 杨玄感:杨素之子。

高丽闻之,必蹑其后。不过旬日,资粮皆尽,其众不降则溃,可不战而擒。此上计也。"玄感曰:"更言其次。"密曰:"关中四塞①,天府之国②,虽有卫文昇,不足为意。今帅众鼓行而西,经城勿攻,直取长安,收其豪杰,抚其士民,据险而守之。天子虽还,失其根本,可徐图也。"玄感曰:"更言其次。"密曰:"简兵倍道,袭取东都,以号令四方。但恐先已固守,若引兵攻之,百日不克,天下之兵四面而至,非仆所知也。"玄感曰:"不然,今百官家口并在东都,若先取之,足以动其心。且经城不拔,何以示威!公之下计,乃上策也。"遂引兵向洛阳,围东都。

纲帝引军还,遣宇文述、来护儿等击杨玄感。

纲秋七月,杨玄感引兵趣潼关③。八月,宇文述等追之,玄感败死。

〔李渊为弘化留守〕

纲以唐公李渊为弘化留守④。

目帝以卫尉少卿李渊为弘化留守。渊御众宽简,人多附之。帝以渊相表奇异,又名应图谶,忌之。未几,征诣行在所⑤,渊遇疾未谒。其甥王氏在后宫,帝问曰:"汝舅来何迟?"王氏以疾对,帝曰:"可得死否?"渊闻之,惧,因纵酒纳赂,以自晦。

---

① 关中四塞:关中东有函谷关,西有散关,南有武关,北有萧关。
② 天府:指物产富饶之地。
③ 潼关:在今陕西潼关县东北。
④ 弘化:郡名,治今甘肃庆阳市。
⑤ 行在所:天子巡行所到之地。

纲杀杨玄感党与三万余人。

目帝使御史大夫裴蕴等推玄感党与。谓曰："玄感一呼而从者十万,益
　　知天下人不欲多,多即相聚为盗耳。不尽加诛,无以惩后。"由是所杀
　　三万余人,枉死者大半。玄感之围东都也,开仓赈给百姓。凡受米
　　者,皆坑之于都城之南。

　　玄感所善文士王胄坐徙边,亡命,捕得诛之。帝善属文,不欲人出其
　　右。薛道衡死,帝曰："更能作'空梁落燕泥'否?"胄死,帝诵其佳句,
　　曰："'庭草无人随意绿',复能作此语邪!"

　　帝自负才学,每骄天下之士。常谓侍臣曰："天下皆谓朕承藉绪余,而
　　有四海,设令朕与士大夫高选,亦当为天子。"谓秘书郎虞世南曰①:
　　"我性不喜人谏,若位望通显而谏以求名者,弥所不耐。至于卑贱之
　　士,虽少宽假,然卒不置之地上。汝其知之!"

〔高丽请降〕

纲甲戌,十年(614),春二月,征天下兵伐高丽。三月,帝如涿郡。秋七
　　月,次怀远镇。高丽遣使请降。

纲冬十月,还西京。

纲十二月,帝如东都,杀太史令庾质。

目帝将如东都,太史令庾质谏曰："比岁伐辽,民实劳弊,陛下宜镇抚关
　　内,使百姓尽力农桑,三五年间,四海稍丰实,然后巡省,于事为宜。"

―――――――――――――

① 秘书郎:秘书省官员,管图书等事。

帝怒,下质狱,杀之。

纲乙亥,十一年(615),春二月,孔雀集朝堂,百官称贺。

目有二孔雀自西苑飞集朝堂,亲卫校尉高德儒等十余人见之,奏以为
鸾。时孔雀已去,无可得验,于是百官称贺。拜德儒朝散大夫①,赐
物百段。

纲夏四月,帝如汾阳宫②。

纲以李渊为山西、河东抚慰大使③。

纲秋八月,帝巡北边,突厥始毕可汗入寇④。帝入雁门⑤,始毕围之。九
月,乃解。

目帝巡北边,始毕可汗帅骑数十万谋袭乘舆,义成公主先遣使者告变⑥。
车驾驰入雁门,突厥围雁门。诏天下募兵,守令竞来赴难。李渊之子
世民,年十六应募,隶屯卫将军云定兴⑦。说之曰:"始毕敢举兵围天
子,必谓我仓猝不能赴援故也。宜昼则引旌旗,令数十里不绝,夜则
钲(zhēng)鼓相应⑧。虏必谓救兵大至,望风遁去。"定兴从之。诸郡
援兵亦至;九月,始毕解围去。

————————

① 朝散大夫:中级散官。
② 汾阳宫:在今山西宁武县西南管涔山上。
③ 山西、河东:太行山以西,黄河以东,今山西省中部及南部。抚慰大使:代表朝廷安抚
军民的军政长官。
④ 始毕可汗:启民可汗之子。
⑤ 雁门:县名,在今山西代县东北。
⑥ 义成公主:隋宗室杨谐之女,嫁东突厥启民可汗,后又被始毕可汗等收继为妻。
⑦ 屯卫将军:府兵的领兵军职之一,有左、右之分。
⑧ 钲鼓:行军时指挥进退的钲和鼓。

纲 冬十月，帝还东都。

纲 诏江都更造龙舟。

纲 城父朱粲兵起①。

纲 丙子，十二年(616)，春正月，分遣使者发兵，击诸起兵者。

纲 夏四月，大业殿火。五月朔，日食既。

纲 除纳言苏威名。

目 帝问侍臣盗贼，翊卫大将军宇文述曰②："渐少。"纳言苏威引身隐柱，帝呼问之，对曰："臣非所司，不喻多少，但患渐近。"帝曰："何谓也？"威曰："他日贼据长白山③，今近在汜水④。且往日租赋丁役，今皆何在？岂非其人皆化为盗乎？"帝不悦。属五月五日，百僚多馈珍玩，威独献《尚书》。或谮之，曰："《尚书》有《五子之歌》，威意甚不逊⑤。"帝益怒。顷之，帝问威以伐高丽事，威欲帝知天下多盗，对曰："今兹之役，愿不发兵，但赦群盗，自可得数十万。遣之东征，高丽可灭。"帝不怿。威出，裴蕴奏曰："此大不逊！天下何处有多许贼！"帝曰："老革多奸⑥，以贼胁我！"蕴遣河南白衣张行本奏⑦："威昔典选，滥授人

① 城父：县名，在今安徽亳州市东南。
② 翊卫大将军：皇帝近卫的将军。
③ 贼：指王薄。
④ 汜水：县名，在今河南荥阳市西北。
⑤ 《尚书》的《五子之歌》是对夏王太康亡国的咏叹。
⑥ 老革：老兵。
⑦ 白衣：平民。

官。"案验,狱成。诏除名为民。

[炀帝再巡江都]

纲 秋七月,帝如江都,命越王侗留守。杀谏者任宗、崔民象、王爱仁。

目 江都龙舟成,送东都。宇文述劝幸江都,帝从之。建节尉任宗上书极
谏,即日于朝堂杖杀之。遂幸江都,命越王侗与光禄大夫段达等总留
后事。奉信郎崔民象以盗贼充斥①,于建国门上表谏。帝大怒,先解
其颐,然后斩之。至汜水,奉信郎王爱仁复上表请还西京,斩之。

纲 冬十月,许公宇文述卒。

目 初,述子化及、智及皆无赖。化及事帝于东宫,帝宠昵之。从幸榆林,
化及、智及冒禁与突厥交市。帝怒,将斩之,既而释之。述卒,帝复以
化及为右屯卫将军,智及为将作少监②。

[瓦岗军大败张须陁]

纲 翟让、李密起兵,攻荥阳。张须陁击之,败死。

目 韦城翟让为东郡法曹③,坐事当斩,亡命于瓦岗为群盗。同郡单雄信
骁健善马槊(shuò)④,聚少年往从之。离狐徐世勣(jì)年十七,有勇
略,说让剽行舟商旅.让资用丰给,附者益众,至万余人。时又有外黄

---

① 奉信郎:随侍差使的低级郎官,隶谒者台。
② 将作少监:将作寺副长官,管理工程、作坊。
③ 韦城:县名,在今河南滑县东南。东郡法曹:东郡管理司法的僚属。东郡治今河南滑
县。
④ 槊:矛类兵器。

王当仁、济阳王伯当、韦城周文举、雍丘李公逸等①，皆拥众为盗。
李密自雍丘亡命，往来诸帅间，说以取天下之策。始皆不信，久之，稍
以为然，相谓曰："今人皆云杨氏将灭，李氏将兴。吾闻王者不死，斯
人再三获济，岂非其人乎！"由是渐敬密。密察诸帅，唯翟让最强，乃
因王伯当以见让。为让画策，说让先取荥阳。于是攻荥阳诸县，多下
之。帝以张须陀为荥阳通守，以讨之。密分兵千余人伏林间，掩之，
须陀败死。河南郡县为之丧气。

纲 十二月，鄱阳林士弘称楚帝②，据江南。

纲 以李渊为太原留守，击甄翟儿，破之。

纲 太仆杨义臣击张金称、高士达，斩之。窦建德收其众，取饶阳③。诏罢
义臣兵。

目 内史郎虞世基以帝恶闻盗贼④，诸将有告败求救者，皆不以闻，或杖其
使者，以为妄言。由是盗贼遍海内，帝皆弗之知。杨义臣破降河北贼
数十万，列状上闻。帝叹曰："我初不闻，贼顿如此，义臣降贼何多
也！"世基对曰："小窃虽多，未足为虑。义臣克之，拥兵不少，久在阃
外，此最非宜。"帝曰："卿言是也。"遽追义臣，放散其兵。贼由是
复盛。

---

① 外黄：县名，治今河南杞县东。济阳：县名，治今山东曹县西北。雍丘：县名，今河南
杞县。
② 鄱阳：县名，今江西鄱阳县。
③ 饶阳：在今河北献县西北。
④ 内史郎：即中书侍郎，掌诏令机务。

纲 帝至江都。诏李渊击突厥。

纲 丁丑,十三年(617),春正月,窦建德称长乐王。

纲 二月,马邑校尉刘武周、朔方郎将梁师都①,各据郡起兵。

纲 翟让、李密据兴洛仓,击败东都兵。让推密称魏公,略取河南诸郡。

纲 三月,突厥立刘武周为定杨可汗,取楼烦、定襄、雁门诸郡②。

纲 梁师都取雕阴、弘化、延安等郡③,自称梁帝。引突厥寇边。

纲 流人郭子和起兵榆林,突厥以为屋利设④。

〔薛举称西秦霸王〕

纲 夏四月,金城校尉薛举起兵陇西⑤,自称西秦霸王。

纲 河南讨捕使裴仁基以虎牢降李密。密攻东都,入其郭⑥。

目 密移檄郡县,数帝十罪,且曰:"罄南山之竹,书罪无穷;决东海之波,流恶难尽。"祖君彦之辞也。

---

① 马邑:郡名,治今山西朔州市。朔方:郡名,治今陕西靖边县红墩界镇统万城国家考古遗址公园。
② 楼烦:郡名,治今山西静乐县西南。定襄:郡名,治今山西忻州市。
③ 雕阴:郡名,治今陕西绥德县。弘化:郡名,治今甘肃庆城县。
④ 设:典领突厥别部兵马的官员,屋利设为众设之一。
⑤ 金城:郡名,治今甘肃兰州市。陇西:郡名,治今甘肃陇西县。
⑥ 郭:外城。

〔李渊起兵太原〕

纲 五月,李渊起兵太原,杀副留守王威、高君雅。

目 初,渊娶于神武肃公窦毅,生四男,建成、世民、玄霸、元吉;一女,适太子千牛备身临汾柴绍①。世民聪明勇决,识量过人。见隋室方乱,阴有安天下之志,倾身下士,散财结客,咸得其欢心。晋阳宫监裴寂,晋阳令刘文静,相与同宿,见城上烽火,寂叹曰:"贫贱如此,复逢乱离,何以自存?"文静笑曰:"时事可知,吾二人相得,何忧贫贱!"文静见李世民而异之,深自结纳,谓寂曰:"此人虽少,命世才也。"寂初未然之。文静坐与李密连昏②,系狱,世民就省之。文静曰:"天下大乱,非高、光之才不能定也③。"世民曰:"安知其无,但人不识耳。我来相省,非儿女之情,欲与君议大事也。计将安出?"文静曰:"今主上南巡江、淮,李密围逼东都,群盗殆以万数。当此之际,有真主驱驾而用之,取天下如反掌耳。太原百姓皆避盗入城,文静为令数年,知其豪杰,一旦收集,可得十万人,尊公所将之兵复且数万,一言出口,谁敢不从!以此乘虚入关,号令天下,不过半年,帝业成矣。"世民笑曰:"君言正合我意。"乃阴部署宾客,渊不之知也。世民恐渊不从,久不敢言。渊与裴寂有旧,每相与宴语,文静欲因寂关说,乃引寂与世民交。世民以其谋告之,寂许诺。

会突厥寇马邑,世民乘间屏人说渊,曰:"今主上无道,百姓困穷,晋阳

---

① 千牛备身:东宫官名,掌侍卫太子。
② 昏:同"婚"。
③ 高:西汉高祖刘邦。光:东汉光武帝刘秀。

城外,皆为战场。大人若守小节,下有寇盗,上有严刑,危亡无日。不若顺民心,兴义兵,转祸为福,此天授之时也。"渊大惊曰:"汝安得为此言!"明日,世民复说渊曰:"今盗贼遍于天下,大人受诏讨贼,贼可尽乎?设能尽贼,则功高不赏,身益危矣!惟昨日之言,可以救祸,此万全之策也,愿大人勿疑。"渊乃叹曰:"吾一夕思汝言,亦大有理。今日破家亡躯亦由汝,化家为国亦由汝矣!"先是,裴寂私以晋阳宫人侍渊。至是,渊从寂饮,酒酣,寂从容言曰:"二郎阴养士马①,欲举大事,正为寂以宫人侍公,恐事觉并诛耳。众情已协,公意如何?"渊曰:"事已如此,当复奈何?正须从之耳。"及刘武周据汾阳宫,世民言于渊曰:"大人为留守,而盗贼窃据离宫。不早建大计,祸今至矣!"渊乃命世民与刘文静、长孙顺德、刘弘基等各募兵,远近赴集,旬日间近万人。仍遣使密召建成、元吉于河东②,柴绍于长安。王威、高君雅见兵大集,疑渊有异志,欲讨渊。渊使世民伏兵于晋阳宫城之外,文静与弘基、顺德等共执威、君雅,系狱。会突厥数万众寇晋阳,众以为威、君雅实召之也,于是斩威、君雅以徇。突厥大掠而去。

纲 六月,李渊遣使如突厥。

目 六月,建成、元吉与柴绍偕至晋阳。刘文静劝李渊与突厥相结,资其士马,以益兵势。渊从之,自为手启,卑辞厚礼,遗始毕可汗。始毕复书,欲渊自为天子,乃以兵马助之。将佐皆喜,请从突厥之言。渊不可,曰:"诸君宜更思其次。"裴寂等乃请尊天子为太上皇,立代王为帝,以安隋室;移檄郡县;改易旗帜,杂用绛白,以示突厥。渊曰:"此

---

① 二郎:指李世民。
② 河东:郡名,治今山西永济市。

可谓掩耳盗铃，然逼于时事，不得不尔。"乃许之，遣使以此告突厥。

纲 李渊遣世子建成及世民击西河郡①，拔之，斩郡丞高德儒。

目 西河郡不从渊命，渊使建成、世民将兵击之。至西河城下，郡丞高德儒闭城拒守，攻拔之。执德儒至军门，世民数之曰："汝指野鸟为鸾，以欺人主，取高官。吾兴义兵，正为诛佞人耳！"遂斩之。自余不戮一人，秋毫无犯，各慰抚使复业，远近闻之大悦。建成等引兵还晋阳，往返凡九日。渊喜曰："以此行兵，虽横行天下可也。"遂定入关之计。

纲 李渊自称大将军，开府置官属。

纲 秋七月，李渊引兵至霍邑②，代王侑遣郎将宋老生、将军屈突通将兵拒之。

目 李渊以子元吉为太原太守，留守晋阳宫。帅甲士三万，发晋阳，誓众，移檄谕以尊立代王之意，西突厥阿史那大奈亦帅其众以从③。渊至西河，慰劳吏民，赈赡贫乏。至贾胡堡，去霍邑五十余里。代王侑遣郎将宋老生帅精兵二万屯霍邑，大将军屈突通将骁果数万屯河东，以拒渊。会积雨，渊不得进。

刘文静至突厥，见始毕可汗请兵。

[李渊、李密互通书信]

渊以书招李密。密自恃兵强，欲为盟主，复书曰："所望左提右挈，戮

---

① 西河：郡名，治今山西汾阳市。
② 霍邑：在今山西洪洞县北。
③ 阿史那：突厥可汗族姓。

力同心,执子婴于咸阳,殪商辛于牧野。"渊得书,笑曰:"密妄自矜大,非折简可致①。吾方有事关中,若遽绝之,乃是更生一敌。不如卑辞推奖,以骄其志,使为我塞成皋之道②,缀东都之兵③,我得专意西征。俟关中平定,据险养威,徐观蚌鹬之势,以收渔人之功,未为晚也。"乃复书曰:"天生烝民,必有司牧,当今为牧,非子而谁!老夫年逾知命,愿不及此。欣戴大弟,攀鳞附翼,唯弟早膺图箓④,以宁兆民。宗盟之长,属籍见容,复封于唐,斯荣足矣。"密得书甚喜,以示将佐曰:"唐公见推,天下不足定矣!"自是信使往来不绝。

雨久不止,渊军中粮乏,刘文静未返,或传突厥与刘武周乘虚袭晋阳。渊欲北还,裴寂等亦以为:"隋兵尚强,未易猝下。李密奸谋难测,武周唯利是视,不如还救根本,更图后举。"李世民曰:"今禾菽(shū)被野,何忧乏粮?老生轻躁,一战可擒。李密顾恋仓粟,未遑远略。武周与突厥外虽相附,内实相猜。武周虽远利太原,岂可近忘马邑?本兴大义,奋不顾身,以救苍生,当先入咸阳,号令天下。今遇小敌,遽已班师,恐从义之徒一朝解体,还守太原一城之地,为贼耳,何以自全!"建成亦以为然。渊不听,促令引发。世民将复入谏,会渊已寝,不得入,号哭于外,声闻帐中。渊召问之,世民曰:"今兵以义动,进战则克,退还则散。众散于前,敌乘于后,死亡无日,何得不悲?"渊乃悟,曰:"军已发,奈何?"世民曰:"右军严而未发,左军去亦不远,请自追之。"渊笑曰:"吾之成败皆在尔,惟尔所为。"世民乃与建成分道

---

① 折简:书信。
② 成皋:在今河南荥阳市西北。
③ 缀:牵制。
④ 图箓:图谶、符箓。

夜追,左军复还。既而太原运粮亦至。

纲武威司马李轨起兵河西①,自称凉王。

纲薛举自称秦帝,徙据天水。

纲八月,李渊与宋老生战,斩之,遂取霍邑。

纲李渊克临汾、绛郡②,刘文静以突厥兵至,遂下韩城③。

纲九月,武阳郡降李密④。

目武阳郡丞元宝藏以郡降李密,密以为上柱国。宝藏使其客巨鹿魏徵
为启谢密⑤,且请帅所部南会诸将,取黎阳仓。密喜,即以宝藏为魏
州总管⑥,召徵掌记室。徵少孤贫,好读书,有大志,落拓不事生业。
始为道士,宝藏召典书记。密爱其文词,故召之。

纲李密遣徐世勣取黎阳仓。

目李密遣徐世勣帅麾下五千人济河,会元宝藏、郝孝德共袭破黎阳仓,
据之。开仓恣民就食,浃旬间,得胜兵三十余万。窦建德、朱粲之徒,
亦遣使附密。泰山道士徐洪客献书于密,以为:“大众久聚,恐米尽人
散,师老厌战,难可成功。”劝密“乘进取之机,因士马之锐,沿流东指,
直向江都,执取独夫,号令天下”。密壮其言,以书招之,洪客竟不出,

① 河西:今指河西走廊一带。
② 绛郡:治今山西稷山县。
③ 韩城:在今陕西韩城县西北。
④ 武阳郡:治今河北大名县。
⑤ 巨鹿:今河北巨鹿县。
⑥ 魏州:即武阳郡。

莫知所之。

〔李渊取长安〕

纲　冯翊太守萧造降于李渊①。渊留兵围河东，自引军西。

目　时河东未下，三辅豪杰至者日以千数②。渊欲引兵西趣长安，犹豫未
　　决。裴寂曰："屈突通拥大众，凭坚城，吾舍之而去，若进攻长安不克，
　　退为河东所踵，腹背受敌，此危道也。不若先克河东，然后西上。"李
　　世民曰："不然。兵贵神速，吾席累胜之威，抚归附之众，鼓行而西，长
　　安之人望风震骇，智不及谋，勇不及断，取之若振槁叶耳。若淹留，自
　　弊于坚城之下，彼得成谋、修备以待我，坐费日月，众心离沮，则大事
　　去矣。且关中蜂起之将，未有所属，不可不早招怀也。屈突通自守虏
　　耳，不足为虑。"渊两从之，留诸将围河东，自引军而西。

纲　李渊济河，遣建成守潼关，世民徇渭北。

目　李渊帅诸军济河，关中士民归之者如市。渊遣世子建成、刘文静帅王
　　长谐等诸军屯永丰仓，守潼关以备东方兵，世民帅刘弘基等诸军徇渭
　　北。冠氏长于志宁、安养尉颜师古及世民妇兄长孙无忌，谒见渊于长
　　春宫③。志宁、师古皆以文学知名，无忌乃有才略，渊皆礼而用之。

纲　柴绍妻李氏及李神通、段纶各起兵，以应李渊。关中群盗悉降于渊。

目　柴绍之赴太原也，其妻李氏归鄠(hù)县别墅，散家赀，聚徒众。渊从

————————————

① 冯翊：郡名，治今陕西大荔县。
② 三辅：谓关中京畿地区。
③ 冠氏：县名，今山东冠县。安养：县名，在今湖北襄阳市境。长春宫：在今陕西朝邑县。

弟神通亦在长安,亡入鄠县山中,与长安大侠史万宝等起兵,以应渊。神通众逾一万,以令狐德棻为记室。左亲卫段纶娶渊女,亦聚徒于蓝田,得万余人。各遣使迎渊。渊使柴绍将数百骑迎李氏。关中群盗皆请降。

纲 冬十月,李渊合诸军围长安。

〔房玄龄归李世民〕

目 渊进屯冯翊。世民所至,吏民及群盗归之如流,世民收其豪俊以备僚属。李氏将精兵万余会世民于渭北,与柴绍各置幕府,号"娘子军"。隰(xí)城尉房玄龄谒世民于军门,世民一见如旧识,署记室参军,引为谋主。玄龄罄竭心力,知无不为。渊引军西行。十月,至长安,命诸军进围城。

纲 萧铣起兵巴陵①,自称梁王。

纲 十一月,李渊克长安,杀留守官阴世师等十余人。

目 李渊克长安,迎立代王于东宫,迁居大兴殿后听②。与民约法十二条,悉除隋苛禁。渊之起兵也,留守官发其坟墓,毁其五庙。至是,卫文昇已卒,执阴世师等十余人,斩之,余无所问。马邑郡丞三原李靖③,素与渊有隙,渊将斩之,靖大呼曰:"公兴义兵,欲平暴乱,乃以私怨杀壮士乎!"世民为之固请,乃舍之,世民因召置幕府。靖少负志气,有

———————

① 萧铣:后梁宣帝萧詧曾孙。巴陵:县名,今湖南岳阳市。
② 听:通"厅"。
③ 三原:县名,在今陕西三原县东北。

文武才略,其舅韩擒虎每抚之曰:"可与言将帅之略者,独此子耳!"

纲 李渊立代王侑为皇帝,尊帝为太上皇。

纲 渊自为大丞相,封唐王。以建成为唐王世子,世民为秦公,元吉为齐公。

纲 十二月,唐王渊追谥其大父为景王①,考为元王②,夫人窦氏为穆妃。

纲 河池太守萧瑀以郡降唐③。

纲 屈突通降唐。唐遣通招河东通守尧君素,不下。

恭帝侑

纲 戊寅(618),春正月,唐王渊自加殊礼。

〔江都兵变,炀帝死〕

纲 三月,隋宇文化及弑其君广于江都,立秦王浩。

目 炀帝至江都,荒淫益甚,酒卮不离口。然见天下危乱,亦不自安,退朝则幅巾短衣,遍历台阁,汲汲顾景④,唯恐不足。常仰视天文,谓萧后曰:"外间大有人图侬,然且共乐饮耳!"因引满沉醉。又引镜自照,曰:"好头颈,谁当斫之!"后惊问故,帝笑曰:"贵贱苦乐,更迭为之,

---

① 大父:祖父,指李虎。
② 考:父亲,指李昞。
③ 河池:郡名,治今陕西凤县。
④ 景:光影。

亦复何伤?"

郎将赵行枢请以许公宇文化及为主。化及闻之,变色流汗,既而从之。郎将司马德戡遂引兵自玄武门入直阁,裴虔通逼帝出宫,露刃侍立。帝叹曰:"我何罪至此?"贼党马文举曰:"陛下违弃宗庙,巡游不息;外勤征讨,内极奢淫;四民丧业,盗贼蜂起;专任佞谀,饰非拒谏。何谓无罪!"帝曰:"我实负百姓。至于尔辈,荣禄兼极,何乃如是!"虔通欲遂弑帝,帝曰:"天子死自有法,何得加以锋刃?取鸩酒来!"文举等不许,使令狐行达缢杀之。

化及自称大丞相,总百揆。以皇后令,立秦王浩为帝。

化及之入朝堂也,百官毕贺。苏威亦往,给事郎许善心独不至,化及杀之。其母范氏,年九十二,抚枢不哭,曰:"吾有子矣!"不食而卒。

唐王闻变恸哭曰:"吾北面事人,失道不能救,敢忘哀乎!"追谥曰炀。

纲 唐王渊自为相国,加九锡。

纲 宇文化及发江都。

纲 隋吴兴太守沈法兴起兵,据江表十余郡。

纲 夏四月,宇文化及至彭城,魏公密拒之,化及引兵入东郡。

纲 梁王铣称皇帝。

目 梁王萧铣即帝位,置百官,徙都江陵。修复园庙。引岑文本为中书侍郎,委以机密。

〔唐朝代隋〕

纲 五月,唐王渊称皇帝。

目 隋恭帝禅位于唐,唐王即皇帝位。推五运为土德,色尚黄。

评隋朝:

　　隋朝结束了魏晋南北朝长期的分裂局面,开启了中国历史上第二次大一统时期。隋文帝总结、完善了前期发展而来的行政、法律、礼乐、均田、户籍、赋税等制,强化了中央集权,拓展了统治基础;炀帝虽好大喜功,但其建立科举制度、修筑大运河等举措,皆影响深远。农业、手工业和商业均甚发达,国力空前强盛。垦田面积超过以往,在籍户数高达890余万,儒学、佛教、道教、文学、史学、音乐艺术和科学技术也有较大发展,民族交融和中外交流十分活跃。但隋朝又是一个二世而亡的短命王朝,其危机在隋文帝"开皇之治"好用小术、为政甚苛时即已潜伏;至炀帝役民无度,乱政频出,众叛亲离,整套统治体系很快瓦解。

纲 唐罢郡置州,以太守为刺史。

纲 隋越王侗称皇帝。

目 东都留守官闻炀帝凶问,奉越王侗即位。段达、王世充为纳言,元文都为内史令,共掌朝政①。

纲 突厥遣使如唐。

目 时突厥强盛,唐初起兵,资其兵马,前后饷遗,不可胜纪。突厥恃功骄倨,每遣使者至长安,多暴横,唐主优容之。

纲 唐作律令,置学校。

---

① 内史令:即中书令,中书省主官,时三省主官皆为宰相。

目命裴寂、刘文静等修律令，行之。置国子、太学、四门生，三百余员，郡县学亦置生员。

纲六月，唐以秦公世民为尚书令，裴寂为右仆射、知政事，刘文静为纳言，窦威、萧瑀为内史令。

纲唐立四亲庙。

纲唐立世子建成为皇太子，世民为秦王，元吉为齐王。

纲唐废隋帝侑为酅(xī)国公，而选用其宗室。

纲唐以孙伏伽为治书侍御史。

目万年县法曹孙伏伽上表曰①："隋以恶闻其过亡天下，故陛下得之。然陛下徒知得之之易，而未知隋失之之不难也。谓宜易其覆辙，务尽下情。凡人君言动，不可不慎。陛下今日即位，明日有献鹞雏者，此乃少年之事，岂圣主所须哉！又百戏、散乐，亡国淫声。近太常于民间借妇女裙襦(rú)以充妓衣，拟五月五日玄武门游戏，此亦非所以为子孙法也。夫善恶之习，渐染易移，太子、诸王参僚左右，宜谨择其人。有门风不睦，素无行义，专好奢靡，以声色游猎为事者，皆不可近。自古骨肉乖离，以致败亡，未有不因左右离间而然也"。唐主大悦，下诏褒称，擢为治书侍御史，赐帛三百匹，仍颁示远近。

纲魏公密败宇文化及于黎阳，奉表降隋。

纲秋七月，隋王世充杀元文都，隋主以世充为仆射。魏公密如东都，不

----

① 万年县：与长安县分治都城地方，在今陕西西安市西北。

至而复。

纲八月,秦主举卒,子仁杲立。

纲唐立李轨为凉王。

纲隋人葬炀帝于江都。

〔李密以瓦岗军降唐〕

纲魏公密与隋战,大败,遂以其众降唐。

纲隋宇文化及弑秦王浩,自称许帝①。

纲冬十月,唐以李密为光禄卿,封邢国公。

纲朱粲自称楚帝。取唐邓州②,刺史吕子臧死之。

纲隋以王世充为太尉。

纲十一月,凉王李轨称帝。

纲唐秦王世民破秦兵,围折墌(zhǐ)③,秦主仁杲(gǎo)出降。

纲徐世勣降唐,赐姓李氏。

目徐世勣据李密旧境,未有所属。魏徵随密至长安,无所知名,乃自请

① 宇文化及袭封许公,因以为国号。
② 邓州:治今河南邓州市。
③ 折墌:城名,薛仁杲居此,在今甘肃泾川县东北。

安集山东。唐主以为秘书丞,乘传至黎阳①,劝世勣早降。世勣遂决意西向,谓长史郭孝恪曰:"此民众土地,皆魏公有也;吾若献之,是利主之败,自为功以邀富贵也,吾实耻之。今宜籍郡县户口、士马之数以启魏公,使自献之。"乃使孝恪诣长安。唐主初怪世勣无表,既而闻之,叹曰:"世勣不背德,不邀功,真纯臣也!"赐姓李氏。使孝恪与世勣经营虎牢以东。

纲 唐斩薛仁杲于市。

纲 唐遣李密收抚山东。

目 李密遇大朝会,职当进食,深耻之。退,以告王伯当。伯当曰:"天下事,在公度内耳。"乃言于唐主曰:"臣蒙荣宠,曾无报效,山东之众,皆臣故时麾下,请往收之。凭借国威,取世充如拾芥耳!"群臣皆以密狡猾好反,不可遣。唐主不听,引密升御榻,饮劳甚厚,又以王伯当为副而遣之。

纲 唐杀隋河东守将尧君素。

目 隋将尧君素守河东,唐遣独孤怀恩攻之,不下。招之,不从。遣其妻至城下,谓之曰:"隋室已亡,君何自苦!"君素曰:"天下名义,非妇人所知!"引弓射之,应弦而倒。久之,食尽,又闻江都倾覆,左右杀君素以降。

纲 唐李密叛,行军总管盛彦师讨斩之。

---

① 传:驿站所用车马。

纲 唐以李素立为侍御史。

目 有犯法不至死者，唐主特命杀之。监察御史李素立谏曰："三尺法①，王者所与天下共也。法一动摇，人无所措手足。陛下甫创鸿业，奈何弃法？臣不敢奉诏。"唐主从之。命所司授以七品清要官，拟雍州司户②，唐主曰："要而不清。"又拟秘书郎，唐主曰："清而不要。"遂擢授侍御史。

纲 唐以舞胡安叱奴为散骑侍郎③。

恭帝侗

〔唐定租庸调法〕

纲 己卯(619)，春二月，唐定租、庸、调法。

目 每丁租二石，绢二匹，绵三两。自兹以外，不得横敛。

纲 朱粲降唐，以为楚王。

纲 夏王建德破宇文化及于聊城④，诛之。

纲 唐以宇文士及为上仪同，封德彝为内史侍郎。

纲 隋王世充自称郑王，加九锡。

---

① 三尺法：古以三尺竹简书法律，故云。
② 雍州：治今陕西西安市西北。司户：主管户籍丁口等事的僚属。
③ 舞胡：善舞的胡人。散骑侍郎：门下省所设谏官。
④ 聊城：在今山东聊城市北。

纲夏四月,郑王世充称帝。

纲唐遣安兴贵袭执凉主轨以归,杀之,河西平。

纲五月,郑王世充弑隋主侗。

目世充以尚书裴仁基、裴行俨有威名,忌之。仁基父子知之,亦不自安,乃与尚书左丞宇文儒童谋杀世充,复立隋主。事泄,皆夷三族。齐王世恽言于世充曰:"儒童等谋反,正为隋主尚在故也,不如早除之。"世充遣人酖之,隋主请与太后诀,不许。乃布席礼佛曰:"愿自今以往,不复生帝王家!"饮药,不能绝,以帛缢杀之。谥曰恭皇帝。

纲秋七月,唐置十二军。

目置十二军,分统关内诸府,皆取天星为名,每军将、副各一人,督以耕战之务。由是士马精强,所向无敌。

纲八月,唐鄅公蒇。

纲唐杀其民部尚书刘文静。

目文静自以材略功勋在裴寂之右,而位居其下,意甚不平。家数有妖,弟文起召巫厌胜。文静有妾无宠,使其兄上变告之。唐主以文静属吏,秦王世民为之固请曰:"昔在晋阳,文静先建非常之策,始告寂知,及克京城①,任遇悬隔。今文静觖(jué)望则有之②,非敢谋反。"寂曰:"文静材略过人,性复麤(cū)险,天下未定,留之必贻后患。"唐主素亲

---

① 京城:长安。
② 觖望:怨恨和失望。

寂,低徊久之,卒用寂言。杀文静,籍没其家。

纲 沈法兴称梁王于毗陵①,李子通称吴帝于江都。

纲 唐以李纲为太子少保。

目 初,纲以尚书领太子詹事②。太子建成以秦王世民功高,忌之。纲屡谏不听,乃乞骸骨。唐主骂曰:"卿为何潘仁长史,乃耻为朕尚书邪!"纲曰:"潘仁,贼也,每欲妄杀人,臣谏之则止。为其长史,可以无愧。陛下创业明主,臣所言如水投石,于太子亦然。臣何敢久污天台、辱东朝乎③?"唐主曰:"知公直士,勉留辅吾儿。"以为太子少保。唐主尝考第群臣,以纲及孙伏伽为第一。谓裴寂曰:"隋以主骄臣谄亡天下。朕即位以来,每虚心求谏,唯纲尽忠款,伏伽诚直。余人皆踵弊风,俯眉而已,岂朕所望哉!"

纲 冬,定杨将宋金刚取浍(huì)州④。唐遣秦王世民击之。

纲 十一月,唐秦王世民击宋金刚,屯柏壁⑤。

陶新华 评注

楼　劲 审定

———————

① 毗陵:郡名,治今江苏常州市。
② 太子詹事:东宫诸务的管理者。
③ 天台:天子之朝。东朝:东宫之朝。
④ 浍州:治今山西翼城县。
⑤ 柏壁:城名,在今山西稷山县东。

纲鉴易知录卷四二

　　卷首语：本卷起唐高祖武德三年（620），止唐太宗贞观元年（627），所记为唐高祖朝、唐太宗初共七年史事。高祖李渊在安定关中后，先后讨伐窦建德、王世充，灭刘黑闼，平定关东地区。在消灭北方割据势力后，又南下平定岭南、淮南、江南地区，于武德六年灭辅公祏，基本实现全国统一。在此时期，李渊大体完成唐初政治、军事、经济、律令制度建设。玄武门之变后，李世民被立为太子，不久继承皇位，是为唐太宗。

唐　纪

唐代世系表

（1）高祖李渊 —— （2）太宗世民 —— （3）高宗治
（618–626）　　　（626–649）　　　（649–683）

（6）武周皇帝武曌
（690–705）

（4、7）中宗显 —— （8）殇帝重茂
（684、705–710）　　（710）

（5、9）睿宗旦 —— （10）玄宗隆基 —— （11）肃宗亨
（684–690、710–712）　（715–756）　　　（756–762）

（12）代宗豫 —— （13）德宗适 —— （14）顺宗诵
（762–779）　　（779–805）　　　（805）

（15）宪宗纯 —— （16）穆宗恒

（17）敬宗湛
（824–826）

（18）文宗昂
（826–840）

（19）武宗炎
（840–846）

（20）宣宗忱 —— （21）懿宗漼 —— （22）僖宗儇 —— （24）昭宣帝柷
（846–859）　　（859–873）　　　（873–888）　　（904–907）

（23）昭宗晔
（888–904）

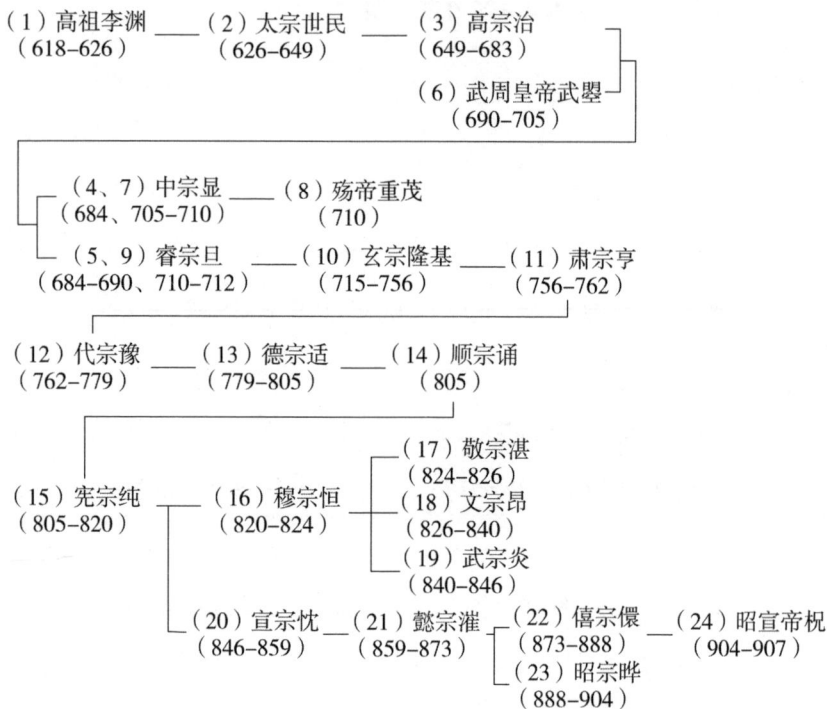

高祖神尧皇帝

纲 庚辰（620）①，春二月，唐以封德彝为中书令②。

纲 夏四月，唐秦王世民击宋金刚，破之，定杨可汗武周及金刚皆走死。

----

① 武德三年。《纲鉴》以此时李渊尚未统一全国，承上卷不称其为高祖而称唐主。
② 中书令：中书省长官，宰相之一。

目 宋金刚将尉(yù)迟敬德、寻相战屡败。四月，金刚食尽，北走。秦王
世民追及寻相于吕州①，大破之，乘胜逐北，一昼夜行二百余里，战数
十合。追及金刚于雀鼠谷②，一日八战，皆破之。引兵趣介休③，金刚
大败。敬德、寻相举介休及永安降④。世民得敬德，喜甚，使将其旧
众八千，与诸营相参。屈突通虑其为变，骤以为言，世民不听。刘武
周闻金刚败，大惧，弃并州走突厥⑤。金刚亦走突厥，皆死。世民入
并州，武周所得州县皆入于唐。

〔李渊得道教祥瑞，立老子庙，以李耳为祖〕

纲 五月，唐立老子庙。

目 晋州人吉善行自言于羊角山见白衣老父曰⑥："为吾语唐天子：'吾为
老君。吾，而祖也⑦。'"诏于其地立庙。

纲 秋七月，唐遣秦王世民督诸军伐郑⑧。

目 唐诏秦王世民督诸军击世充。屈突通二子在洛阳，唐主谓通曰⑨：
"今欲使卿东征，如卿二儿何?"通曰："臣为陛下尽节，但恐不获死所

---

① 吕州:治今山西洪洞县境。
② 雀鼠谷:今山西介休县境。
③ 趣:通"趋"，奔赴、前往。
④ 永安:县名，今山西霍州市。
⑤ 并州:治今山西太原市。
⑥ 晋州:治今山西临汾市。羊角山:在今山西临汾市东。
⑦ 而:你。
⑧ 郑:隋末唐初北方割据政权，王世充自立称帝，国号郑，都洛阳。
⑨ 唐主:此指李渊。

耳。今得备先驱，二儿何足顾乎！"唐主叹曰："徇义之士①，一至此乎！"

纲 九月，唐攻郑轘(huán)辕②，拔之。

目 秦王世民遣王君廓攻轘辕，拔之。于是河南州县相继降唐。刘武周降将寻相等多叛去。诸将疑尉迟敬德，囚之。屈突通、殷开山言于世民曰："敬德骁勇绝伦，留之恐为后患，不如杀之。"世民曰："敬德若叛，岂在寻相之后邪！"遽命释之，引入卧内，赐之金，曰："丈夫意气相期，勿以小嫌介意，吾终不信谗言以害忠良，公宜体之。必欲去者，以此金相资，表一时共事之情也。"已而世民以五百骑行战地，世充帅步骑万余猝至，围之，单雄信引槊(shuò)直趣世民③，敬德跃马大呼，横刺雄信坠马，翼世民出围。更帅骑兵还战，屈突通引大兵继至，世充大败，仅以身免。世民谓敬德曰："公何相报之速也！"自是宠遇日隆。

纲 冬十二月，吴主子通败梁兵④，取京口。杜伏威击之，子通败走。袭梁，梁王法兴走死。

纲 辛巳(621)⑤，春二月，唐秦王世民败郑主世充于穀水⑥，进围洛阳。

----

① 徇：通"殉"。
② 轘辕：山名，在今河南偃师市南。
③ 槊：长矛。
④ 吴：隋末唐初江淮地区割据政权，李子通自立称帝，国号吴，都余杭。梁：隋末唐初江东地区割据政权，沈法兴自立称帝，国号梁，都毗陵。京口：在今江苏镇江市东南。
⑤ 武德四年。
⑥ 穀水：源今河南三门峡市境，向东流至洛阳市西汇入洛水。

〔李世民灭郑、夏〕

纲 三月,夏王建德将兵救郑。夏五月,唐秦王世民大破擒之,郑主世充降。

目 世民入洛阳宫城,观隋宫殿,叹曰:"逞侈心,穷人欲,无亡得乎!"命撤端门楼①,焚乾阳殿②,毁则天门、阙③,废诸道场。

纲 秋七月,唐秦王世民至长安,献俘太庙。赦王世充,斩窦建德。

目 秦王世民至长安,俘王世充、窦建德献于太庙。诏赦世充为庶人,徙蜀。斩建德于市。以天下略定,大赦百姓,给复一年④。世充未行,定州刺史独孤修德矫敕杀之,免修德官。

纲 唐初行开元通宝钱。

目 隋末钱币滥薄,至裁皮糊纸为之,民间不胜其弊。至是,初行开元通宝钱,径八分,积十钱重一两,轻重大小最为折衷,远近便之。

纲 窦建德故将刘黑闼(tà)起兵漳南⑤。

纲 八月,刘黑闼据鄡县,唐遣兵击之。

纲 唐徐圆朗举兵应刘黑闼。

---

① 端门:皇城正南门。
② 乾阳殿:宫城正殿。
③ 则天门:宫城南面三门的中门。以上均为炀帝所建。
④ 给复:免除赋役。
⑤ 漳南:县名,今河北定兴县。

［秦王李世民开秦王府文学馆,所得人才是贞观之治的重要智力储备］

$\boxed{纲}$ 冬十月,唐以秦王世民为天策上将。

$\boxed{目}$ 唐主以秦王世民功大,前代官皆不足以称之,特置天策上将,位在王公上,以世民为之,开府置属。世民以海内浸平,乃开馆以延文学之士。杜如晦、房玄龄、虞世南、褚亮、姚思廉、李玄道、蔡允恭、薛元敬、颜相时、苏勖、于志宁、苏世长、薛收、李守素、陆德明、孔颖达、盖文达、许敬宗为文学馆学士,分为三番,更日直宿①。世民暇日辄至馆中,讨论文籍,或至夜分。使库直阎立本图像,褚亮为赞,号十八学士。士大夫得预其选者,时人谓之"登瀛州"②。

时府僚多补外官③,如晦亦出为陕州长史④。房玄龄曰:"余人不足惜,杜如晦王佐之才,大王欲经营四方,非如晦不可。"世民惊曰:"微公言,几失之。"即奏留之,使参谋帷幄。军中多事,如晦剖决如流。

世民每克城,诸将争取宝货,玄龄独收采人物,致之幕府⑤。每令入奏事,唐主曰:"玄龄为吾儿陈事,虽隔千里,皆如面谈"。

$\boxed{纲}$ 唐遣赵郡王孝恭⑥、李靖伐梁,梁主铣(xiǎn)降。

$\boxed{目}$ 唐发巴蜀兵,以孝恭、李靖统之,自夔(kuí)州东击萧铣⑦。时铣以罢

---

① 直宿:值夜。
② 瀛州:当作"瀛洲",传说中的仙山。
③ 府僚:秦王李世民王府僚属。外官:地方官员或中央派遣外出的官员。
④ 陕州:治今河南三门峡市陕州区。
⑤ 幕府:将帅府署,此指李世民秦王府。
⑥ 孝恭:李渊堂侄。
⑦ 夔州:治今重庆奉节县东北。

兵营农,宿卫才数千人,闻唐兵至,仓猝征兵,未集,乃悉见兵出拒战。李靖纵兵奋击,大破之,乘胜直抵江陵,入其外郭。大获舟舰,靖使散之江中。诸将皆曰:“破敌所获,当籍其用,奈何弃以资敌?”靖曰:“吾悬军深入,若攻城未拔,援兵四集,吾表里受敌,进退不获,虽有舟楫,将安用之? 今弃舟舰,使塞江而下,援兵见之,必谓江陵已破,未敢轻进,往来觇伺,动淹旬月,吾必取之矣。”援兵见之,果疑不进,遂围江陵。

铣内外阻绝,问策于岑文本,文本劝铣降。铣谓群臣曰:“天不祚梁,不可复支矣。必待力屈,则百姓蒙患,奈何以我之故,陷百姓于涂炭乎!”以太牢告庙,下令出降。

孝恭入城,禁止杀掠。诸将言:“梁将帅拒斗死者,请籍其家,以赏将士。”靖曰:“王者之师,宜使义声先路。彼为其主斗死,乃忠臣也,岂可同之叛逆之科乎!”于是城中安堵①,秋毫无犯。南方州县闻之,皆望风款附。孝恭送铣长安,斩于都市。以孝恭为荆州总管②,靖为上柱国,安抚岭南③。

纲 十一月,唐杜伏威击李子通,执送长安。

纲 刘黑闼取唐定州,总管李玄通死之。

目 刘黑闼执玄通,爱其才,欲以为大将,玄通不可。故吏有以酒肉馈之者,玄通饮醉,谓守者曰:“吾能剑舞,愿假吾刀。”守者与之,玄通舞竟,太息曰:“大丈夫受国厚恩,镇抚方面,不能保全所守,亦何面目视

----

① 安堵:安定如常。
② 荆州:治今湖北荆州市。总管:地方高级军政长官,兼治军民。
③ 上柱国:最高级别的勋官。

息世间哉!"引刀自刺而死。

纲 壬午(622)①,春正月,刘黑闼自称汉东王。

纲 唐秦王世民破刘黑闼于洺(míng)水,黑闼奔突厥。

纲 夏六月,刘黑闼引突厥寇山东②,又寇定州。

纲 冬十月,唐遣齐王元吉击刘黑闼,淮阳王道玄与黑闼战,败没。

纲 楚王林士弘卒,其众遂散。

纲 十一月,唐遣太子建成击刘黑闼。

目 淮阳王道玄之败也,山东震骇。刘黑闼尽复故地,进据洺州③。齐王
　元吉不敢进,而太子建成请行,故遣之。

〔李渊数许世民太子之位,太子建成与元吉谋倾世民〕

　　初,唐主之起兵晋阳也,皆秦王世民之谋,唐主谓世民曰:"事成,当以
　　汝为太子。"将佐亦以为请,世民固辞而止。太子喜酒色、游畋,齐王
　　多过失,皆无宠。世民功名日盛,建成内不自安,乃与元吉协谋共倾
　　世民。曲意事妃嫔,诏谀赂遗,无所不至,以求媚于上。世民独不事
　　之,由是诸妃嫔争誉建成、元吉而短世民。时世民、元吉皆居别殿,与
　　上台、东宫昼夜通行④,无复禁限。相遇如家人礼。太子令、秦、齐王

①　武德五年。
②　山东:指太行山以东区域。
③　洺州:治今河北邯郸市永年区。
④　上台:指朝廷。

教与诏敕并行①,有司莫知所从,唯据得之先后为定。世民以淮安王神通有功,给田数十顷。张婕妤求之②,手敕赐之,神通以教给在先,不与。婕妤诉于唐主,唐主怒,以责世民,复谓裴寂曰:"此儿久典兵在外,为书生所教,非复昔日子也。"

秦王每侍宴宫中,思太穆皇后早终③,不得见唐主有天下,或歔歎流涕,唐主不乐。诸妃嫔曰:"陛下春秋高,宜相娱乐,而秦王如此,正是憎疾妾等,陛下万岁后,妾子母必无孑(jié)遗矣!皇太子仁孝,陛下以妾子母属之,必能保全。"唐主为之怆然。由是无易太子意,待世民浸疏,而建成、元吉日亲矣。

太子中允王珪、洗马魏徵亦说太子曰④:"秦王功盖天下,中外归心。殿下但以年长居东宫,无大功以镇服海内。今刘黑闼散亡之余,众不满万,以大军临之,势如拉朽,殿下宜自击之以取功名,因结纳山东豪杰,庶可自安。"于是太子请行。

纲 十二月,唐太子建成兵至昌乐⑤,刘黑闼亡走。

〔李建成灭刘黑闼,平定山东〕

纲 癸未(623)⑥,春正月,汉东将诸葛德威执其君黑闼降唐,唐斩之。

目 时太子遣骑将刘弘基追黑闼,黑闼奔走不得休息,至饶阳,从者才百

---

① 教:由亲王、公主所发布的指令、命令。

② 婕妤:妃嫔称号。

③ 太穆皇后:高祖皇后窦氏,育有建成、世民、玄霸、元吉四子。

④ 太子中允:东宫属官,总理东宫六局。

⑤ 昌乐:县名,今河南南乐县西北。

⑥ 武德六年。

余人,馁(něi)甚。黑闼所署刺史诸葛德威出迎,馈之食,未毕,勒兵执之,送诣太子,斩于洺州。黑闼临刑叹曰:"我幸在家锄菜,为高雅贤辈所误至此①!"

纲 二月,徐圆朗走死,其地皆入于唐。

纲 唐废参旗等十二军。

纲 夏,高开道寇唐幽州②,败走。

纲 秋八月,唐淮南道行台仆射辅公祏(shí)反③。

纲 甲申(624),唐高祖神尧皇帝武德七年④,春正月,置大中正⑤。

目 依周、齐旧制,州置中正一人,掌知州内人物,品量望第,以门望高者领之,无品秩。

纲 二月,置州、县、乡学。

目 诏州、县、乡皆置学,有明一经以上者,咸以名闻。

纲 帝诣国子学,释奠于先圣、先师。

---

① 武德四年,唐高祖杀窦建德。作为窦建德的故将,高雅贤等投奔至刘黑闼处,筹谋为窦建德报仇。彼时黑闼正在种菜,即刻屠杀耕牛供高雅贤等食用,由此确定了起兵漳南反唐的计划。

② 幽州:治今北京市。

③ 淮南道:今安徽中部、江苏中部及湖北东北部、河南东部地区。行台:行台尚书省简称,于外州临时设置,行使尚书省职权,仆射为其长。

④ 此年李渊基本统一全国,《纲鉴》不再称李渊为"唐主",而称高祖,并正式将武德年号写入正文。

⑤ 大中正:即州中正,负责将本州人才评为九品,以供中央铨选。

目诏王公子弟各就学。

纲改大总管府为大都督府①。

纲三月,初定官制。

纲夏四月,颁新律令。

纲初定均田租庸调法②。

目丁、中之民③,给田一顷④,笃疾减什之六⑤,寡妻妾减七,皆以什之三为世业,八为口分。每丁岁入租,粟二石。调随土地所宜,绫、绢、绝(shī)、布⑥。岁役二旬,不役则收其佣⑦,日三尺。有事而加役者,旬有五日,免其调;三旬,租、调俱免。水、旱、虫、霜为灾,什损四以上免租,损六以上免调,损七以上课役俱免。凡民赀(zī)业分九等。百户为里,五里为乡,四家为邻,四邻为保。在城邑者为坊,田野者为村。食禄之家,无得与民争利;工商杂类,无预士伍。男女始生为黄,四岁为小,十六为中,二十为丁,六十为老。岁造计帐,三年造户籍。

评唐初制度建设:

　　唐高祖时期,国家走向统一,社会趋于稳定,典章制度日臻完备。唐

---

① 大都督府:唐统辖若干州的地方高级军政机构。

② 租庸调:唐前期在均田制基础上实行的赋役制度,租即租税,调即布帛之类,庸即不服徭役时所交物品。

③ 丁:承担完整赋役的成年男性。中:承担部分杂徭、力役的未成年男性。

④ 顷:百亩为顷。

⑤ 什:通“十”。

⑥ 绝:较为粗糙的绸。

⑦ 佣:通“庸”,可以绫、绢、绝、布等充之。

制整体承袭隋制,并加以发展、完善。政治制度上,确立三省、六部、九寺、五监的中央政务机构,基本保持中书决策、门下审议、尚书执行的中枢政务运作模式。经济制度上,高祖颁布田令和赋税令,实行均田制及租庸调制。军事制度上,从均田户中选拔府兵,免其租庸调,发展了府兵制,建立了唐朝早期主要的军事力量。法律制度上,高祖定律令,以律明罪名刑罚,以令定重要制度。由是,唐朝早期的制度建设基本完成。

纲 秋,闰七月,突厥入寇,遣秦王世民将兵御之。

目 或说上曰:"突厥所以屡寇关中者,以子女玉帛皆在长安故也。若焚长安而不都,则胡寇自息矣。"上欲从之,秦王世民谏曰:"戎狄为患,自古有之。陛下以圣武龙兴,所征无敌,奈何为此以贻四海之羞,为百世之笑乎!愿假数年之期,臣请系颉利之颈致之阙下①。若其不效,迁都未晚。"上曰:"善。"建成与妃嫔共谮世民曰:"突厥犯边,得赂则退。秦王外托御寇之名,内欲总兵权,成其篡夺之谋!"上大怒,召世民责之。会有司奏突厥入寇,上乃改容劳勉。诏世民、元吉将兵出豳(bīn)州以御之②。上每有寇盗,辄命世民讨之,事平之后,猜嫌益甚。

纲 八月,突厥受盟而还。

纲 乙酉(625),八年,春正月,以张镇周为舒州都督③。

目 镇周,舒州人也,到州就故宅,召亲故,酣宴十日,赠以金帛,泣,与之

① 颉利:东突厥首领。
② 豳州:治今陕西彬州市。
③ 舒州:治今安徽潜山市。

别,曰:"今日张镇周犹得与故人欢饮,明日之后,则舒州都督治百姓耳。"自是犯法者一无所纵,境内肃然。

纲 夏四月,复置十二军。

纲 丙戌(626),九年,春正月,诏太常少卿祖孝孙定雅乐。

纲 二月,初令州、县、里闬(hàn)各祀社稷①。

纲 夏,沙汰僧、道②。

目 太史令傅奕上疏曰③:"佛在西域,言妖路远,汉译胡书,恣其假托。使不忠不孝,削发而揖君亲。游手游食,易服以逃租赋。伪启三途④,谬张六道⑤。遂使愚迷,妄求功德,不惮科禁,轻犯宪章。且生死寿夭,由于自然,刑德威福,关之人主,贫富贵贱,功业所招,而愚僧矫诈,皆云由佛。窃人主之权,擅造化之力,其为害政,良可悲矣!自汉以前,初无佛法,君明臣忠,祚长年久。自立胡神,羌、戎乱华,主庸臣佞,政虐祚短,梁武⑥、齐襄⑦,足为明镜。今天下僧尼,数盈十万。请令匹配,即成十余万户,产育男女,十年长养,一纪教训,可以足兵。"诏百官议之,惟太仆卿张道源是奕言⑧。仆射萧瑀曰:"佛,圣人

---

① 里闬:乡里。

② 沙汰:拣选。此处指设定标准,要求不符合条件的僧尼还俗入籍。

③ 太史令:太史局长官。

④ 三途:佛教用语,指三恶道,火途为地狱道、血途为畜生道、刀途为饿鬼道。

⑤ 六道:佛教用语,指天道、人道、阿修罗道、畜生道、饿鬼道和地狱道。

⑥ 梁武:梁武帝,佞佛。

⑦ 齐襄:南朝齐的竟陵王萧子良,亦佞佛。

⑧ 太仆卿:太仆寺长官,负责车马、马政等相关事宜。

也,而奕非之。非圣人者无法,当治其罪。"奕曰:"人之大伦,莫如君父。佛以世嫡而叛其父,以匹夫而抗天子。萧瑀不生于空桑①,乃遵无父之教。非孝者无亲,瑀之谓矣!"瑀不能对,但合手曰:"地狱之设,正为是人!"上亦恶沙门、道士,苟避征徭,不守戒律。诏:"命有司沙汰天下僧、尼、道士、女冠。其精勤练行者,迁大寺观;庸猥粗秽者,勒还乡里。"

〔玄武门之变〕

纲 六月,太白经天②。秦王世民杀太子建成、齐王元吉。立世民为皇太子,决军国事。

目 世民既与建成、元吉有隙,建成夜召世民,饮酒而酖之,世民暴心痛,吐血数升。上谓世民曰:"首建大谋,削平海内,皆汝之功。吾欲立汝为嗣,而汝固辞。且建成为嗣日久,吾不忍夺也。观汝兄弟,似不相容,不可同处,当遣汝居洛阳,自陕以东皆主之③。仍建天子旌旗,如梁孝王故事④。"世民泣辞,不许。将行,建成、元吉相与谋曰:"秦王若至洛阳,不可复制。不如留之长安,则一匹夫,取之易矣。"乃密令数人上封事,言"秦王左右闻往洛阳,无不喜跃,观其志趣,恐不复来。"上乃止。

元吉密请杀世民,秦府僚佐皆惶惧不知所出。行台郎中房玄龄谓长

---

① 空桑:相传商代名相伊尹无父而生于空桑中。
② 太白:金星。此处指在白昼能观测到的金星过子午圈的自然现象,古人以之为臣下起兵、天下革主之意。
③ 李世民于武德四年拜天策上将、陕东道大行台。
④ 梁孝王刘武是汉景帝同母弟,在七国之乱中死守梁都睢阳,拱卫长安,军功卓越。

孙无忌曰："今嫌隙已成，一旦祸机窃发，岂惟府朝涂地，乃实社稷之忧。莫若劝王行周公之事以安家国。存亡之机，正在今日！"无忌以告。世民召杜如晦谋之，亦劝世民如玄龄言。建成、元吉以秦府多骁将，欲诱之使为己用，密以金银器一车赠尉迟敬德。敬德辞不受，以告世民。世民曰："公心如山岳，虽积金至斗，知公不移。"元吉乃谮敬德于上，将杀之，世民固请，得免。

会突厥入塞，建成荐元吉将兵击之。率更丞王晊(zhì)密告世民曰："太子语齐王：'吾与秦王饯汝于昆明池①，使壮士拉杀之。因遣人说上，授我以国而立汝为太弟。'"世民以告长孙无忌，无忌等告世民先事图之。世民叹曰："骨肉相残，古今大恶。吾诚知祸在朝夕，欲俟其发，然后以义讨之，不亦可乎！"众曰："大王以舜为何如人？"曰："圣人也。"众曰："使舜浚井而不出，涂廪而不下，则井中之泥，廪上之灰耳，安能泽被天下，法施后世乎！是以小杖则受，大杖则走，盖所存者大也。"世民命卜之，幕僚张公谨自外来，见之，取龟投地，曰："卜以决疑，不疑何卜！卜而不吉，庸得已乎！"世民意乃决。

于是太白再经天。傅奕密奏："太白见秦分，秦王当有天下。"上以其状授世民，于是世民密奏建成、元吉淫乱后宫，且曰："兄弟专欲杀臣，似为世充、建德报仇。臣今永违君亲，亦实耻见诸贼于地下！"上惊，报曰："明当鞫(jū)问②，汝宜早参。"明日，世民帅长孙无忌等入，伏兵于玄武门③。建成、元吉俱入参，至临湖殿，觉有变，欲还。世民追射

---

① 昆明池：在今陕西西安市城西南沣水、潏水之间。

② 鞫：审问。

③ 玄武门：唐太极宫北门。

建成,杀之。尉迟敬德射杀元吉。上谓裴寂等曰:"不图今日,乃见此事,当如之何?"萧瑀、陈叔达曰:"建成、元吉本不豫义谋,又无功于天下,疾秦王功高望重,共为奸谋。今秦王已讨而诛之,陛下若处以元良,委之国务,无复事矣!"上曰:"此吾之夙心也。"遂立世民为皇太子。军国庶事,悉委太子处决,然后奏闻。

纲 罢沙汰僧、道。

[李世民唯才是举,起用李建成旧部魏徵、王珪]

纲 以魏徵、王珪为谏议大夫①。

目 初,洗马魏徵常劝建成早除秦王,及建成败,太子召徵谓曰:"汝何为离间我兄弟!"徵举止自若,对曰:"先太子早从徵言,必无今日之祸。"太子改容礼之,引为詹事主簿②。亦召王珪、韦挺于巂(xī)州③,皆以为谏议大夫。

[唐太宗即位]

纲 帝自称太上皇。秋八月,太子即位。

目 诏传位于太子,太子固辞,不许,乃即位。

纲 放宫女三千余人。

---

① 谏议大夫:隶门下省,负责侍从规谏等。
② 詹事主簿:东宫詹事府官员,实际负责东宫诸多政务。
③ 巂州:治今四川西昌市。李渊将李建成等兄弟不睦归罪于王珪、韦挺、杜淹等,流之于巂州。

纲 立妃长孙氏为皇后。

目 后少好读书,造次必循礼法。上为秦王,后奉事高祖,承顺妃嫔,甚有内助。及为后,务崇节俭,服御取给而已。上深重之,尝与之议赏罚,后辞曰:"'牝(pìn)鸡之晨,惟家之索①。'妾妇人,安敢预闻政事!"固问之,终不对。

[便桥之盟,突厥退兵]

纲 突厥入寇,至便桥,帝出御之。突厥请盟而退。

目 梁师都所部离叛,国浸衰弱,乃朝于突厥,劝令入寇。于是颉利、突利二可汗合兵十余万骑寇泾州②。颉利进至渭水便桥之北,遣其腹心执矢思力入见③,以观虚实。思力盛称"二可汗将兵百万,今至矣。"上让其背盟入寇,欲先斩思力。思力惧,乃囚之。

上乃自与高士廉、房玄龄等六骑径诣渭水上,与颉利隔水而语,责以负约。突厥大惊,皆下马罗拜④。俄而诸军继至,旌甲蔽野,颉利见思力不返,而上轻出,军容甚盛,有惧色。上麾诸军使却而布陈,独留与颉利语。萧瑀叩马固谏,上曰:"突厥所以敢倾国而来者,以我国内有难,朕新即位,谓我不能抗御也。我若示之以弱,虏必放兵大掠,不可复制。故朕轻骑独出,示若轻之,震曜军容,使知必战,虏既深入,必有惧心,与战则克,与和则固。制服突厥,在此举矣!"是日,颉利来请

① 牝鸡:母鸡。晨:报晓。索:萧索,衰败。
② 泾州:治今甘肃泾川县北。
③ 执矢:突厥姓。
④ 罗拜:围绕着下拜。

和,诏许之。斩白马,与盟于便桥之上。突厥引兵退。萧瑀请曰:"突厥未和之时,诸将争欲战,陛下不许,而虏自退,其策安在?"上曰:"突厥之众,多而不整。君臣之志,惟贿是求。昨其达官皆来谒我,我若醉而缚之,因击其众,伏兵邀其前,大军蹑其后,覆之如反掌耳。然吾即位日浅,国家未安。一与虏战,结怨既深,彼或惧而修备,则吾未可以得志也。故卷甲韬戈,啖以金帛①,彼既得所欲,志必骄惰,然后养威俟衅,一举可灭也。将欲取之,必固与之,此之谓也。"瑀谢不及。

纲 九月,引诸卫将卒习射于显德殿。

目 上日引诸卫将卒数百人习射殿庭,谕之曰:"朕不使汝曹穿池筑苑,专习弓矢,居闲无事,则为汝师,突厥入寇,则为汝将,庶几中国之民可以少安!"群臣多谏曰:"于律,以兵刃至御在所者绞。今使将卒习射殿庭,万一狂夫窃发,出于不意,非所以重社稷也。"上曰:"王者视四海为一家,封域之内,皆朕赤子,朕一一推心置其腹中,奈何宿卫之士亦加猜忌乎!"由是人思自励,数年之间,悉为精锐。

〔太宗赏功不私亲〕

纲 定勋臣爵邑。

目 上面定勋臣爵邑,命陈叔达唱名示之,且曰:"所叙未当,宜各自言。"于是诸将争功,纷纭不已。淮安王神通曰:"臣举兵关西,首应义旗,今房玄龄、杜如晦等专弄刀笔,功居臣上,臣窃不服。"上曰:"叔父虽

①　啖:给人吃,引申为利诱。

首唱举兵,盖亦自营脱祸。及窦建德吞噬山东,叔父全军覆没。刘黑闼再合余烬,叔父望风奔北。玄龄等运筹帷幄,坐安社稷,论功行赏,固宜居叔父之先。叔父,国之至亲,朕诚无所爱,但不可以私恩滥与勋臣同赏耳!"诸将乃相谓曰:"陛下至公,淮安王尚无所私,吾侪何敢不安其分。"遂皆悦服。

房玄龄尝言秦府旧人未迁官者皆嗟怨。上曰:"王者至公无私,故能服天下之心。设官分职,以为民也,当择贤才而用之,岂以新旧为先后哉!必也新而贤,旧而不肖,安可舍新而取旧乎!今不论其贤不肖而直言嗟怨,岂为政之体乎!"

纲　禁淫祀杂占。

纲　置弘文馆①。

目　上于弘文殿聚四库书二十余万卷。置弘文馆于殿侧,选天下文学之士虞世南、褚亮、姚思廉、欧阳询、蔡允恭、萧德言等,以本官兼学士,令更日宿直,听朝之隙,引入内殿,讲论前言往行,商榷政事,或至夜分乃罢。又取三品以上子孙充弘文馆学生。

上谓侍臣曰:"朕观炀帝文辞奥博,亦知是尧、舜而非桀、纣,然行事何其相反也?"魏徵对曰:"人君虽圣哲,犹当虚己以受人,故智者献其谋,勇者竭其力。炀帝恃其俊才,骄矜自用,故口诵尧、舜之言,而身为桀、纣之行,曾不自知,以至覆亡也。"上曰:"前事不远,吾属之师也。"

---

① 弘文馆:隶门下省,负责审校图籍、教授生徒,可参议涉及制度沿革、礼仪轻重等相关政事。

上问给事中孔颖达曰①："《论语》：'以能问于不能，以多问于寡，有若无，实若虚。'何谓也？"颖达具释其义以对，且曰："非独匹夫如是，帝王内蕴神明，外当玄默。若位居尊极，炫耀聪明，以才陵人，饰非拒谏，则下情不通，取亡之道也。"

〔唐太宗虚心求谏〕

上曰："朕每临朝，欲发一言，未尝不三思，恐为民害，是以不多言。"知起居事杜正伦曰②："臣职在记言，陛下之言失，臣必书之。岂徒有害于今，亦恐贻讥于后。"

上谓侍臣曰："梁武帝惟谈苦空③，侯景之乱，百官不能乘马。元帝为周师所围，犹讲《老子》，百官戎服以听，此深足为戒！朕所学者，惟尧、舜、周、孔之道，如鸟之有翼，鱼之有水，失之则死，不可暂无耳。"

上谓裴寂曰："比多上书言事者，朕皆黏之屋壁，得出入省览。数思治道，或深夜方寝。公辈亦当恪勤职事，副朕此意。"

〔太宗论君臣关系〕

有上书请去佞臣者，上问佞臣为谁？对曰："愿陛下与群臣言，或阳怒以试之。彼执理不屈者，直臣也；畏威顺旨者，佞臣也。"上曰："君，源也；臣，流也。浊其源而求其流之清，不可得矣！君自为诈，何以责臣下之直乎！朕方以至诚治天下，见前世帝王好以权谲小数接其臣下者④，常窃

---

① 给事中：隶门下省，负责驳回、修正政令违失等。
② 知起居事：即知修起居注事，主要负责记录帝王言行。
③ 苦空：此处指佛教。
④ 权谲：权谋、狡诈。

耻之。卿策虽善，朕不取也。”

〔论克己节用〕

上与群臣论止盗，或请重法以禁之。上曰：“朕当去奢省费，轻徭薄赋，选用廉吏，使民衣食有余，则自不为盗，安用重法邪！”自是数年之后，海内升平，路不拾遗，外户不闭，商旅野宿焉。

上尝曰：“君依于国，国依于民。刻民以奉君，犹割肉以充腹，腹饱而身毙，君富而国亡矣。朕常以此思之，不敢纵欲也。”

上谓公卿曰：“昔禹凿山治水，而民无谤讟（dú）者①，与人同利故也。秦始皇营宫室而民怨叛者，病人以利己故也。夫美丽珍奇，固人之所欲，若纵之不已，则危亡立至。朕欲营一殿，材用已具，鉴秦而止，王公已下宜体朕此意。”由是二十年间，风俗素朴，衣无锦绣，公私富给。

上谓侍臣曰：“吾闻西域贾胡，得美珠剖身以藏之，有诸？”侍臣曰：“有之。”上曰：“人皆知笑彼之爱珠而不爱其身也，吏受赇（qiú）抵法②，与帝王徇奢欲而亡国者，何以异于胡之可笑邪！”魏徵曰：“昔鲁哀公谓孔子曰：‘人有好忘者，徙宅而忘其妻！’孔子曰：‘又有甚者，桀、纣乃忘其身。’亦犹是也。”上曰：“然。朕与公辈宜戮力相辅③，庶免为人笑也。”

〔论执法圈套〕

上患吏多受赇，密使左右试赂之。有司门令史受绢一匹④，上欲杀

---

① 谤讟：毁谤怨恨。

② 受赇：受贿。

③ 戮力：协力、合力。

④ 司门令史：隶刑部司门司的流外胥吏。

之,民部尚书裴矩谏曰①:"为吏受赂,罪诚当死。但陛下使人遗之而受,乃陷人于法也,恐非所谓道之以德,齐之以礼。"上悦,告群臣曰:"裴矩能当官力争,不为面从。傥每事皆然,何忧不治!"

纲 冬十月,诏追封故太子为息隐王②,齐王为海陵剌王③,改葬之。

目 后诏复息隐王为隐太子,海陵剌王号巢剌王。

纲 立子承乾为皇太子④。

纲 诏民遭突厥暴践者,计口给绢。

〔魏徵谏失信〕

纲 十二月,遣使点兵。

目 上励精求治,数引魏徵入卧内,访以得失。徵知无不言,上皆欣然嘉纳。上遣使点兵,封德彝奏:"中男虽未十八,其壮大者,亦可并点。"上从之。敕出,徵固执以为不可。上怒,召而让之。对曰:"夫兵在御之得其道耳,何必多取细弱以增虚数乎!且陛下每云:'吾以诚信御天下。'今即位未几,失信者数矣!"上愕然曰:"何也?"对曰:"陛下初诏:'悉免负逋(bū)官物⑤。'有司以为负秦府国司者,非官物,征督如故。陛下以秦王升为天子,国司之物,非官物而何! 又曰:'关中免二

---

① 民部尚书:高宗朝更名为户部尚书,户部长官,总领土地、户籍、赋税、财政收支等政务。
② 故太子:指李建成。
③ 齐王:指李元吉。
④ 承乾:唐太宗长子,长孙皇后所生。
⑤ 负逋:拖欠。

年租调，关外给复一年。'既而继有敕云：'已役已输者，以来年为始。'散还之后，方复更征，百姓固已不能无怪。今复点兵，何谓来年为始乎！又陛下所与共治天下者在于守宰。至于点兵，独疑其诈，岂所谓以诚信为治乎！"上悦，从之。

纲 以张玄素为侍御史①。

目 上闻景州录事参军张玄素名②，召见，问以政道。对曰："隋主自专庶务，不任群臣。以一人之智决天下之务，借使得失相半，乖谬已多，下谀上蔽，不亡何待！陛下诚能择群臣而分任以事，高拱穆清而考其成败，何忧不治！"上善其言，擢为侍御史。

纲 以张蕴古为大理丞③。

目 前幽州记室张蕴古上《大宝箴》④，其略曰："圣人受命，拯溺亨屯⑤，故以一人治天下，不以天下奉一人。"又曰："壮九重于内⑥，所居不过容膝，彼昏不知，瑶其台而琼其室⑦。罗八珍于前⑧，所食不过适口，惟狂罔念，丘其糟而池其酒。"又曰："勿没没而暗，勿察察而明，虽冕旒(liú)蔽目⑨，

---

① 侍御史：隶御史台，负责督察检举、审问、刑狱诉讼等事务。
② 景州：治今河北吴桥县境。录事参军：诸卫率、将军府、州府置，负责考核文书簿籍、监守符印、纠弹州县官员等工作。
③ 大理丞：隶大理寺，掌分判本寺事。
④ 记室：唐初州府佐吏，主要负责文书表奏。
⑤ 亨屯：解救困厄。
⑥ 九重：宫廷。
⑦ 瑶：瑶台，相传为夏桀所建。琼：琼室，相传为纣王所建。
⑧ 八珍：泛指珍馐美味。
⑨ 旒：冕前悬垂的玉串。

而视于未形,虽黈纩(tǒu kuàng)塞耳①,而听于无声。"上嘉之,赐以束帛,除大理丞。

太宗文武皇帝

纲 丁亥,太宗文武皇帝贞观元年(627),春正月,宴群臣。

目 上宴群臣,奏《秦王破陈乐》②,上曰:"朕昔受委专征,民间遂有此曲,虽非文德之雍容,然功业所由,不敢忘也。"封德彝曰:"陛下以神武平海内,文德岂足比乎!"上曰:"戡乱以武,守成以文,文武之用,各随其时。卿谓文不及武,斯言过矣!"

纲 制谏官随宰相入阁议事。

纲 更定律令。

目 命吏部尚书长孙无忌与法官更议定律令,宽绞刑五十条为断右趾。上曰:"肉刑废已久,宜有以易之。"于是有司请改为加役流③,流三千里,居作三年④,从之。

纲 以戴胄为大理少卿⑤。

目 上以选人多诈冒资荫⑥,敕令自首,不首者死。未几,有诈冒事觉者,

---

① 黈纩:绵絮。
②《秦王破陈乐》:"陈"同"阵"。秦王李世民破刘武周时所作,贞观七年改名《七德舞》,后又改名为《神功破陈乐》。
③ 加役:加苦役。流:流放,唐代五刑中的一种,仅次于死刑。
④ 居作:犯人在配地服苦役。
⑤ 大理少卿:大理寺次官,辅佐长官完成判决诉讼等相关工作。
⑥ 资荫:后代以父祖的门第、官品得荫,以此获得官职。

上欲杀之。胄奏："据法应流。"上怒曰："卿欲守法而使朕失信乎？"
对曰："敕者，出于一时之喜怒。法者，国家所以布大信于天下也。陛
下忿选人之多诈，故欲杀之，既而知其不可，复断之以法，此乃忍小忿
而存大信也。"上曰："卿能执法，朕复何忧！"胄前后犯言执法，言如
涌泉，上皆从之，天下无冤狱。将军长孙顺德受人馈绢，事觉，上于殿
庭赐绢数十匹。大理少卿胡演以为不可。上曰："彼有人性，得绢之
辱甚于受刑。如不知愧，一禽兽耳，杀之何益！"

纲　二月，分天下为十道。

目　隋末豪杰据地，自相雄长。唐兴，相帅来归，上皇割置州、县以宠禄
之。上以民少吏多，悉并省之，因山川形便，分为十道：曰关内①、河
南②、河东③、河北④、山南⑤、陇右⑥、淮南、江南⑦、剑南⑧、岭南⑨。

纲　三月，皇后帅内外命妇亲蚕⑩。

〔京官更宿内省，应对问答〕

纲　闰月，命京官五品以上更宿中书内省⑪。

---

① 关内：今陕西、甘肃一带。
② 河南：今河南、山东大部，安徽、江苏部分地区。
③ 河东：今山西、内蒙古中部一带。
④ 河北：今北京、天津、河北一带。
⑤ 山南：今陕西、河南南部，湖北、重庆大部及川东地区。
⑥ 陇右：今新疆、甘肃、青海一带。
⑦ 江南：今浙江、江西、湖南、安徽、湖北长江以南，四川东南部、贵州东北部地区。
⑧ 剑南：今四川重庆大部、云贵一带及甘肃南部地区。
⑨ 岭南：今广东、广西、云南东南部、越南北部一带。
⑩ 命妇：有封号的妇女。
⑪ 更宿：轮流值夜。中书内省：唐前期，中书省有内省、外省之分，内省位于禁中。

目上谓太子少师萧瑀曰①："朕少得良弓十数，自谓无以加，近以示弓工，乃曰：'皆非良材。木心不正则脉理皆邪，弓虽劲而发矢不直。'朕以弓矢定四方，识之犹未能尽，况天下之务乎！"乃命京官五品以上更宿中书内省。数延见，问民疾苦，政事得失。

纲夏六月，封德彝卒。

目初，上令封德彝举贤，久无所举。上诘之，对曰："非不尽心，但于今未有奇才耳。"上曰："君子用人如器，各取所长。古之致治者岂借才于异代哉！正患己不能知，安可诬一世之人。"德彝惭而退。

纲以萧瑀为左仆射②。

目上与侍臣论周、秦修短③，萧瑀对曰："纣为不道，武王征之。周及六国无罪，始皇灭之。得天下虽同，立心则异。"上曰："公知其一，未知其二。周得天下，增修仁义。秦得天下，益尚诈力。此修短之所以殊也。盖取之或可以逆，而守之不可以不顺故也。"瑀谢不及。

纲山东旱。诏所在赈恤，蠲（juān）其租赋④。

纲秋七月，以长孙无忌为右仆射⑤。

目无忌与上为布衣交，加以外戚，有佐命功，上委以腹心，欲相者数矣。

---

① 太子少师：与太子少傅、太子少保并称为太子三少，负责教导太子。官不必备，多为荣誉头衔。
② 左仆射：尚书省长官，唐初宰相之一。
③ 修短：长短。
④ 蠲：除去、免除。
⑤ 右仆射：尚书省长官，唐初宰相之一。

皇后固请曰："妾备位椒房①，贵宠极矣，诚不愿兄弟执国政。吕、霍、上官②，可为切骨之戒!"上不听，卒用之。

纲 九月，宇文士及罢。御史大夫杜淹参预朝政③。

纲 冬十月，岭南酋长冯盎遣子入朝。

目 初，盎与诸酋长迭相攻击，诸州皆奏盎反。上欲发兵讨之，魏徵谏曰："岭南瘴疠险远，不可以宿大兵。且告者已数年，而盎兵未尝出境，此不反明矣。若遣信臣示以至诚，可不烦兵而服。"上乃遣使谕之，盎遣其子智戴随使者入朝。上曰："魏徵一言，胜十万之师，不可不赏。"乃赐绢五百匹。

纲 十二月，诏殿中侍御史崔仁师按狱青州④。

目 青州有谋反者，逮捕满狱，诏崔仁师等覆按之。仁师至，悉去桎械⑤，与饮食汤沐，止坐其魁首十余人。孙伏伽谓仁师曰："足下平反者多，恐人情贪生，见其徒侣得免，未肯甘心耳。"仁师曰："凡治狱当以仁恕为本，岂可自规免罪⑥，知其冤而不为伸邪! 万一误有所纵，以一身易十囚之死，亦所愿也。"及敕使至，更讯诸囚，皆曰："崔公平恕，无枉，请速就死。"无一人异辞者。

纲 以孙伏伽为谏议大夫。

────────────

① 椒房：西汉皇后所居殿名，代指后妃之位。
② 吕、霍、上官：西汉外戚。
③ 御史大夫：御史台长官，负责监察、执法等事务。参预朝政：三省长官之外官员加此名，即成为实际宰相。
④ 按狱：审理判决案件。
⑤ 桎械：脚镣手铐。
⑥ 规：打算、谋求。

目上好骑射,孙伏伽谏,以为:"天子居则九门①,行则警跸(bì)②,非欲苟自尊严,乃为社稷生民之计也。夫走马射的,乃少年诸王所为,非今日天子事业也。既非所以安养圣躬,又非所以仪刑后世,臣窃为陛下不取。"上悦。以伏伽为谏议大夫。

〔见形必资明镜,知过必待忠臣〕

上神采英毅,群臣进见,皆失举措。上知之,每假以辞色。尝谓公卿曰:"人欲自见其形,必资明镜;君欲自知其过,必待忠臣。苟其君愎谏自贤,其臣阿谀顺旨,君既失国,臣岂能独全!如隋炀帝、虞世基者,亦足以观矣。公辈宜用此为戒,事有得失,无惜尽言也。"

纲令吏部四时选集,并省吏员。

目隋世选人,十一月集,至春而罢,人患其期促。至是,吏部侍郎刘林甫奏"四时听选,随阙注拟"③,人以为便。唐初,士大夫以乱离之后,不乐仕进,官员不充,州府多以赤牒补官④。至是,皆勒赴省选,集者七千余人,林甫随才铨叙,各得其所,时人称之。上谓房玄龄曰:"官在得人,不在员多。"遂并省之,留文武总六百四十三员⑤。

纲征隋秘书监刘子翼,不至⑥。

---

① 九门:《礼记》载天子九门,后指皇帝所居深宫。
② 警跸:皇帝出行时,沿途警戒,清空道路,禁止百姓通行。
③ 吏部侍郎:吏部次官。
④ 赤牒:唐初地方政府自行选补官员时所发文书。
⑤ 此指中央朝廷官员数量,不包括地方官和吏员。
⑥ 秘书监:秘书省长官,总管国家藏书、编校等相关工作。唐承隋制。

目 子翼有学行,性刚直,朋友有过,常面责之。李百药常称:"刘四虽复骂人,人终不恨。"是岁,有诏征之。辞以母老,不至。

纲 以李乾祐为侍御史。

目 郿令裴仁轨私役门夫,上怒,欲斩之,殿中侍御史李乾祐谏曰:"法者,陛下所与天下共也。今仁轨坐轻罪而抵极刑,臣恐人无所措手足矣!"上悦,从之。以乾祐为侍御史。

上尝语及关中、山东人,意有同异。殿中侍御史张行成曰:"天子以四海为家,今有东西之异,示人以隘。"上善其言,厚赐之。

纲 鸿胪卿郑元璹(shú)还自突厥①。

目 初,突厥既强,敕勒诸部分散②,有薛延陀、回纥、都播、骨利幹、多滥葛、同罗、仆固、拔野古、思结、浑、斛薛、奚结、阿跌、契苾(bì)、白霫(xí)等十五部,皆居碛(qì)北③。颉利政乱,薛延陀、回纥等叛之,颉利不能制。会大雪,羊马多死,民大饥,鸿胪卿郑元璹使还,言于上曰:"戎狄兴衰,专以羊马为候。今突厥民饥畜瘦,将亡之兆也。"群臣多劝上乘间击之,上曰:"背盟不信,利灾不仁,乘危不武。纵其种落尽叛,六畜无余,朕终不击,必待有罪,然后讨之。"

蒲宣伊　评注

黄正建　审定

---

① 鸿胪卿:鸿胪寺长官,主要负责四方宾客的外交事宜,以及丧葬礼仪等事务。
② 敕勒:又称铁勒,南北朝隋唐时期的北方少数族群。
③ 碛:沙漠。

纲鉴易知录卷四三

　　卷首语:本卷起唐太宗贞观二年(628),止贞观十年,所记为唐太宗前期八年间史事。这一时期,唐朝攻破东突厥、平定吐谷浑部,于西域设羁縻州,怀远安近,经营边疆。同时,朝廷完善制度,选拔人才,推进法治;轻徭役、劝农耕,促进经济生产。本书着重记载太宗与魏徵等臣子间的互动,展现了以民为本的治国理念。

唐　纪

太宗文武皇帝

纲 戊子,二年(贞观二年,628),春正月,长孙无忌罢。

纲 三月,诏自今大辟,并令两省四品及尚书议之①。

目 大理进每月囚帐,上命自今大辟,皆令中书、门下四品已上及尚书议之,庶无冤滥。既而引囚,至岐州刺史郑善果②,上曰:"善果官品不卑,岂可使与诸囚为伍。自今三品以上犯罪,听于朝堂俟进止。"

纲 关内旱饥,赦天下。

目 关内旱饥,民多卖子。诏出御府金帛赎以还之。上尝谓侍臣曰:"古语有之:'赦者,小人之幸,君子之不幸。一岁再赦,善人喑(yīn)恶③。'夫养稂莠(láng yǒu)者害嘉谷④,赦有罪者贼良民。故朕即位以来,不欲数赦,恐小人恃之,轻犯宪章故也。"至是,以连年水、旱赦天下,且曰:"使年丰谷稔(rěn),天下乂(yì)安,移灾朕身,是所愿也。"所在有雨,民大悦。

纲 夏四月,突厥突利可汗请入朝。

---

① 两省:中书省、门下省。
② 岐州:治今陕西宝鸡市凤翔区南。
③ 喑恶:怀着怒气发出的声音。
④ 稂莠:杂草。

目初，突厥颉利可汗以薛延陀、回纥等叛①，遣突利讨之。败还，拘而挞之，突利由是怨，表请入朝。上谓侍臣曰："向者突厥方强，凭陵中夏，用是骄恣以失其民。今困穷如是！朕闻之，且喜且惧。何则？突厥衰则边境安，故喜。然朕或失道，亦将如此！卿曹不惜苦谏，以辅不逮。"

纲六月，祖孝孙奏《唐雅乐》②。

目初，上皇命祖孝孙定雅乐③，孝孙以为梁陈之音多吴楚，周齐之音多胡夷，于是考古声，作《唐雅乐》。至是，奏之。上曰："礼乐者，圣人缘物以设教，治之隆替，岂由于此？"杜淹曰："齐之将亡，作《伴侣曲》，陈之将亡，作《玉树后庭花》，其声哀思，闻者悲泣，岂可谓治不在乐乎！"上曰："悲喜在心，非由乐也。将亡之政，民必愁苦，故闻乐而悲耳。今二曲俱存，为公奏之，公岂悲乎？"魏徵曰："乐在人和，不在声音也。"

纲畿内蝗④。

目上入苑中，见蝗，掇数枚，祝之曰："民以谷为命，而汝食之，宁食吾之肺肠。"欲吞之，左右谏曰："恶物或成疾。"上曰："朕为民受灾，何疾之避！"遂吞之。是岁，蝗不为灾。

---

① 薛延陀：北方少数族群，由薛部与延陀部组成，铁勒的一支。回纥：北方少数族群，亦为铁勒的一支。
② 雅乐：皇帝祭祀天地祖先、朝贺、宴享等典礼所用的宫廷乐舞。
③ 上皇：指唐高祖李渊。
④ 畿内：都城管辖区域。

[太宗纵鹊毁巢,论祥瑞在得贤]

纲 秋九月,诏非大瑞不得表闻①。

目 上曰:"比见群臣屡上祥瑞,夫家给人足而无瑞,不害为尧舜。百姓愁怨而多瑞,不害为桀纣。后魏之世②,吏焚连理木③,煮白雉而食之,岂足为至治乎!"乃诏:"自今大瑞听表闻,余申所司而已。"尝有白鹊巢于寝殿槐上,合欢如腰鼓,左右称贺。上曰:"我常笑隋炀帝好祥瑞。瑞在得贤,此何足贺!"命毁其巢。

纲 出宫女三千余人。

目 天少雨,中书舍人李百药言④:"往年虽出宫人,无用者尚多,阴气郁积,亦足致旱。"上命简出之,前后三千余人。

纲 冬十月,杀瀛州刺史卢祖尚⑤。

目 上以卢祖尚廉平公直,欲遣镇抚交阯⑥。祖尚既谢而复悔之,以疾辞。上遣杜如晦等谕旨,祖尚固辞。上大怒曰:"我使人不行,何以为政!"命斩于朝堂,寻悔之。他日,与侍臣论齐文宣帝之为人,魏徵对曰:"文宣狂暴,然人与之争,事理屈则从之。有青州长史魏恺使梁还,除

---

① 大瑞:祥瑞的最高等级。
② 后魏:北魏。
③ 连理木:两棵树的枝干合生在一起。
④ 中书舍人:中书省官员,负责草拟诏书等事务。
⑤ 瀛州:治今河北河间市。
⑥ 交阯:郡名,治今越南河内市北,此沿用古称。

光州长史①，不肯行，文宣怒而责之。恺曰：'臣先任大州，有劳无过。更得小州，所以不行。'文宣赦之。此其所长也。"上曰："然。向者卢祖尚虽失人臣之义，朕杀之亦为太暴。由此言之，不如文宣矣！"命复其官荫。

徵容貌不逾中人，而有胆略，善回人主意。每犯颜苦谏，或上怒甚，亦为之霁威②。上尝得佳鹞，自臂之，望见徵来，匿怀中。徵奏事故久，鹞竟死怀中。

纲 十一月，以王珪为侍中③。

目 故事④：军国大事，则中书舍人各执所见，杂署其名，谓之"五花判事"。中书侍郎⑤、中书令省审之，给事中、黄门侍郎驳正之⑥。至是，上谓珪曰："国家本置中书、门下以相检察，正以人心所见，互有不同。苟论难往来，务求至当。舍己从人，亦复何伤？比来或护己短，遂成怨隙。或避私怨，知非不正，顺一人之颜情，为兆民之深怨。此乃亡国之政，炀帝之世是也。卿曹各当徇公忘私，勿雷同也。"后又谓侍臣曰："中书、门下，机要之司，诏敕有不便者，皆应论执。比来惟睹顺从，不闻违异。若但行文书，则谁不可为，何必择才也！"房玄龄等皆顿首谢。

上又尝谓珪曰："开皇中旱，隋文帝不许赈给，而令百姓就食山东。比

---

① 光州：治今河南潢川县。
② 霁威：收敛威怒。
③ 侍中：门下省长官，宰相头衔之一。
④ 故事：旧例、惯例。
⑤ 中书侍郎：中书省次官。
⑥ 黄门侍郎：门下省次官。

至末年,天下储积可供五十年,炀帝恃之,卒亡天下。但使仓庾之积足以备凶年,其余何用哉!"

上尝问珪曰:"近世治不及古,何也?"对曰:"汉世尚经术,宰相多用儒士,故风俗淳厚。近世重文轻儒,参以法律,此治化之所以益衰也。"上然之。

上闲居与珪语,有美人侍侧,指示珪曰:"此庐江王瑗之姬也①,瑗杀其夫纳之。"珪避席曰:"陛下以庐江纳之为是邪? 非邪?"上曰:"杀人而取其妻,卿何问是非!"对曰:"昔齐桓公知郭公之所以亡,由善善而不能用,然弃其所言之人,管仲以为无异于郭公。今此美人尚在左右,臣以为圣心是之也。"上悦,即出之。

[太宗重视地方官员建设,将地方官信息写于屏风上,以便随时考察]

纲 诏举堪县令者。

目 上曰:"为朕养民者,惟在都督、刺史,朕常疏其名于屏风②,坐卧观之,得其在官善恶之迹,皆注于名下,以备黜陟③。县令尤为亲民,不可不择。"乃命五品以上,各举堪为县令者,以名闻。

纲 诏自今奴告主者斩之。

目 上曰:"比有奴告主反者。夫谋反不能独为,何患不发,何必使奴告之邪! 自今奴告主勿受,仍斩之。"

---

① 庐江王瑗:李瑗,李渊从父兄子,武德九年谋反被杀。
② 疏:逐条记录。
③ 黜陟:官职升降。

纲 己丑,三年(629),春正月,耕藉东郊①。

纲 二月,以房玄龄、杜如晦为仆射,魏徵守秘书监②,参预朝政。

目 上谓玄龄、如晦曰:"公为仆射,当广求贤人,随才授任。比闻听讼,日不暇给,安能助朕求贤乎!"因敕:"尚书细务属左右丞③,惟大事当奏者,乃关仆射。"

上又尝谓玄龄等曰:"为政莫若至公。昔诸葛亮窜廖立、李严于南夷④,亮卒,而二人哭泣有死者,非至公能如是乎! 又高颎(jiǒng)相隋,公平识治体,隋之兴亡,系颎存没。朕慕前世之明君,卿等不可不法前世之贤相也。"

玄龄明达吏事,辅以文学,夙夜尽心,惟恐一物失所。用法宽平,闻人有善,若己有之,不以求备取人,不以己长格物。与如晦引拔士类,常如不及。上每与玄龄谋事,必曰:"非如晦不能决。"及如晦至,卒用玄龄之策。盖玄龄善谋,如晦能断也。二人同心徇国,故唐世称贤相推房、杜焉。

玄龄监修国史,上语之曰:"《汉书》载《子虚》《上林赋》,浮华无用。其上书论事,词理切直者,朕从与不从,皆载之。"

[魏徵论良臣]

或告魏徵私其亲戚,上使御史大夫温彦博按之,无状。上以徵不避嫌

---

① 耕藉:亲耕藉田。古代帝王于春耕前举行此礼,以示劝农之意。
② 守:以低级散官充高级职事官。
③ 左右丞:尚书左丞、右丞,实际主持尚书省日常事务。
④ 窜:放逐。

疑,让之曰:"自今宜存形迹。"徵曰:"君臣同体,宜相与尽诚,若但存形迹,则国之兴丧未可知也。臣不敢奉诏。"上曰:"吾已悔之。"徵再拜曰:"臣幸得奉事,愿使臣为良臣,勿使臣为忠臣。"上曰:"忠、良有异乎?"对曰:"稷、契、皋陶①,君臣协心,俱享尊荣,所谓良臣;龙逄(páng)、比干②,面折廷争,身诛国亡,所谓忠臣。"上悦。

上问魏徵曰:"人主何为而明,何为而暗?"对曰:"兼听则明,偏信则暗。昔尧清问下民,舜明目达聪,故共、鲧(gǔn)、驩(huān)、苗不能蔽也③。秦二世偏信赵高,以成望夷之祸④,梁武帝偏信朱异,以取台城之辱⑤。隋炀帝偏信虞世基,以致彭城阁之变⑥。是故人君兼听广纳,则贵臣不得壅蔽,而下情得以上通也。"上曰:"善。"

上谓魏徵曰:"齐后主、周天元皆重敛百姓,厚自奉养,力竭而亡。譬如馋人自啖其肉,肉尽而毙,何其愚也!然二主孰为最劣?"对曰:"齐后主懦弱,政出多门,周天元骄暴,威福在己。虽同为亡国,齐主尤劣也。"

上谓侍臣曰:"人言天子至尊,无所畏惮。朕则不然,上畏皇天之鉴临,下惧群臣之瞻仰,兢兢业业,犹恐不合天意,未副人望。"魏徵曰:"此诚致治之要,愿陛下谨终如始,则善矣。"

房玄龄、王珪掌内外官考,侍御史权万纪奏其不平,上命推之。魏徵

---

① 稷、契、皋陶:上古时代共同辅佐大舜的贤臣,分别掌管农业、教育、刑法。
② 龙逄、比干:夏朝、商朝忠臣,因劝谏被夏桀、商纣所杀。
③ 共、鲧、驩、苗:上古时代尧舜时期四个凶暴部落的首领,亦被称为"四凶"。
④ 望夷之祸:丞相赵高在望夷宫逼杀秦二世。望夷在今陕西泾阳县一带。
⑤ 台城之辱:侯景起兵叛乱,梁武帝被囚禁于台城皇宫中饿死。台城为建康皇宫,在今南京市。
⑥ 彭城阁之变:隋炀帝在彭城阁被部下缢杀。彭城阁在江都宫中,在今江苏扬州市西。

谏曰："二人素以忠直被委任,所考既多,其间能无一二不当！然察其情,终非阿私。且万纪比在考堂①,曾无驳正。及身不得考,乃始陈论。此非竭诚徇国也。今推之,未足裨益朝廷,徒失委任大臣之意。臣所爱者治体,非敢私二臣也。"上乃释不问。

纲 夏四月,上皇徙居大安宫②。

纲 六月,以马周为监察御史。

目 茌平人马周③,客游长安,舍于中郎将常何之家④。会以旱求言,何武人不学,周代之陈便宜二十余条。上怪问之,何对曰："此臣家客马周为臣具草耳。"上即召见。与语,甚悦,除监察御史。以何为知人,赐绢三百匹。

纲 冬十一月,以荀悦《汉纪》赐凉州都督李大亮⑤。

目 上遣使至凉州,都督李大亮有佳鹰,使者讽使献之。大亮密表曰："陛下久绝畋(tián)游而使者求鹰。若陛下之意,深乖昔旨。如其自擅,乃是使非其人。"上悦,手诏褒美,赐以荀悦《汉纪》。

纲 以李靖为定襄道行军总管⑥,统诸军讨突厥。

---

① 考堂:尚书省考核官吏并宣布结果的地方。
② 大安宫:太极宫以西的离宫。
③ 茌平:在今山东聊城市茌平区。
④ 中郎将:统领府兵的军事长官,分属十六卫、东宫十率府。
⑤ 凉州:治今甘肃武威市。
⑥ 行军总管:统领军队出征的主将,为临时建置,非常制。定襄:即忻州,治今山西忻州市西北。

目 代州都督张公瑾上言突厥可取之状①,上以颉利既请和亲,复援梁师都,命李靖为行军总管讨之,以公瑾为副。拔野古、仆骨等酋长并率众来降②,于是复以李世勣、柴绍、薛万彻为诸道总管,众合十余万,皆受靖节度,分道出击突厥。

纲 十二月,突厥突利可汗入朝。

目 上曰:"往者太上皇以百姓之故,称臣于突厥,朕常痛心焉。今单于稽颡(qǐ sǎng)③,庶几可雪前耻矣。昔人谓御戎无上策,朕今治安中国,而四夷自服,岂非上策乎!"

纲 闰月,蛮酋谢元深等来朝。

目 时远方诸国来朝贡者甚众,服装诡异,中书侍郎颜师古请作《王会图》以示后,从之。

纲 濮州刺史庞相寿有罪④,免。

目 相寿坐赃免,上以其秦府旧人⑤,复其官。魏徵曰:"秦府左右甚多,若人人皆恃恩私,则为善者惧矣!"上悦,谓相寿曰:"我昔为一府主,今为天下主,不得独私故人。"赐帛遣之。相寿流涕而去。

纲 庚寅,四年(630),春二月,李靖袭破突厥于阴山⑥,颉利可汗遁走。

---

① 代州:治今山西原平市东北。
② 拔野古、仆骨等:北方少数族群,皆属敕勒部。
③ 稽颡:一种屈膝下拜、以额触地的敬礼,指归附朝廷。
④ 濮州:治今山东鄄城县东。
⑤ 秦府:李世民为秦王时的幕府。
⑥ 阴山:横亘于内蒙古中部,呈东西走向。

纲 以温彦博为中书令,戴胄参预朝政,萧瑀参议朝政①。

〔李靖破突厥,四夷请太宗为天可汗〕

纲 三月,四夷君长诣阙请帝为天可汗②,许之。

目 四夷君长诣阙请上为天可汗,上曰:"我为大唐天子,又下行可汗事乎!"群臣及四夷皆称万岁。是后以玺书赐西北君长,皆称天可汗。

纲 蔡公杜如晦卒。

目 如晦疾笃,上遣太子问疾,又自临视之。及卒,上语及必流涕,谓房玄龄曰:"公与如晦同佐朕,今独见公,不见如晦矣!"

纲 夏四月,行军副总管张宝相擒突厥颉利可汗以献。

目 颉利败走,往依沙钵罗设苏尼失部落③。任城王道宗引兵逼之,使苏尼失执颉利,行军副总管张宝相取之以献,苏尼失举众来降,漠南遂空④。上御楼受俘,馆之太仆。上皇闻之,叹曰:"汉高祖困白登不能报,今我子能灭突厥,吾付托得人,复何忧哉!"

突厥既亡,其部落或北附薛延陀,或西奔西域,其降唐者尚十万口,诏群臣议区处之宜。朝士多言:"戎狄自古为中国患,今幸破亡,宜悉徙之河南兖、豫之间⑤,分其种落,散居州县,教之耕织,可以化为农

---

① 参议朝政:唐宰相职衔之一。
② 诣阙:赴朝堂。
③ 沙钵罗:突厥部设名。设:突厥部称其他部落掌管军事者为设。苏尼失:为阿史那氏,隋末突厥启民可汗之弟。
④ 漠南:今内蒙古阴山以北、大漠以南。
⑤ 兖州:治今山东济宁市兖州区。豫州:治今河南汝南县。

民。"颜师古请:"置之河北①,分立酋长,领其部落。"李百药以为:"突厥虽云一国,然种类区分,各有酋帅。宜因其离散,各署君长,使不相臣属,则国分势敌,不能抗衡中国矣!仍于定襄置都护府②,为其节度,此安边之长策也。"温彦博请:"准汉建武故事③,置于塞下,顺其土俗,以实空虚之地,使为中国捍蔽。"魏徵以为:"戎狄弱则请服,强则叛乱,若留之中国,数年之后,蕃滋倍多,必为腹心之疾。西晋之乱④,前事之明鉴也!宜纵之使还故土便。"彦博曰:"王者之于万物,天覆地载,靡有所遗。今突厥以穷来归,奈何弃之!若救其死亡,授以生业,数年之后,悉为吾民。选其酋长,使入宿卫,畏威怀德,何后患之有!"上卒用彦博策,处突厥降众,东自幽州,西至灵州⑤,分突利故地为四州。又分颉利之地为六州,左置定襄、右置云中二都督府以统其众⑥。以突利为顺州都督⑦。初,颉利族人思摩,无宠于颉利。颉利之亡,亲近者皆离散,独思摩不去,竟与俱擒。上以颉利为右卫大将军,苏尼失、思摩皆封郡王,其余拜官有差,五品以上百余人,因而入居长安者近万家。

---

① 河北:黄河之北,今内蒙古河套及包头市以北地区、阴山一带。
② 都护府:唐在边疆地区设置的军事行政机构。
③ 建武故事:东汉光武帝建武二十四年接受匈奴通好,分匈奴为南、北匈奴,整体维持和平状态。
④ 西晋之乱:西晋末年,八王之乱。匈奴、羯、鲜卑、氐、羌等乘机南下,分据中原。
⑤ 灵州:在今宁夏吴忠市北。
⑥ 定襄:都督府名,治今陕西靖边县东北,为唐在东突厥地区设置的羁縻机构。云中:都督府名,治今陕西榆林市横山区。
⑦ 顺州:治今辽宁朝阳市南。

纲 林邑遣使入贡①。

目 林邑献火珠，有司以其表辞不顺，请讨之，上曰："好战者亡，如炀帝、颉利皆所亲见也。小国胜之不武，况未可必乎！"

纲 六月，修洛阳宫。

目 给事中张玄素上书曰："洛阳未有巡幸之期而预修宫室，非今日之急务也。且陛下初平洛阳，凡隋氏宫室之宏侈者皆令毁之，曾未十年，复加营缮，何前日恶之而今日效之也！且以今日财力，何如隋世？陛下役疮痍之人，袭亡隋之弊，恐又甚于炀帝矣！"上叹曰："吾思之不熟，乃至于是！"顾谓房玄龄曰："玄素所言有理，可即罢之。后以事至洛阳，虽露居亦无伤也。"

纲 秋七月，敕百司："诏敕未便者皆执奏。"

目 上问房玄龄、萧瑀曰："隋文帝何如主也？"对曰："文帝勤于为治，临朝或至日昃(zè)。五品以上，引坐论事，卫士传餐而食。虽性非仁厚，亦励精之主也。"上曰："公得其一，未知其二。文帝不明而喜察，不明则照有不通，喜察则多疑于物。事皆自决，不任群臣。一日万机，岂能一一中理！群臣既知主意，则惟取决受成。虽有愆(qiān)违，莫敢谏净，此所以二世而亡也。朕则不然。择天下贤才，置之百官，使思天下之事，关白宰相，审熟便安，然后奏闻。有功则赏，有罪则刑，谁敢不竭心力以修职业，何忧天下之不治乎！"因敕有司："自今诏敕未便者，皆应执奏，毋得阿从，不尽己意。"

---

① 林邑：国名，在今越南中部一带。

纲以李纲为太子少师，萧瑀为太子少傅。

纲以李大亮为西北道安抚大使①。

目西突厥种落散在伊吾②，诏以李大亮为安抚大使，贮粮碛口，以赈之。大亮言："欲怀远者必先安近。中国如本根，四夷如枝叶。疲中国以奉四夷，犹拔本根以益枝叶也。今招致西突厥，但有劳费，未见有益。况河西州县萧条③，不堪供亿，不如罢之。其或自立君长，求内属者羁縻受之④，使居塞外，为中国藩蔽，此乃施虚惠而收实利也。"上从之。

纲以李靖为右仆射。

目靖性沉厚，每与时宰参议，恂恂似不能言⑤。

纲冬十一月，除鞭背刑。

目上读《明堂针灸书》，云"人五脏之系，皆附于背"，故有是命。

纲大有年。

目上之初即位也，尝与群臣语及教化。上曰："今承大乱之后，恐斯民未易化也。"魏徵对曰："不然。久安之民骄佚，骄佚则难教；经乱之民愁苦，愁苦则易化。譬犹饥者易为食，渴者易为饮也。"上深然之。封德彝曰："三代以还，人渐浇讹。故秦任法律，汉杂霸道。盖欲化而不

---

① 西北道：今新疆伊吾县沙漠之西。
② 伊吾：伊州治所，今新疆伊吾县。
③ 河西：今陕西、甘肃及内蒙古巴彦淖尔盟等地。
④ 羁縻：笼络、控制。
⑤ 恂恂：谦恭谨慎的样子。

能,岂能之而不欲邪! 魏徵书生,未识时务,信其虚论,必败国家。"徵曰:"五帝、三王不易民而化,汤、武皆承大乱之后,身致太平。若谓古人淳朴,渐致浇讹,则至于今日,当悉化为鬼魅矣,人主安得而治之!"上卒从徵言。

〔贞观升平之风初现〕

元年,关中饥,米斗直绢一匹①。二年,天下蝗。三年,大水。上勤而抚之,民虽东西就食,未尝嗟怨。是岁,天下大稔,流散者咸归乡里,米斗不过三、四钱,终岁断死刑才二十九人。东至于海,南及五岭,皆外户不闭,行旅不赍(jī)粮②,取给于道路焉。

帝谓长孙无忌曰:"贞观之初,议者皆云:'人主当独运威权,不可委之臣下。'又云:'宜震耀威武,征讨四夷。'惟魏徵劝朕'偃武修文,中国既安,四夷自服。'朕用其言,今颉利成擒,其酋长并带刀宿卫,皆袭衣冠,徵之力也,但恨不使封德彝见之耳!"徵再拜谢曰:"此皆陛下威德,臣何力之有焉!"帝曰:"朕能任公,公能称朕所任,则其功岂独在朕乎!"

〔太宗二喜一惧,居安思危〕

上谓侍臣曰:"朕有二喜一惧:比年丰稔,斗粟三钱,一喜也。北虏久服,边鄙无虞,二喜也。治安则骄侈易生,骄侈则危亡立至,此一惧也。"

---

① 一斗等于十升。
② 赍:携带。

房玄龄奏:"阅府库甲兵,远胜隋世。"上曰:"甲兵武备,诚不可阙。然炀帝甲兵岂不足邪! 卒亡天下。若公等尽力,使百姓乂安,此乃朕之甲兵也。"

纲 辛卯,五年(631),秋八月,杀大理丞张蕴古。

目 河内人李好德有心疾①,为妖言,大理丞张蕴古按之。奏:"好德实被疾,不当坐。"治书侍御史权万纪劾奏②:"蕴古相州人③,而好德兄厚德为其刺史,故蕴古阿意纵之。"上怒,斩之。既而悔之,因诏:"自今有死罪,虽令即决,仍三覆奏乃行刑④。"

纲 九月,修洛阳宫。

目 上欲修洛阳宫,民部尚书戴胄表谏,以"乱离甫尔,百姓凋弊,营造不已,劳费难堪!"上甚嘉之。既而竟命将作大匠窦璡(jìn)修之。璡凿池筑山,雕饰华靡。上怒,遽命毁之,免璡官。

纲 冬十月,诏议封建⑤。

目 初,上问公卿以享国久长之策,萧瑀对曰:"三代封建而长久,秦孤立而速亡。"上以为然,令群臣议之。魏徵以为:"京畿税少,多资畿外,若尽以封建,经费顿阙。又燕、秦、赵、代俱带外夷,若有警急,追兵内地,难以奔赴。"李百药以为:"勋戚子孙皆有民社,易世之后,将骄淫

---

① 河内:即怀州,治今河南沁阳市。
② 治书侍御史:御史台次官,后改为御史中丞。
③ 相州:治今河南安阳市。
④ 覆奏:核察后上奏,是对犯人执行死刑前应反复审核、上报皇帝的制度。
⑤ 封建:封邦建国。

自恣,攻战相残,害民尤深,不若守令之迭居也。"颜师古以为:"不若
分王宗子,勿令过大。间以州县,杂错而居。互相维持,足扶京室。
为置官僚,皆省司选用。法令之外,不得擅作威刑。朝贡礼仪,具为
条式。一定此制,万代无虞。"于是诏:"宗室勋贤,宜令作镇藩部,贻
厥子孙,所司明为条例,定等级以闻。"

〔宽仁慎刑,死刑需覆奏〕

纲 十二月,制自今决死刑者皆覆奏。决日,彻乐减膳。

目 上谓侍臣曰:"朕以死刑至重,故令三覆,盖欲思之详熟也。而有司须
臾之间,三覆已讫。又断狱者,惟据律文,虽情在可矜,而不敢违法,
其间岂能尽无冤乎! 古者刑人,君为之彻乐减膳。朕庭无常设之乐,
然常为之不啖酒肉,但未有著令耳。"于是制:"决死囚者,二日中五覆
奏,下诸州者三覆奏。行刑之日,尚食勿进酒肉①,内教坊及太常不举
乐。皆令门下覆视。有据法当死而情可矜者,录状以闻。"由是全活
甚众。

上尝谓执政曰:"朕常恐因喜怒妄行赏罚,故欲公等极谏。公等亦宜
受人谏,不可以己之所欲,恶人违之。苟自不能受谏,安能谏人。"

纲 康国求内附②。

目 康国求内附。上曰:"前代帝王,好招来绝域,以求服远之名,无益于
用而糜弊百姓③。今康国内附,傥有急难,于义不得不救。师行万

---

① 尚食:尚食局,负责皇帝日常饮食。
② 康国:西域国名,治今乌兹别克斯坦撒马尔罕。
③ 糜弊:损耗凋敝。

里,岂不疲劳! 劳百姓以取虚名,朕不为也。"遂不受。

〔论治国如治病〕

上谓侍臣曰:"治国如治病,病虽愈,尤宜将护,傥遽自放纵,病复作,则不可救矣。今中国幸安,四夷俱服,诚自古所稀,然朕日慎一日,惟惧不终,故欲数闻卿辈谏争也。"魏徵曰:"内外治安,臣不以为喜,惟喜陛下居安思危耳。"

綱 壬辰,六年(632),春正月朔,日食。

綱 群臣请封禅,不许。

目 初,群臣表请。上曰:"卿等皆以封禅为帝王盛事,朕意不然。若天下乂安,家给人足,虽不封禅,庸何伤乎! 昔秦始皇封禅,而汉文帝不封禅,后世岂以文帝不及始皇邪! 且事天扫地而祭,何必登泰山之巅,封数尺之土,然后可以展其诚敬乎!"群臣请不已,上亦欲从之,魏徵独以为不可。上曰:"公不欲朕封禅者,以功未高邪? 德未厚邪? 中国未安,四夷未服邪? 年谷未丰,符瑞未至邪?"对曰:"今虽有此六者,然户口未复,仓廪尚虚。车驾东巡,供顿劳费。又伊、洛以东,灌莽极目①,而远夷君长皆当扈从。此乃引戎狄入腹中,而示之以虚弱也。况赏赉(lài)不赀②,未厌远人之望;给复连年,不偿百姓之劳。崇虚名而受实害,陛下将焉用之!"会河南、北数州大水,事遂寝。明年群臣复以为请,上喻以旧有气疾,恐登高增剧,乃止。

①灌莽:草木丛生的样子。
②赉:赠予。不赀:无法计算。

纲 三月,如九成宫①。

目 上幸九成宫避暑,监察御史马周上疏曰:"大安宫在城西,制度卑小,而车驾独为避暑之行。是太上皇留暑中,而陛下居凉处也。温清(qìng)之礼②,臣窃有所未安焉。且太上皇春秋已高,陛下宜朝夕视膳。今九成宫去京师三百余里,太上皇或时思念陛下,陛下何以赴之? 然今行计已成,不可复止。愿速示返期,以解众惑。仍亟增修大安,以称中外之望。"

纲 以长乐公主嫁长孙冲。

目 长乐公主将出,降敕有司资送倍于永嘉长公主。魏徵谏曰:"昔汉明帝欲封皇子,曰:'我子岂得与先帝子比!'皆令半楚、淮阳③。今奈何资送公主反倍于长主乎!"上入告皇后。后叹曰:"妾数闻陛下称重魏徵,不知其故。今观其引礼义以抑人主之私情,乃知真社稷之臣也!"

[太宗理性克己,长孙皇后贤德辅佐,魏徵直言敢谏]

上尝罢朝,怒曰:"会须杀此田舍翁。"后问为谁,上曰:"魏徵每庭辱我。"后退,具朝服,曰:"妾闻主明臣直。今魏徵直,由陛下之明故也,妾敢不贺!"上乃悦。

---

① 九成宫:唐离宫名,在今陕西宝鸡市凤翔区东北。
② 温清之礼:侍奉父母之礼,冬天有被子让父母暖和,夏天有扇席让父母凉爽。
③ 半楚、淮阳:指汉明帝封子的封地、俸禄是其父光武帝封子的一半。楚、淮阳皆光武帝之子的封国。

纲 夏四月,邹公张公谨卒。

目 公谨卒,上出次发哀。有司奏,辰日忌哭。上曰:"君臣犹父子也,情发于哀,安避辰日!"遂哭之。

纲 秋闰七月,宴近臣于丹霄殿①。

目 上宴近臣于丹霄殿,长孙无忌曰:"王珪、魏徵,昔日仇雠②,不谓今日得同此宴。"上曰:"徵、珪尽心所事,故我用之。然徵每谏,我不从,我与之言辄不应,何也?"魏徵对曰:"臣以事为不可,故谏。若陛下不从而臣应之,则事遂施行,故不敢应。"上曰:"应而复谏,何伤!"对曰:"昔舜戒群臣:'汝无面从,退有后言。'臣心知其非而口应陛下,乃面从也,岂稷、契事舜之意邪!"上大笑曰:"人言魏徵举止疏慢,我视之更觉妩媚,正为此耳!"徵起,拜谢曰:"陛下开臣使言,故臣得尽其愚。若陛下拒而不受,臣何敢数犯颜色乎!"

上谓王珪曰:"玄龄以下,卿宜悉加品藻③,且自谓与数子何如?"曰:"孜孜奉国,知无不为,臣不如玄龄。才兼文武,出将入相,臣不如李靖。敷奏详明,出纳唯允,臣不如彦博。处繁治剧,众务毕举,臣不如戴胄。耻君不及尧舜,以谏净为己任,臣不如魏徵。至于激浊扬清,嫉恶好善,臣于数子,亦有微长。"上深以为然,众亦服其确论。

〔论治天下如建屋〕

上指殿屋谓侍臣曰:"治天下如建此屋,营构既成,勿数改易。苟易一

---

① 丹霄殿:在九成宫中。
② 王珪、魏徵曾在李建成东宫为官。
③ 品藻:品评、鉴定。

榱(cuī)①,正一瓦,践履动摇,必有所损。若慕奇变法度,不恒其德,劳扰实多。"

上曰:"人主惟有一心,而攻之者甚众,或以勇力,或以辩口,或以谄谀,或以奸诈,或以嗜欲,辐凑攻之,各求自售,以取宠禄。人主少懈而受其一,则危亡随之,此其所以难也!"

纲 九月,如庆善宫②。

目 庆善宫,上生时故宅也。因宴赋诗,被之管弦,命曰《功成庆善乐》,使童子八佾(yì)为《九功之舞》③,大宴会,与《破陈舞》偕奏于庭④。同州刺史尉迟敬德与坐者争长⑤,殴任城王道宗目几眇(miǎo)⑥。上不怿(yì)而罢,谓敬德曰:"朕欲与卿等共保富贵,然卿居官数犯法,乃知韩、彭菹醢(zū hǎi)⑦,非高祖之罪也。"敬德由是始惧而自戢(jí)⑧。

纲 冬,以陈叔达为礼部尚书⑨。

目 帝谓叔达曰:"卿武德中有谠(dǎng)言⑩,故相报。"对曰:"臣见隋室父子相残以亡,当日之言,非为陛下,乃社稷之计耳!"

---

① 榱:椽子。
② 庆善宫:以武功宫改名,在今陕西武功县南。
③ 八佾:舞蹈可排八行八列,此规格原则上仅皇帝可用。
④《破陈舞》:即《秦王破阵乐》。
⑤ 同州:治今陕西大荔县。
⑥ 眇:失明。
⑦ 韩、彭:韩信、彭越。菹醢:将人剁成肉酱。
⑧ 自戢:自我约束。
⑨ 礼部尚书:尚书礼部长官,负责国家礼仪、祠祭、贡举等事务。
⑩ 谠言:直言。

纲 癸巳，七年（633），春正月，宴玄武门，奏《七德》《九功舞》。

〔魏徵不视七德舞〕

目 更名《破陈乐》曰《七德舞》。太常卿萧瑀以为："形容未尽，请并写武
周、仁杲（gǎo）、建德、世充擒获之状①。"上曰："彼皆一时英雄，朝臣或
尝北面事之，睹其故主屈辱之状，能不伤乎！"瑀谢不及。魏徵欲上偃
武修文，每侍宴，见《七德舞》，辄俯首不视，见《九功舞》，则谛观之②。

纲 王珪罢，以魏徵为侍中。

目 上与侍臣论安危之本。温彦博曰："愿陛下常如贞观初，则善矣。"帝
曰："朕比来怠于为政乎？"魏徵曰："贞观之初，陛下节俭，求谏不倦。
比来营缮微多，谏者颇有忤旨，此其所以异耳！"帝欣然纳之。

上问魏徵曰："群臣上书可采，及召对，多失次，何也？"对曰："臣观有
司奏事，常数日思之。及至上前，三分不能道一。况谏者拂意触忌，
非陛下借之辞色，岂敢尽其情哉！"上由是接群臣，辞色愈温。尝曰：
"炀帝多猜忌，对群臣多不语。朕则不然，君臣相亲如一体耳。"

上谓侍臣曰："朕比来决事，或不能皆如律令，公辈以为事小，不复执
奏。夫事无不由小以致大，此乃危亡之端也。昔龙逢忠谏而死，朕每
痛之。炀帝骄暴而亡，公辈所亲见也。公辈常宜为朕思炀帝之亡，朕
常为公辈念龙逢之死，何患君臣不相保乎！"

上谓魏徵曰："为官择人，不可造次。用一君子，则君子皆至。用一小

---

① 指刘武周、薛仁杲、窦建德、王世充等隋末唐初地方割据政权首领，皆为太宗所灭。
② 谛观：审视。

人,则小人竞进。"对曰:"然。天下未定,则专取其才,不考其行。丧乱既平,则非才行兼备不可用也。"

纲 造浑天仪。

目 直太史李淳风以灵台候仪①,制度疏略,但有赤道,更请造浑天黄道仪②。至是奏之。

纲 秋九月,山东四十余州水,遣使赈之。

纲 赦死囚三百九十人。

目 先是,上亲录系囚,见应死者,悯之,纵使归家,期以来秋来就死。仍敕天下死囚皆纵遣,使至期来诣京师。至是,皆如期自诣朝堂,上皆赦之。

纲 冬十一月,以长孙无忌为司空。

目 无忌固辞。上曰:"吾为官择人,惟才是与。苟不才,虽亲不用。如有才,虽仇不弃。今日之举,非私亲也。"

纲 十二月,帝奉太上皇置酒未央宫。

目 上从上皇宴故汉未央宫。上皇命颉利可汗起舞,冯智戴咏诗,既而笑曰:"胡、越一家③,古未有也。"帝捧觞上寿④,曰:"此皆陛下教诲,非臣智力所及。"上皇大悦。

① 灵台:天文台。候仪:浑天仪。
② 浑天黄道仪:标记天体位置的仪器。
③ 胡:指颉利可汗。越:指岭南酋长冯智戴。
④ 上寿:敬酒祝贺。

纲 赐太子庶子于志宁、孔颖达等金帛。

目 帝谓志宁曰："朕年十八，犹在民间。民之疾苦情伪，无不知之。及区处世务，犹有差失。况太子生长深宫，百姓艰难，耳目所未涉，能无骄逸乎！卿等不可不极谏！"太子好嬉戏，颇亏礼法，志宁与颖达数直谏，上闻而嘉之，各赐金一斤，帛五百匹。

纲 削工部尚书段纶阶①。

目 纶奏征巧匠，上令试之。纶使造傀儡。上曰："求巧工以供国事。今先造戏具，岂百工相戒毋作淫巧之意邪！"乃削纶阶。

纲 甲午，八年(634)，春正月，以李靖等为黜陟大使，分行天下。

目 上欲分遣大臣循行黜陟，未得其人。李靖荐魏徵。上曰："徵箴规朕失，不可一日离左右。"乃命靖等十三人分行天下："察长吏贤不肖，问民间疾苦。礼高年，赈穷乏，褒善良，起淹滞，俾使者所至，如朕亲睹。"

纲 秋七月，山东、河南大水。

纲 冬十月，营大明宫②。

目 营大明宫以为上皇清暑之所，未成而上皇寝疾，不果居。

纲 以李靖为特进③。

目 靖以疾逊位，上曰："朕嘉公意，欲以公为一代楷模，故不相违。"及拜

---

① 工部尚书：尚书省工部长官，负责国家手工业、屯田等事务。阶：散官品阶。
② 大明宫：原为永安宫，高宗此后长安城中的政治中心。
③ 特进：唐文散官的第二阶。

特进,俟疾少瘳,间三二日至门下、中书平章政事①。

〔吐蕃入贡,此为吐蕃通中原政权之始〕

綱吐蕃遣使入贡②。

綱聘郑氏为充华③,既而罢之。

目帝聘郑仁基女为充华,册使将发,魏徵闻其尝许嫁士人陆爽,遽上表
谏。帝大惊,自责,命停册使。房玄龄等奏许嫁无显状,爽亦表言初
无此议。帝谓徵曰:"群臣或容希合④,爽亦自陈,何也?"对曰:"彼以
陛下为外虽舍之,或阴加罪谴,故尔。"帝笑曰:"朕之言不能使人必信
如此邪!"

綱以皇甫德参为监察御史。

目中牟丞皇甫德参上言⑤:"修洛阳宫,劳人;收地租,厚敛。俗好高髻,
盖宫中所化。"上怒,谓房玄龄等曰:"德参欲国家不役一人,不收斗
租,宫人皆无发,乃可其意邪!"欲罪之。魏徵曰:"言不激切,不能动
人主之心,陛下择焉可也。"上曰:"朕罪此人,则谁复敢言者!"乃赐
绢二十四。他日徵奏言:"陛下近日不好直言,虽勉强含容,非曩时之
豁如。"上乃更加优赐,拜监察御史。

---

① 平章:平议、商酌。
② 吐蕃:唐代建立于青藏高原的地方政权。
③ 充华:妃嫔位号。
④ 希合:迎合。
⑤ 中牟:县名,今河南中牟县。

纲 乙未,九年(635),夏五月,太上皇崩。冬十月,葬献陵①。

纲 十一月,以萧瑀为特进,参预政事。

目 上曰:"武德季年,高祖有废立之心而未定。我不为兄弟所容,实有功高不赏之惧。斯人也,不可以利诱,不可以死胁,真社稷臣也!"因赐瑀诗曰:"疾风知劲草,板荡识诚臣②。"

纲 丙申,十年(636),春二月,以荆王元景等为诸州都督。

目 诸王之藩,上与之别曰:"兄弟之情,岂不欲常共处邪!但以天下之重,不得不尔。诸子尚可复有,兄弟不可复得。"因流涕呜咽不能止。
魏王泰为相州都督,不之官。上以泰好文学,特命于其府别置文学馆,听自引召学士。泰有宠于上,或言诸大臣多轻之。上怒,召诸大臣让之曰:"隋文帝时,大臣皆为诸王所顿踬(zhì)③,我若纵之,岂不能折辱公辈邪!"房玄龄等皆谢。魏徵正色曰:"若纪纲大坏,固所不论。圣明在上,魏王必无顿辱群臣之理。隋文帝骄其诸子,卒皆夷灭,又足法乎!"上悦曰:"朕以私爱忘公义,及闻公言,方知理屈。人主发言何得容易乎!"
王珪尝奏:"三品以上道遇亲王降乘④,非礼。"上曰:"卿辈轻我子邪!"魏徵曰:"诸王位次三公,今三品皆九卿、八座⑤,为王降乘,诚非所宜。"上曰:"人命难期,万一太子不幸,安知诸王不为公辈之主

---

① 献陵:唐高祖陵,在今陕西三原县东。
② 板荡:政局混乱、社会动荡。
③ 顿踬:跌倒,引申为处境困窘。
④ 降乘:下车。
⑤ 八座:指尚书省的尚书左、右仆射与六部尚书。

乎?"对曰:"自周以来,皆子孙相继。不立兄弟,所以绝庶孽之窥窬,塞祸乱之源本,此为国者所深戒也!"上乃从珪奏。

綱 夏六月,皇后长孙氏崩。

目 后性仁孝俭素,好读书,常与上从容商略古事,因而献替,裨益弘多。抚视庶孽①,逾于所生。妃嫔以下,无不爱戴。训诸子,常以谦俭为先。太子乳母以东宫器用少,请奏益之。后不许,曰:"太子患德不立,名不扬,何患无器用邪!"后得疾,太子请奏赦罪人,度人入道。后曰:"死生有命,非智力所移。赦者国之大事,不可数下。道、释异端之教,蠹国病民②,皆上素所不为,奈何以吾一妇人使上为所不为乎!"

及疾笃,与上诀。时房玄龄以谴归第,后曰:"玄龄事陛下久,小心慎密,苟无大故,不可弃也。妾之本宗③,因缘葭莩(jiā fú)以致禄位④,既非德举,易致颠危,欲保全之,慎勿处之权要。妾生无益于人,愿勿以丘垄劳费天下,但因山为坟,器用瓦木可也。更愿陛下亲君子,远小人,纳忠谏,屏谗慝,省作役,止游畋,则妾死不恨矣!"后尝采自古妇人得失事为《女则》三十卷。至是,宫司奏之,上览之悲恸,以示近臣曰:"皇后此书,足以垂范百世。朕非不知天命而为无益之悲,但入宫不复闻规谏之言,失一良佐,故不能忘怀耳!"乃召玄龄使复其位。

綱 秋,禁上书告讦者。

---

① 庶孽:妃嫔之子。
② 蠹:蛀蚀,败坏。
③ 本宗:本家。此处指皇后兄长孙无忌。
④ 葭莩:芦苇秆内的薄膜,代指亲戚关系。

目上谓群臣曰："朕开直言之路，以利国也，而比来上封事者多讦人细事，自今复有为是者，朕当以谗人罪之。"

纲冬十一月，葬文德皇后①。

目帝为文刻石，称皇后节俭，遗言薄葬，不藏金玉，当使子孙奉以为法。帝念后不已，于苑中作层观以望昭陵②。尝引魏徵同登，使视之。徵熟视之曰："臣昏眊（mào）不能见③。"上指示之，徵曰："臣以为陛下望献陵，若昭陵，则臣固见之矣。"上泣，为毁观。

〔朱俱波、甘棠入贡〕

纲十二月，朱俱波、甘棠遣使入贡④。

目朱俱波在葱岭之北⑤，去瓜州三千八百里⑥。甘棠在大海南⑦。上曰："中国既安，四夷自服，然朕不能无惧。昔秦始皇威振胡、越，二世而亡，惟诸公匡其不逮耳。"

纲黜治书侍御史权万纪。

目万纪上言："宣、饶银大发⑧，采之岁可得数百万缗。"上曰："朕贵为天子，所乏者非财也，但恨无嘉言可以利民耳。与其得数百万缗，何如

---

① 文德皇后：即长孙皇后。
② 层观：登高可远望的楼观。昭陵：唐太宗陵，长孙皇后先葬于此，在今陕西乾县东。
③ 昏眊：眼睛昏花。
④ 朱俱波：西域国名，在今新疆英吉沙县境。甘棠：西域国名，在今青海西宁市东。
⑤ 葱岭：古代对今帕米尔高原和昆仑山、喀喇昆仑山脉西部诸山的总称。
⑥ 瓜州：治今甘肃瓜州县。
⑦ 大海：今青海湖。
⑧ 宣：州名，治今安徽宣城市。饶：州名，治今江西鄱阳县。

得一贤才！卿未尝进一贤才，而专言银利。昔尧舜抵璧于山①，投珠于谷。汉之桓、灵乃聚钱为私藏。卿欲以桓、灵俟我邪！"是日，黜万纪，使还家。

纲　更命统军、别将为折冲、果毅都尉②。

〔府兵制，唐前期兵农合一之制〕

目　凡十道，置府六百三十四，而关内二百六十一，皆隶诸卫及东宫六率③。凡上府兵千二百人，中府千人，下府八百人。三百人为团，团有校尉；五十人为队，队有正；十人为火，火有长。每人兵甲粮装各有数，输之库，征行给之。二十为兵，六十而免。能骑射者为越骑，其余为步兵。每岁季冬，折冲都尉帅以教战，当给马者官予直④。当宿卫者番上⑤，兵部以远近给番，远疏、近数，皆一月而更。

蒲宣伊　评注

黄正建　审定

---

① 抵：抛掷。
② 折冲都尉：折冲府长官。果毅都尉：折冲府副长官，职分左右。折冲府：分布于全国的府兵制基层组织。
③ 东宫六率：左右卫率、左右宗卫率、左右监门率。
④ 官方提供骑兵购买战马的钱财，令骑兵自己购买马匹。
⑤ 番上：轮流宿卫。

纲鉴易知录卷四四

卷首语：本卷起唐太宗贞观十一年（637），止贞观二十一年，所记为唐太宗朝中后期十年史事。这一时期太宗着力开疆拓土。于西北，打通丝绸之路，设安西都护府；于东北，亲伐高句丽；于漠北，灭薛延陀部，设安北都护府、单于都护府；于西南，交好吐蕃，以文成公主和亲。灭薛延陀部后，太宗被回纥等尊称为"天可汗"。同时，太宗开始慎重选择自己的继承人，最终立李治为太子。

唐　纪

太宗文武皇帝

纲 丁酉,十一年(贞观十一年,637),春正月,作飞山宫①。

纲 定律令。

目 房玄龄等先受诏定律令,凡定律五百条,立刑名二十等,比隋律减大辟九十二条,减流入徒者七十一条。凡削烦去蠹,变重为轻者,不可胜纪。又定令一千五百九十余条。

旧制释奠于太学②,以周公为先圣,孔子配飨。玄龄等以孔子为先圣,颜回配飨。

自张蕴古之死,法官以出罪为戒。时有失入者③,又不加罪。上尝问大理卿刘德威曰④:“近日刑网稍密,何也?”对曰:“此在主上,不在群臣。律文,失入减三等,失出减五等⑤。今乃失入无辜,失出获罪,是以吏各自免,竞就深文。陛下傥一断以律,则此风立变矣。”上悦,从之。由是断狱平允。上又尝曰:“法令不可数变,数变则烦。官长不能尽记,吏得为奸。自今变法,宜详慎之。”

---

① 飞山宫:即飞仙宫,或建于西苑中,在今河南洛阳北部。

② 太学:中央官学之一。

③ 失入:轻罪重判,或不应判罚而判罚。

④ 大理卿:即大理寺卿,大理寺长官,负责国家刑狱审讯、断案等事务。

⑤ 失出:重罪轻判,或应科刑而不科刑。

纲 二月,幸洛阳宫。

目 上至显仁宫①,官吏以阙储偫(zhì)②,被谴。魏徵谏曰:"陛下以储偫
谴官吏,臣恐承风相扇,异日民不聊生,殆非行幸之本意也。昔炀帝
讽郡县献食,视其丰俭以为赏罚,故海内叛之。此陛下所亲见,奈何
欲效之乎!"上惊曰:"非公不闻此言。"因谓长孙无忌等曰:"朕昔过
此,买饭而食,僦(jiù)舍而宿③。今供顿如此,岂得犹嫌不足乎!"至
洛阳宫西苑④,泛积翠池,顾谓侍臣曰:"炀帝作此宫苑,结怨于民,今
悉为我有,正由宇文述、虞世基之徒内为谄谀,外蔽聪明故也,可不
戒哉!"

纲 三月,以王珪为魏王泰师。

目 上谓泰曰:"汝事珪,当如事我。"泰见珪,辄先拜,珪亦以师道自居。

纲 以南平公主嫁王敬直。

目 敬直,珪之子也。先是,公主下嫁,皆不以妇礼事舅姑⑤,珪曰:"主上
钦明,动循礼法,吾受公主谒见,岂为身荣? 所以成国家之美耳。"乃
与其妻就席坐,令公主执笲(fán)⑥,行盥馈之礼⑦。是后,公主始行
妇礼。

---

① 显仁宫:隋炀帝建,在今河南宜阳县东。
② 储偫:储备待用。
③ 僦舍:租屋。
④ 西苑:隋炀帝所建的皇家园林,位于宫城西部,在今河南洛阳北邙山南。
⑤ 舅姑:公婆。
⑥ 执笲:新妇向舅姑行的一种礼,笲为圆形盛物竹器,中置枣、栗、干肉等。
⑦ 盥馈:婚礼流程,新妇入门后侍奉公婆盥洗、膳食。

纲 诏议封禅礼。

目 秘书监颜师古等议其礼,房玄龄裁定之。

纲 秋七月,榖、洛溢,诏百官极言过失。

目 大雨,榖、洛溢,入洛阳宫,坏官寺、民居,溺死者六千余人。诏:"水所毁宫,少加修缮,才令可居。废明德宫、玄圃院①,以其材给遭水者。令百官上封事,极言朕过。"

侍御史马周上疏,以为:"三代及汉,历年多者八百,少者不减四百,良以恩结人心,人不能忘故也。自是以降,多者六十年,少者才二十余年,皆无恩于人,本根不固故也。今之户口不及隋之什一,而给役者兄去弟还,道路相继。营缮不休,器服华侈。陛下少居民间,知民疾苦,尚复如此。况皇太子生长深宫,不更外事。万岁之后,固圣虑所当忧也。臣观自古百姓愁怨,国未有不亡者。人主当修之于可修之时,不可悔之于既失之后。贞观之初,天下饥歉,斗米直匹绢,而百姓不怨者,知陛下忧念不忘故也。今比年丰穰(ráng),匹绢得粟十余斛,而百姓怨咨者,知陛下不复念之,多营不急之务故也。自古以来,国之兴亡,不以蓄积多少,在于百姓苦乐。且以近事验之,隋贮洛口仓而李密因之②,东都积布帛而世充资之③,西京府库亦为国家之用④,至今未尽。夫蓄积固不可无,要当人有余力,然后收之,不可强敛以资寇敌也。夫俭以息人,贞观之初,陛下所亲行也,岂今日而难之乎!

---

① 明德宫:西苑十六院之一。玄圃院:飞山宫的一部分。

② 洛口仓:在今河南巩义市东北。

③ 世充:王世充。

④ 西京:长安。隋炀帝时以洛阳为东都、长安为西京。

欲为长久之计,但如贞观之初,则天下幸甚。又陛下宠遇诸王过厚,亦不可不深思也。魏武帝爱陈思王①,及文帝即位②,遂遭囚禁。然则武帝爱之,适所以苦之也。又,百姓所以治安,惟在刺史、县令,今重内官而轻州县,刺史多用武臣,或京官不称职始补外任,边远之处,用人更轻。所以百姓未安,殆由于此。"疏奏,上称善久之,谓侍臣曰:"刺史朕当自选,县令宜诏京官五品以上各举一人。"

〔魏徵谏太宗十思疏〕

魏徵上疏曰:"人主善始者多,克终者寡,岂取之易而守之难乎?盖以殷忧则竭诚以尽下,安逸则骄恣而轻物。尽下则胡、越同心,轻物则六亲离德。虽震之以威怒,亦皆貌从而心不服故也。人主诚能见可欲则思知足,将兴缮则思知止,处高危则思谦降,临满盈则思抑损,遇逸乐则思撙(zǔn)节③,在宴安则思后患,防壅蔽则思延纳,疾谗邪则思正己,行爵赏则思因喜而僭,施刑罚则思因怒而滥。兼是十思,而选贤任能,则可以无为而治矣!"

〔鉴形莫如止水,鉴败莫如亡国〕

又曰:"陛下欲善之志不及于昔时,闻过必改,少亏于曩日④,谴罚积多,威怒微厉。乃知贵不期骄,富不期侈,非虚言也。在昔隋之未乱也,自谓必无乱;其未亡也,自谓必无亡。故赋役无穷,征伐不息,以

---

① 魏武帝:曹操。陈思王:曹植。
② 文帝:曹丕。
③ 撙节:节省,节制。
④ 曩日:以前。

致祸将及身而尚未之寤也。夫鉴形莫如止水,鉴败莫如亡国。伏愿取鉴于隋,去奢从约,亲忠远佞,以今之无事,行昔之恭俭,则尽善尽美矣。夫取之实难,守之甚易,陛下能得其所难,岂不能保其所易乎!"

又曰:"今立政致治,必委之君子。事有得失,或访之小人。其待君子也敬而疏;遇小人也轻而狎。狎则言无不尽,疏则情不上通。夫中智之人,岂无小慧,然才非经国,虑不及远。虽竭力尽诚,犹未免有败,况内怀奸宄,其祸岂不深乎! 夫虽君子不能无小过,苟不害于正道,斯可略矣。陛下诚能慎选君子,以礼信用之,何忧不治! 不然,危亡之期,未可保也。"上赐手诏褒美曰:"得公之谏,朕知过矣。当置之几案,以比弦韦①。"

纲 冬十月,猎洛阳苑②。

目 上猎洛阳苑,有群豕突出③,前及马镫。民部尚书唐俭投马搏之,上拔剑斩豕,顾笑曰:"天策长史④,不见上将击贼邪,何惧之甚!" 对曰:"陛下以神武定四方,岂复逞雄心于一兽!"上悦,为之罢猎。

〔高祖功臣武士彠之女武氏初入官廷,为太宗才人〕

纲 以武氏为才人⑤。

———————————

① 弦韦:皮条和弓弦,指警勉自己的事物。
② 洛阳苑:即西苑。
③ 豕:野猪。
④ 天策:武德四年以李世民为天策上将,置天策府,唐俭时为天策府长史。
⑤ 武氏:武则天。才人:妃嫔称号。

目故荆州都督武士彟(huò)女,年十四,上闻其美,召入后宫。

纲戊戌,十二年(638),春二月,赠隋尧君素蒲州刺史①。

目诏曰:"君素,虽桀犬吠尧,有乖倒戈之志;而疾风劲草,实表岁寒之心,可赠蒲州刺史。"

纲闰月,帝还宫。

纲宴五品以上于东宫。

目上曰:"贞观之前,从朕经营天下,玄龄之功也。贞观以来,绳愆纠谬②,魏徵之功也。"皆赐之佩刀。上谓徵曰:"朕政事何如往年?"对曰:"威德所加,比往年则远矣,人心悦服,则不逮也。"上曰:"何也?"对曰:"陛下往以未治为忧,故日新。今以既治为安,故不逮。"上曰:"今日所为,亦何以异于往年邪?"对曰:"陛下初年,恐人不谏,常导之使言,中间悦而从之。今则勉强从之,而犹有难色也。"上曰:"其事可得闻欤?"对曰:"陛下昔欲杀元律师,孙伏伽以为法不当死,陛下赐以兰陵公主园,直百万。或云'太厚',陛下云'朕即位以来,未有谏者,故赏之',此导之使言也。司户柳雄妄诉隋资③,陛下欲诛之,纳戴胄之谏而止,是悦而从之也。近皇甫德参上书谏修洛阳宫,陛下恚(huì)之④,虽以臣言而罢,勉从之也。"上曰:"非公不能及此,人苦不

①尧君素:隋末武将,克终臣节,忠隋不叛,为部下所杀。蒲州:治今山西永济市西南蒲州镇。
②绳愆纠谬:纠正错误。
③司户:州县属官,负责地方户籍、计帐等事务。隋资:仕于隋时所得的任官资历。
④恚:愤怒。

自知耳!"

纲 夏五月,永兴公虞世南卒。

目 世南外和柔而内忠直,上尝称世南有五绝:一德行,二忠直,三博学,四文辞,五书翰。世南尝献《圣德论》,上赐诏曰:"卿论朕太高,朕何敢当! 然卿适睹其始,未睹其终。若朕能慎终如始,则此论可传。不然,恐徒使后世笑卿也。"

纲 冬十二月,以马周为中书舍人。

目 周有机辨,岑文本常称:"马君论事,援引事类,扬搉古今,举要删烦,会文切理,一字不可增减,听之靡靡,令人忘倦。"

纲 以霍王元轨为徐州刺史。

目 元轨好读书,恭谨自守,举措不妄。与处士刘玄平为布衣交。人问玄平王所长,玄平曰:"无长。"问者怪之。玄平曰:"人有所短,乃见所长。至于霍王,无所短,何以称其长哉!"

纲 己亥,十三年(639),春正月,加房玄龄太子少师。

目 房玄龄为太子少师。太子欲拜之,玄龄不敢谒见而归,时人美其有让。

玄龄以度支系天下利害①,尝有阙,求其人未得,乃自领之。

〔论创业守成之难〕

上尝问侍臣:"创业与守成孰难?"玄龄曰:"草昧之初,与群雄并起,

―――――――――

① 度支:负责财赋统计和支调的中央财政机构。

角力而后臣之,创业难矣。"魏徵曰:"自古帝王,莫不得之于艰难,失
之于安逸,守成难矣。"上曰:"玄龄与吾共取天下,出百死得一生,故
知创业之难。徵与吾共安天下,常恐骄奢生于富贵,祸乱生于所忽,
故知守成之难。然创业之难既已往矣,守成之难,方当与诸公慎之!"
玄龄等拜曰:"陛下之言及此,四海之福也。"

纲 永宁公王珪卒。

目 珪性宽裕,自奉养甚薄。三品以上当立家庙,珪祭于寝①,为法司所
劾。上不问,命有司为之立庙以愧之。

纲 二月,以尉迟敬德为鄜(fū)州都督②。

〔尉迟敬德不易妻〕

目 上尝谓敬德曰:"人或言卿反,何也?"对曰:"臣从陛下征伐四方,身
经百战,今之存者,皆锋镝之余也。天下已定,乃更疑臣反乎!"因解
衣投地,出其瘢痍(bān yí)③。上流涕而抚之。上又尝谓敬德曰:"朕
欲以女妻卿,何如?"敬德谢曰:"臣妻虽陋,相与共贫贱久矣。臣虽不
学,闻古人富不易妻,此非臣所愿也。"乃止。

纲 夏五月,旱。诏五品以上言事。

〔魏徵上《十渐不克终疏》,劝谏太宗不可劳民〕

目 魏徵上疏,言:"陛下志业,比贞观之初,渐不克终者凡十条。"其一,以

---

① 家庙为前庙、后寝,前庙行祭祀,后寝存祖宗衣冠。王珪此举不合礼制。
② 鄜州:治今陕西富县。
③ 瘢痍:疤痕。

为"顷年轻用民力。乃云：'百姓无事则骄佚,劳役则易使。'自古未有因百姓逸而败、劳而安者,此恐非兴邦之言也。"上深奖叹,报云："已列诸屏障,朝夕瞻仰,仍录付史官。"

纲 冬十一月,以杨师道为中书令,刘洎(jì)为黄门侍郎、参知政事①。

纲 十二月,太史令傅奕卒。

目 傅奕精究术数之书,而终不之信,遇病,不呼医饵药。有僧自西域来,能咒人使立死,复咒即生。上试之,验,以告奕。奕曰："此邪术也。臣闻邪不干正,请使咒臣,必不能行。"上命僧咒奕,奕初无所觉,须臾,僧忽僵仆,遂不复苏。又有婆罗门僧②,言得佛齿,所击辄碎,长安士女辐凑如市。奕谓其子曰："吾闻有金刚石者,性至坚,物莫能伤,惟羚羊角能破之,汝往试焉。"其子如言,叩之,应手而碎,观者乃止。奕年八十五卒。临终戒其子,无得学佛书。又集魏、晋以来驳佛教者为《高识传》十卷,行于世。

纲 以侯君集为交河大总管③,将兵击高昌④。

纲 庚子,十四年(640),春二月,诣国子监。

目 上幸国子监,观释奠,命祭酒孔颖达讲《孝经》⑤,赐诸生帛有差。是时上大征天下名儒为学官,数幸国子监,使之讲论,学生能明一经以

---

① 参知政事:唐代宰相名。唐代宰相例以三省长官充任,刘洎以他官为之,故称参知政事。
② 婆罗门僧:指婆罗门种姓出身的僧人,唐初泛指印度僧人。
③ 交河:在今新疆吐鲁番市西。
④ 高昌:西域国名,丝绸之路要冲,在今新疆吐鲁番市一带。
⑤ 祭酒:国子监长官。

上皆得补官。增筑学舍千二百间,增学生满三千二百六十员,自屯营飞骑①,亦给博士②,使授以经,有能通经者,听得贡举③。于是四方学者云集京师,乃至高丽、百济、新罗、高昌、吐蕃诸酋长④,亦遣子弟请入国学,升讲筵者至八千余人。上以师说多门,章句繁杂,命颖达与诸儒定《五经》疏,谓之"正义",令学者习之。

〔建西州,此为唐太宗经营西域之始〕

纲 夏五月,侯君集灭高昌,以其地为西州⑤。

纲 冬十一月,诏李淳风考定《戊寅历》。

纲 以太常卿韦挺为封禅使。

目 百官复请封禅,诏许之也。

纲 十二月,以张玄素为银青光禄大夫⑥。

目 上闻玄素在东宫数谏争,擢银青光禄大夫,行左庶子⑦。玄素尝为刑部令史,上尝对朝臣问之,玄素深以为耻。谏议大夫褚遂良上疏,以为:"君能礼其臣,乃能尽其力。玄素虽出寒微,陛下重其才,擢至三

---

① 飞骑:军名,贞观十二年于玄武门置左右屯营,由诸卫将军统领。

② 博士:国子监学官。

③ 贡举:地方府州县将考试合格者解送至中央进行省试。

④ 高丽:国名,唐初与百济、新罗两国并立于朝鲜半岛,在今半岛中、北部。百济:国名,在今朝鲜半岛西南部。新罗:国名,在今朝鲜半岛东南部。

⑤ 西州:治今新疆吐鲁番市,后于此地置安西都护府。

⑥ 银青光禄大夫:文散官名。

⑦ 行:高阶散官充低级职事官。左庶子:隶太子东宫左春坊,负责太子侍从、礼仪等事务。

品,翼赞皇储,岂可复对群臣穷其门户乎!"孙伏伽亦尝为令史,及贵,或于广坐自陈往事,一无所隐。

[文成公主和亲,唐与吐蕃结成姻亲之好]

纲 辛丑,十五年(641),春正月,以文成公主嫁吐蕃。

纲 夏四月,命太常博士吕才刊定阴阳杂书①。

目 上以近世阴阳杂书讹伪尤多,命太常博士吕才刊定上之。才皆为之叙,质以经史。其叙《宅经》曰:"近世巫觋(xí)妄分五姓,如张、王为商,武、庾为羽,似取谐韵。至于以柳为宫,以赵为角,又复不类。或同出一姓,分属宫商。或复姓数字,莫辨徵(zhǐ)羽。此则事不稽古,义理乖僻者也。"叙《禄命》曰:"禄命之书,多言或中,人乃信之。然长平坑卒②,未闻共犯三刑③;南阳贵士④,何必俱当六合⑤! 今亦有同年同禄而贵贱悬殊,共命共胎而夭寿更异,此皆禄命不验之著明者也。"其叙《葬》曰:"古者卜葬,盖以朝市变迁,泉石交侵,不可前知,故谋之龟筮。近代或选年月,或相墓田,以为穷达寿夭皆因卜葬所致。按《礼》:天子、诸侯、大夫葬皆有月数,是古人不择年月也。《春

① 太常博士:隶太常寺,负责辨析损益五礼仪式、拟定谥号等事务。
② 长平坑卒:战国长平之战中,秦将白起坑杀赵军降卒四十余万。长平在今山西高平市西北。
③ 三刑:术数家语,指地支五行的三种妨害情况,子卯为一刑,寅巳申为二刑,丑戌未为三刑,凡逢三刑之地则凶。
④ 南阳贵士:南阳士族是东汉光武帝赖以创业、守成的重要力量,身份显贵。
⑤ 六合:术数家语,指月建与日辰的地支阴阳相合,即子与丑合、寅与亥合、卯与戌合、辰与酉合、巳与申合、午与未合,为吉日良辰。

秋》：'九月丁巳，葬定公，雨，不克葬。戊午，日下昃①，乃克葬。'是不择日也。郑葬简公，司墓之室当路②。毁之则朝而窆(biǎn)③，不毁则日中而窆。子产不毁，是不择时也。古之葬者皆于国都之北，兆域有常处④，是不择地也。今以妖巫妄言，遂于辟踊之际⑤，择地选时以希富贵。或云辰日不可哭泣，遂莞尔而对吊客。或云同属忌于临圹(kuàng)⑥，遂吉服不送其亲。伤教败礼，莫斯为甚！"识者以为确论。

纲 五月，有星孛于太微⑦，诏罢封禅。

纲 起复于志宁为太子詹事。

目 詹事于志宁遭母丧，起复旧职。太子治宫室，妨农功，好郑卫之乐⑧，宠昵宦官，役使司驭不许分番，私引突厥入宫。志宁上书切谏。太子大怒，遣刺客张师政、纥干承基杀之。二人入其第，见志宁寝处苫(shān)块⑨，竟不忍杀。

纲 遣职方郎中陈大德使高丽⑩。

目 大德初入其境，欲知山川风俗，所至城邑，以绫绮遗其守者，遂得游

① 下昃：日暮时分。
② 司墓：郑官，类于《周礼》墓大夫，负责管理王室墓地。
③ 窆：下葬。
④ 兆域：墓地的范围。
⑤ 辟踊：捶胸顿足，形容哀痛至极。
⑥ 圹：墓穴。
⑦ 太微：指天帝南宫。
⑧ 郑卫之乐：指春秋郑国、卫国音乐，儒家以之为乱世之音。
⑨ 苫块：寝苫枕块。居父母之丧，孝子以草垫为席，土块为枕，形容克己守丧。
⑩ 职方郎中：尚书省兵部职方司长官，负责国家地图、城隍、镇戍、烽候等事务。

历。见中国人隋末从军没于高丽者,因问亲戚存没,大德曰:"皆无恙。"咸涕泣相告。数日后,隋人望之而哭者,遍于郊野。大德归言于上,上曰:"高丽本四郡地耳①,吾发卒数万,取之不难。但山东州县凋瘵(zhài)未复②,吾不欲劳之耳!"

纲 冬十一月,以李世勣为兵部尚书③。

目 并州长史李世勣,在州十六年,令行禁止,民夷怀服。上曰:"隋炀帝劳百姓,筑长城,以备突厥,卒无所益。朕惟置李世勣于晋阳,而边尘不惊,其为'长城',岂不壮哉!"因有是命。

纲 壬寅,十六年(642),春正月,魏王泰上《括地志》。

目 泰好学,司马苏勖说泰,以古之贤王皆招士著书,故泰奏请修《括地志》。于是大开馆舍,门庭如市。至是,上之。

纲 夏六月,诏太子用库物,有司勿为限制。

纲 秋七月,以长孙无忌为司徒④,房玄龄为司空⑤。

〔魏徵护太子〕

纲 九月,以魏徵为太子太师。

---

① 四郡:西汉武帝灭卫氏朝鲜后,在其地设玄菟郡、乐浪郡、临屯郡和真番郡,西晋永嘉末年皆为高丽攻陷。
② 凋瘵:凋残病困的状态。
③ 兵部尚书:尚书兵部长官,负责武官铨选、军事行政等事务。
④ 司徒:三公之一。唐多存名位,无实际执掌。
⑤ 司空:三公之一。唐亦多存名位,无实际执掌。

目 初,魏徵有疾。上手诏问之,且言:"不见数日,朕过多矣。若有闻见,可封状进来。"徵上言:"比者弟子陵师,奴婢忽主,下多轻上,渐不可长。"又言:"陛下临朝,常以至公为言,退而行之,未免私僻。或畏人知,横加威怒,欲盖弥彰,竟有何益!"徵宅无堂,上命辍小殿之材以构之,五日而成,仍赐以素屏、褥、几、杖等以遂其所尚。徵上表谢,上手诏曰:"处卿至此,盖为黎元与国家,何事过谢!"会上问侍臣以国家急务,褚遂良曰:"太子、诸王宜有定分,此为最急。"时太子承乾失德,魏王泰有宠,群臣日有疑议,故遂良对及之。上乃曰:"方今群臣,忠直无逾魏徵。我遣傅太子,用绝天下之疑。"乃以徵为太子太师。徵以疾辞,上曰:"知公疾病,可卧护之。"徵乃受诏。

房玄龄、高士廉遇少府少监窦德素于路①,问:"北门近何营缮?"德素奏之,上怒,让玄龄等曰:"君但知南牙政事②,北门小营缮,何预君事!"玄龄等拜谢。魏徵进曰:"玄龄等为陛下股肱耳目,于中外事岂有不应知者!使所营是则当助成之,非则当请罢之。不知何罪而责,亦何罪而谢也!"上甚愧之。

纲 西突厥寇伊州,安西都护郭孝恪击败之。

目 初,高昌既平,岁发兵千余人戍守其地,褚遂良上疏曰:"陛下取高昌,调人屯戍,破产办装,死亡者众。设使张掖、酒泉有烽燧之警,陛下岂得高昌一夫斗粟之用?终当发陇右诸州兵食以赴之耳。然则河西者,中国之心腹,高昌者,他人之手足。奈何糜弊本根以事无用之土

---

① 少府少监:少府监次官,负责管理手工业制造等事务。
② 南牙:尚书省在宫城之南,故称南牙。"牙"同"衙"。

乎！愿择高昌子弟，使君其国，永为藩辅，内安外宁，不亦善乎！"上弗听。及是，上悔之，曰："魏徵、褚遂良劝我复立高昌，吾不用其言，今方自咎耳。"

纲 冬十月，郢（yǐng）公宇文士及卒。

目 上尝止树下，爱之，士及从而誉之不已。上正色曰："魏徵常劝我远佞人，我不知佞人是谁，意疑是汝，今果不谬！"士及叩头谢。至是卒，谥曰缪。

纲 许以新兴公主嫁薛延陀。

目 上谓侍臣曰："薛延陀屈强（jué jiàng）莫比①，今御之有二策：苟非发兵殄灭之，则与之婚姻以抚之耳。"房玄龄对曰："兵凶战危，臣以为和亲便。"先是，契苾何力归省其母于凉州，会契苾部落皆欲归薛延陀，何力不可，部落执之以降。何力拔佩刀东向大呼曰："岂有大唐烈士而受屈虏庭。"因割左耳以自誓。上闻契苾叛，曰："何力心如铁石，必不叛我。"会有使者自薛延陀来，具言其状。上即命兵部侍郎崔敦礼持节使薛延陀②，许以新兴公主妻之，以求何力，何力由是得还。

纲 癸卯，十七年（643），春正月，郑公魏徵卒。

〔太宗三镜论〕

目 魏徵寝疾，上与太子同至其第，指衡山公主欲以妻其子叔玉。徵薨，

---

① 屈：通"倔"。莫比：《资治通鉴》作"漠北"。
② 兵部侍郎：尚书省兵部次官。

陪葬昭陵。上自制碑文，书石，谓侍臣曰："人以铜为镜，可以正衣冠，以古为镜，可以见兴替，以人为镜，可以知得失。魏徵没，朕亡一镜矣！"

〔凌烟阁二十四功臣〕

纲 图功臣于凌烟阁。

目 上命图画功臣长孙无忌、赵郡王孝恭、杜如晦、魏徵、房玄龄、高士廉、尉迟敬德、李靖、萧瑀、段志玄、刘弘基、屈突通、殷开山、柴绍、长孙顺德、张亮、侯君集、张公谨、程知节、虞世南、刘政会、唐俭、李世勣、秦叔宝等于凌烟阁。

〔立晋王治为太子〕

纲 夏四月，太子承乾谋反，废为庶人，立晋王治为皇太子，贬魏王泰为东莱郡王。

目 太子承乾喜声色畋猎，所为奢靡。魏王泰多能，有宠，潜有夺嫡之志，折节下士以求声誉。太子畏其逼，阴养刺客纥干承基等，谋杀之。吏部尚书侯君集怨望，以太子暗劣，欲乘衅图之，因劝之反，太子大然之。驸马都尉杜荷谓之曰①："天文有变，当速发。但称暴疾危笃，主上必亲临视，因兹可以得志。"会承基坐事系狱，当死。上变，告太子谋反。敕大理、中书、门下参鞫之，反形已具。上谓侍臣曰："将何以

_____

① 驸马都尉：魏晋已来迎娶公主者皆拜驸马都尉。

处承乾?"群臣莫敢对,通事舍人来济进曰①:"陛下不失为慈父,太子
得尽天年,则善矣!"上从之。诏废承乾为庶人,幽之。君集、荷等皆
伏诛。

承乾既获罪,魏王泰日入侍奉,上面许立为太子,岑文本、刘洎亦劝
之。长孙无忌固请立晋王治,上乃诏立晋王治为皇太子,时年十六。
谓侍臣曰:"我若立泰,则是太子之位可经营而得。自今太子失道,藩
王窥伺者,皆两弃之,传诸子孙,永为后法。"乃降泰爵东莱郡王,幽之
北苑。

纲 以太子太保萧瑀、詹事李世勣,同中书门下三品②。

目 诏以长孙无忌为太子太师,房玄龄为太傅,萧瑀为太保,李世勣为詹
事,瑀、世勣并同中书门下三品,同三品自此始。又以李大亮、于志
宁、马周、苏勖、高季辅、张行成、褚遂良皆为僚属。

世勣尝得暴疾,方云"须灰可疗",上自剪须,为之和药。又尝从容谓
曰:"朕求群臣可托幼孤者,无以逾公,公往不负李密,岂负朕邪!"世
勣流涕辞谢,啮指出血。

〔水能载舟,亦能覆舟〕

上自立太子,遇物则诲之。见其饭,则曰:"汝知稼穑之艰难,则常有
斯饭矣。"见其乘马,则曰:"汝知其劳,而不竭其力,则常得乘之矣。"
见其乘舟,则曰:"水所以载舟,亦所以覆舟。民犹水也,君犹舟也。"

①通事舍人:隶中书省,负责呈奏案、传诏令等事务。
②同中书门下三品:宰相加衔。

见其息于木下,则曰:"木从绳则正,后从谏则圣。"

上疑太子柔弱,密谓长孙无忌曰:"雉奴懦①,恐不能守社稷。吴王恪英果类我,我欲立之,何如?"无忌固争,以为不可。上曰:"公以恪非己之甥邪?"无忌曰:"太子仁厚,真守文良主。储副至重,岂可数易!"上乃止。谓恪曰:"父子虽至亲,及其有罪,则法不可私。汉立昭帝,燕王不服,霍光折简诛之②,此不可以不戒!"

上谓群臣曰:"吾如治年时,颇不能循常度。治自幼宽厚,谚曰'生狼犹恐如羊',冀其稍壮,自不同耳。"无忌对曰:"陛下神武,乃拨乱之才。太子仁恕,实守文之德也。"

纲六月,薛延陀来纳币③,诏绝其昏。

纲秋七月,贬杜正伦为交州都督。

目初,太子承乾失德,上密谓庶子杜正伦曰:"吾儿果不可教,当来告我。"正伦屡谏,不听,乃以上语告之。承乾表闻,上责正伦,正伦对曰:"臣以此恐之,冀其迁善耳。"及承乾败,正伦左迁交州。

纲踣(bó)魏徵碑④。

目初,魏徵尝荐杜正伦、侯君集有宰相才。至是,正伦以罪黜,君集谋反诛,上始疑徵阿党。又有言徵自录前后谏辞以示起居郎褚遂良者,上愈不悦。乃罢叔玉尚主,而踣所撰碑。

---

① 雉奴:李治小名。
② 折简:写信。
③ 纳币:婚礼六礼中的第四礼,男方送聘财至女方家中。
④ 踣:扑倒。

纲 房玄龄等上高祖、今上《实录》①。

目 上尝谓褚遂良曰："卿知《起居注》，所书可得观乎?"对曰："史官书人君言动，备纪善恶，庶几人君不敢为非②！ 未闻自取而观之也。"上曰："朕有不善，卿亦记之邪?"对曰："臣职当载笔，不敢不记!"黄门侍郎刘洎曰："借使遂良不记，天下亦皆记之矣!"上又谓监修国史房玄龄曰："朕之心异于前世帝王，所以欲观国史，盖欲知前日之恶，为后来之戒耳！ 公可撰次以闻。"谏议大夫朱子奢上言："陛下独览起居，于事无失。若以此法传示子孙，或有饰非护短，史官不免刑诛，则莫不顺旨全身，千载何所信乎!"上不从。玄龄乃与给事中许敬宗等删为高祖、今上《实录》。书成，上之。上见书六月四日事③，语多微隐，谓玄龄曰："昔周公诛管、蔡以安周，季友酖叔牙以存鲁，朕之所为，亦类是耳，史官何讳焉!"即命直书其事。

纲 九月，新罗乞兵伐高丽，遣使谕之。

目 新罗遣使言百济与高丽连兵，谋绝新罗入朝之路，乞兵救援。上遣使赍玺书谕之。盖苏文不奉诏④。使还，上曰："盖苏文弑君，不可以不讨。"谏议大夫褚遂良曰："今中原清晏，四夷詟(zhé)服⑤，陛下之威望大矣。乃欲渡海远征小夷，万一蹉跌，伤威损望，更兴忿兵，则安危难测也。"李世勣劝上伐之。上遂欲自征高丽，遂良复谏曰："天下譬犹

---

① 实录：以编年形式专门记载皇帝言行、国家大事的官修史书。
② 庶几：希望。
③ 六月四日事：指玄武门之变。
④ 盖苏文：即渊盖苏文，高丽东部大人，行宰相之职。
⑤ 詟服：畏惧服从。

一身;两京,心腹也;州县,四肢也;四夷,身外之物也。高丽罪大,诚当致讨,但命一、二猛将将四五万众,取之如反掌耳。今太子新立,幼稚,诸王陛下所知,一旦弃金汤之全,逾辽海之险①,以天下之君,轻行远举,皆臣之所甚忧也。"群臣亦多谏者,上皆不听。

纲 徙故太子承乾于黔州②,顺阳王泰于均州③。

纲 甲辰,十八年(644),春三月,以薛万彻为右卫大将军。

目 上尝谓侍臣曰:"于今名将,惟世勣、道宗、万彻三人而已。世勣、道宗不能大胜,亦不大败;万彻非大胜,即大败。"

纲 秋七月,以刘洎为侍中,岑文本、马周为中书令。

目 文本既拜,还家,有忧色。母问其故,文本曰:"非勋非旧,滥荷宠荣,位高责重,所以忧惧。"语贺客曰:"今受吊,不受贺也。"

上文学辩敏,群臣言事者,引古今以折之,多不能对。刘洎上书谏曰:"以至愚而对至圣,以极卑而对至尊,虚襟以纳其说,犹恐未敢对扬④。况动神机,纵天辩,饰辞而折其理,引古以排其议,欲令凡庶何阶应答!且多记损心,多语损气,愿为社稷自爱。"上飞白答之曰⑤:"非虑无以临下,非言无以述虑。比有谈论,遂致烦多。轻物骄人,恐由兹道。形神志气,非此为劳。今闻谠言,虚怀以改。"

① 辽海:泛指今渤海、黄海一带。
② 黔州:治今重庆彭水县。
③ 均州:治今湖北均县北。
④ 对扬:对答天子之命而称扬之。
⑤ 飞白:书法字体的一种。笔画中露白,似用枯笔所书。

纲 九月，以褚遂良为黄门侍郎，参预朝政。

目 上尝问褚遂良曰："舜造漆器，谏者十余人，此何足谏！"对曰："奢侈者，危亡之本。漆器不已，将以金玉为之。忠臣爱君，必防其渐。若祸乱已成，无所复谏矣！"上曰："然。朕见前世帝王拒谏者，多云业已为之，终不为改。如此，欲无危亡，得乎！"

〔太宗知诸臣得失，取其长用之〕

上谓长孙无忌等曰："人苦不自知其过，卿可为朕明言之。"无忌对曰："陛下武功文德，臣等将顺之不暇，又何过之可言！"上曰："朕问公以己过，公等乃曲相谀说。朕欲面举公等得失以相戒而改之，何如？"皆拜谢。上曰："长孙无忌善避嫌疑，敏于决断，而总兵攻战，非其所长。高士廉临难不改节，当官无朋党，所乏者骨鲠规谏耳。唐俭言辞辨捷，善和解人，事朕三十年，遂无言及于献替。杨师道性行纯和，而情实怯懦，缓急不可得力。岑文本性质敦厚，持论恒据经义，自当不负于物。刘洎性最坚贞，有利益，然意尚然诺，私于朋友。马周见事敏速，直道而言，朕比任使，多能称意。褚遂良学问稍长，性亦坚正，每写忠诚，亲附于朕，譬如飞鸟依人，人自怜之。"

纲 冬十月，帝如洛阳，命房玄龄留守。十一月，以张亮、李世勣为行军大总管，诏亲征高丽。

目 十一月，上至洛阳。上闻洺州刺史程名振善用兵，召问方略，嘉其才敏，劳勉之。名振失不拜谢，上试责怒以观其所为。名振谢曰："疏野之臣,未尝亲奉圣问,适方心思所对,故忘拜耳。"举止自若,应对愈明辨。上乃叹曰:"奇士也!"即日拜右骁卫将军。以张亮为平壤大总管,帅兵四万,舰五百,自莱州泛海趋平壤。又以李世勣为辽东大总管①,帅步骑六万及兰、河降胡趋辽东②,手诏谕天下以"高丽盖苏文弑主虐民,今问其罪,所过营顿,无为劳费"。

纲 十二月,武阳公李大亮卒。

目 大亮恭俭忠谨,每直宿必坐寐达旦。房玄龄每称其有王陵、周勃之节。至是,副玄龄守京师。卒,遗表请罢高丽之师。谥曰懿。

纲 故太子承乾卒。

纲 乙巳,十九年(645),春正月,帝发洛阳。

纲 封比干墓。

目 诏谥殷太师比干曰忠烈,命所司封其墓,春秋祠以少牢,给五户洒扫。上至邺③,自为文祭魏太祖,曰:"临危制变,料敌设奇,一将之智有余,万乘之才不足。"

纲 三月,至定州。诏皇太子监国。发定州。

纲 夏四月,诸军至玄菟(tú)、新城④。

---

① 辽东:辽河以东,今辽宁东部一带。
② 兰:州名,今甘肃兰州市。河:州名,治今甘肃临夏县。
③ 邺:城名,在今河北临漳县。
④ 玄菟:在今辽宁沈阳市浑南区。新城:在今辽宁新宾县北。

纲 李世勣拔盖牟城①。

纲 五月,张亮拔卑沙城②。

纲 帝渡辽,拔辽东城③。

纲 进攻白岩城④,六月,降之。

纲 进攻安市城⑤,大破其救兵于城下。

目 车驾至安市城,攻之。高丽北部耨(nòu)萨延寿、惠真⑥,帅兵十五万救安市。上命李世勣将步骑万五千陈于西岭,长孙无忌将精兵万一千,自山北出狭谷以冲其后。上自将步骑四千为奇兵,挟鼓角,偃旗帜,登北山,敕诸军闻鼓角齐出奋击。延寿等见世勣布阵,勒兵欲战。上望见无忌军尘起,命作鼓角,举旗帜,诸军鼓噪并进。延寿等大惧,欲分兵御之,而阵已乱。会有龙门薛仁贵大呼陷陈⑦,所向无敌。大军乘之,高丽兵大溃。延寿、惠真帅众请降,举国大骇,后黄城、银城皆自拔遁去,数百里无复人烟。上乃更名所幸山曰驻跸山⑧,刻石纪功焉。驿书报太子及高士廉等曰:"朕为将如此,何如?"

纲 秋九月,帝攻安市城,不下,诏班师。

---

① 盖牟城:在今辽宁盖州市。
② 卑沙城:在今辽宁海城市境。
③ 辽东城:在今辽宁辽阳市。
④ 白岩城:在今辽宁辽阳市东北。
⑤ 安市城:在今辽宁盖州市东北。
⑥ 耨萨:高丽地方军事长官。
⑦ 龙门:在今山西河津市。
⑧ 驻跸山:在今辽宁辽阳市西南。

目上以辽左早寒，草枯水冻，士马难久留，且粮食将尽，敕班师。

〔太宗悔伐高丽〕

纲冬十月，遣使祀魏徵，复立所仆碑。

目凡征高丽，拔十城，斩首四万余级，战士死者几三千人，战马死者什七八。上以不能成功，深悔之，叹曰："魏徵若在，不使我有是行也！"命驰驿祀徵以少牢，复立所仆碑，召其妻子诣行在①，劳赐之。

纲丙午，二十年（646），春正月，帝还京师。

纲秋八月，遣李世勣击薛延陀，降之。敕勒诸部遣使请吏。

目回纥等十一姓各遣使归命，乞置官司。上大喜，遣使纳之。诏曰："朕聊命偏师，遂擒颉利，始弘庙略②，已灭延陀。铁勒百万户，请为州郡。混元以降，殊未前闻，宜备礼告庙，仍颁示普天。"勒石于灵州。

纲冬十月，贬萧瑀为商州刺史③。

目瑀性狷介，与同僚多不合，尝言："房玄龄等朋党不忠，但未反耳。"上不听，瑀内不自得，因自请出家，既而悔之。上以瑀反覆不平，贬商州刺史。

纲十二月，帝生日，罢宴乐。

目上谓长孙无忌等曰："今日吾生日，世俗皆为乐，在朕翻成伤感。今君

---

① 行在：又称行在所，为天子巡幸时车驾所在之处。
② 庙略：帝王谋略。
③ 商州：治今陕西商洛市商州区。

临天下,富有四海,而承欢膝下,永不可得,此子路所以有负米之恨也。《诗》云:'哀哀父母,生我劬(qú)劳①。'奈何以劬劳之日更为欢乐乎!"因泣数行下,左右皆悲。

纲 幸房玄龄第。

目 房玄龄尝以微谴归第,褚遂良谏曰:"玄龄翼赞圣功,冒死决策,选贤立政,勤力为多。自非罪在不赦,不可遗弃。若以其衰老,亦当退之以礼。"上然之,因幸芙蓉园②。玄龄敕子弟汛扫门庭,曰:"乘舆且至!"有顷,上幸其第,因载玄龄还宫。

纲 丁未,二十一年(647),春正月,诏以来年仲春有事于泰山。

纲 以牛进达、李世勣为行军大总管,伐高丽。

纲 夏四月,作翠微宫③。

目 初,上得风疾,苦京师盛暑,命修终南山太和废宫为翠微宫④。

纲 以李素立为燕然都护⑤。

纲 五月,如翠微宫。

目 冀州进士张昌龄献《翠微宫颂》⑥,上爱其文,命于通事舍人里供奉。

---

① 劬劳:劳苦。
② 芙蓉园:原为隋文帝离宫,位于长安城东南部。
③ 翠微宫:位于长安城南太和谷,今陕西西安市南。
④ 太和废宫:唐高祖武德八年所建的离宫。
⑤ 燕然都护:燕然都护府的最高长官,统铁勒诸部,治今内蒙古乌拉特后旗乌加河北岸。
⑥ 冀州:治今河北衡水市冀州区。

初,昌龄与王公治皆有文名,考功员外郎王师旦知贡举①,黜之,上问其故。师旦曰:"二人文体轻薄,终非令器。若置之高第,恐后进效之,伤陛下雅道。"上善其言。

纲 以李纬为洛州刺史②。

目 初,上以纬为户部尚书。时房玄龄留守京师,有自京师来者,上问:"玄龄何言?"对曰:"玄龄但云李纬美髭(zī)鬓。"上遽改除洛州刺史。

纲 秋七月,作玉华宫③。

纲 八月,诏停封禅。

目 以薛延陀新降,土功屡兴,河北水灾故也。

纲 骨利幹遣使入贡④。

目 骨利幹于铁勒诸部为最远,昼长夜短,日没后,天色正曛(xūn)⑤,煮羊胛适熟,日已复出矣。

纲 立皇子明为曹王。

目 曹王明母杨氏,巢剌王之妃也⑥,有宠于上。文德皇后之崩也,欲立为皇后,魏徵谏曰:"陛下方比德唐、虞,奈何以辰嬴自累⑦!"乃止。寻

---

① 考功员外郎:尚书吏部考功司次官。

② 洛州:治今河南洛阳市。

③ 玉华宫:即高祖仁智宫,在今陕西铜川县西北玉华山。

④ 骨利幹:铁勒部落之一,分布在今俄罗斯贝加尔湖北一带。

⑤ 曛:落日余光。

⑥ 巢剌王:李元吉。

⑦ 辰嬴:秦穆公女儿,先后嫁晋怀公、晋文公叔侄。

以明继元吉后。

纲 冬十一月,徙顺阳王泰为濮王。

纲 十二月,遣阿史那社尔等击龟(qiū)兹①。

蒲宣伊 评注

黄正建 审定

————————

① 龟兹:西域国名,在今新疆库车市、沙雅县间。

纲鉴易知录卷四五

　　卷首语:本卷起唐太宗贞观二十二年(648),止唐高宗仪凤三年(678),所记为唐太宗、唐高宗共三十年史事。太宗晚年,东征高丽,西讨龟兹。高宗继位后,灭西突厥,建立单于、瀚海二都护府;又灭百济、高丽,置安东都护府。内政方面,唐高宗废王皇后,立武则天,是改变唐初政治格局的重要历史事件。由此,武则天逐渐获得更大的政治权力。

唐　纪

太宗文武皇帝

纲 戊申,二十二年(贞观二十二年,648),春正月,作《帝范》以赐太子。

目 上作《帝范》十二篇以赐太子,曰《君体》《建亲》《求贤》《审官》《纳谏》《去谗》《戒盈》《崇俭》《赏罚》《务农》《阅武》《崇文》。且曰:"修身治国,备在其中。一旦不讳①,更无所言矣。然汝当更求古之哲王为师,如吾,不足法也。夫取法于上,仅得其中。取法于中,不免为下。吾即位已来,不善多矣,顾弘济苍生,肇造区夏,功大益多,故人不怨,业不堕,然比之尽美尽善,固多愧矣。汝无我之功勤,而承我之富贵,竭力为善,则国家仅安,骄惰奢纵,则一身不保。且成迟败速者,国也。失易得难者,位也。可不惜哉! 可不慎哉!"

纲 中书令马周卒。

纲 遣薛万彻伐高丽。

纲 结骨俟利发入朝②。

目 结骨人皆长大,赤发绿睛。自古未通中国,至是,其俟利发失钵屈阿栈来朝,请除一官,诏以为坚昆都督③。是时四夷君长争入献见,每

---

① 不讳:去世的婉称。
② 结骨:西域国名,在今俄罗斯叶尼塞河上游一带。俟利发:结骨国官名。
③ 坚昆都督:坚昆族的最高军政长官。

元正朝贺,常数百千人。上曰:"汉武帝穷兵三十余年,所获无几,岂如今日绥之以德,使穷发之地①,尽为编户乎!"

纲 如玉华宫。

目 上营玉华宫,务为俭约,惟寝殿覆瓦,余皆茅茨(cí)②,然所费已巨亿计。充容徐惠上疏曰③:"今东征高丽,西讨龟兹,营缮相继,服玩华靡。夫以有尽之农功,填无穷之巨浪,图未获之他众,丧已成之我军。地广非常安之术,人劳乃易乱之源也。珍玩技巧,乃丧国之斧斤;珠玉锦绣,实迷心之酖毒。作法于俭,犹恐其奢;作法于奢,何以制后?"上善其言,甚礼重之。

纲 三月,故隋后萧氏卒。

纲 夏五月,宋公萧瑀卒。

纲 杀华州刺史李君羡④。

目 太白屡昼见,太史占云:"女主昌。"民间又传《秘记》云:"唐三世之后,女主武王代有天下。"上恶之。以武卫将军李君羡小名五娘,而官称封邑皆有"武"字,出为华州刺史。御史复奏君羡谋不轨,上遂诛之。上尝密问太史令李淳风:"《秘记》所云,信有之乎?"对曰:"臣仰稽天象,俯察历数,其人已在宫中,自今不过三十年,当王天下,杀唐子孙殆尽,其兆既成矣。"上曰:"疑似者尽杀之,何如?"对曰:"天之

① 穷发:极北的不毛之地。
② 茅茨:茅草屋,形容房屋简陋。
③ 充容:妃嫔位号。
④ 华州:治今陕西渭南市华州区。

所命,人不能违也。王者不死,徒多杀无辜。且自今以往三十年,其人已老,庶几颇有慈心,为祸或浅。今借使得而杀之,天或生壮者肆其怨毒,恐陛下子孙无遗类矣!"上乃止。

纲 司空、梁公房玄龄卒。

〔房玄龄遗表论征高丽事〕

目 玄龄留守京师,疾笃,上征赴玉华宫,肩舆入殿,相对流涕,因留宫下,候问不绝。玄龄谓诸子曰:"吾受主上厚恩,今天下无事,惟东征未已,群臣莫敢谏,吾知而不言,死有余责。"乃上表曰:"《老子》曰:'知足不辱,知止不殆。'陛下威名功德亦可足矣,拓地开疆亦可止矣。且陛下每决一重囚,必令三覆五奏、膳素止乐者,重人命也。今驱无罪之士卒,委之锋刃之下,使之肝脑涂地,独不足愍乎! 向使高丽违失臣节,诛之可也。侵扰百姓,灭之可也。他日能为中国患,除之可也。今无此三条而坐烦中国,内为前代雪耻,外为新罗报仇,岂非所存者小,所损者大乎! 愿陛下许高丽自新,焚凌波之船,罢应募之众,自然华夷庆赖,远肃迩安。臣旦夕入地,傥蒙录此哀鸣,死且不朽!"上自临视,握手与诀,悲不自胜。卒,谥曰文昭。

纲 秋九月,以褚遂良为中书令。

纲 冬十月,帝还宫。

纲 十二月,阿史那社尔击龟兹,执其王布失毕。

纲 己酉,二十三年(649),春三月,帝有疾,诏太子听政。夏四月,如翠微宫。

纲 五月,以李世勣为叠州都督①。

目 上谓太子曰:"李世勣才智有余,然汝与之无恩。我今黜之,若其即行,俟我死,汝用为仆射,亲任之。若徘徊顾望,当杀之耳。"乃左迁世勣为叠州都督。世勣受诏,不至家而去。

纲 卫公李靖卒。

〔唐太宗崩,唐高宗立〕

纲 帝崩,长孙无忌、褚遂良受遗诏辅太子。还宫发丧,罢辽东兵。

目 上苦痢增剧,太子昼夜不离侧,或累日不食,发有变白者。上召长孙无忌、褚遂良入卧内,谓之曰:"太子仁孝,善辅导之!"谓太子曰:"无忌、遂良在,汝勿忧天下!"又谓遂良曰:"无忌尽忠于我,我有天下,多其力也,我死,勿令谗人间之。"仍令遂良草遗诏。有顷,上崩。秘不发丧。无忌等请太子先还,大行御马舆继至②,发丧,宣遗诏,罢辽东之役及诸土木之功。

评贞观之治:

唐朝贞观时期,在唐太宗与臣僚共同努力下,政治清明稳定,社会安定和谐,史称"贞观之治"。太宗克己纳谏,知人善任,任用房玄龄、杜如晦、魏徵等,君臣关系和谐。地方上,并省州县,精简官吏,严格选拔,熟知吏政,常召京官询访外事,以知百姓利害。刑法建设上,行宽仁法,死

———

① 叠州:治今青海西宁市西北。
② 大行:刚刚死去、未定谥号的皇帝。

刑多次复核,最终还需呈奏皇帝。至贞观四年,全国死刑仅二十九人。百姓夜不闭户,路不拾遗。太宗稳定边疆,建立西州,再通陆上丝绸之路。又行兼容并包、胡汉一家的基本民族政策,南与吐蕃结姻亲之好,北为回纥等拥为"天可汗",获得更高声望。贞观之治打下了唐朝近三百年基业的基础。

纲 以于志宁、张行成为侍中,高季辅为中书令。

纲 六月,太子即位。

目 高宗初即位,召朝集使谓曰①:"朕初即位,事有不便于百姓者悉宜陈,不尽者更封奏。"自是日引刺史十人入阁,问以百姓疾苦,及其政治。尝问大理卿唐临系囚之数,对曰:"见囚五十余人,惟二人应死。"上悦。上尝录系囚,前卿所处者多号呼称冤,临所处者独无言。上怪问其故,囚曰:"唐卿所处,本自无冤。"上叹息良久,曰:"治狱者不当如是邪!"有洛阳人李泰弘诬告长孙无忌谋反,上立命杀之。无忌、遂良同心辅政,上亦尊礼二人,恭己以听之,故永徽之政,百姓阜安②,有贞观之遗风。

纲 秋八月,地震。

纲 葬昭陵。

目 阿史那社尔、契苾何力请殉葬,上遣人谕以先旨,不许。蛮夷君长为先帝所擒服者,颉利等十四人,皆琢石为象,列于北司马门内。

---

① 朝集使:唐每年各州遣使谒见皇帝、宰相,因朝集于京师,故名朝集使。
② 阜安:富足安宁。

纲九月，以李勣为左仆射。

纲冬十二月，诏濮王泰开府置僚属。

高宗皇帝

纲庚戌，高宗皇帝永徽元年(650)，春正月，立妃王氏为皇后。

纲辛亥，二年(651)，春正月，以黄门侍郎宇文节、中书侍郎柳奭(shì)同三品。

纲壬子，三年(652)，春正月，以褚遂良为吏部尚书、同三品。

纲秋七月，立陈王忠为皇太子。

目王皇后无子，其舅柳奭为后谋，以忠母微贱，劝后请立为太子。上从之。

纲冬十一月，濮阳王泰卒。

〔吴王恪、高阳公主等皆被诛杀，高宗皇位得到稳固〕

纲癸丑，四年(653)，春二月，散骑常侍房遗爱及高阳公主谋反①，伏诛，遂杀荆王元景、吴王恪②，流宇文节于岭表③。

目初，房遗爱尚太宗女高阳公主，公主骄恣甚，与浮屠辩机等数人私通。

---

① 散骑常侍：门下省左散骑常侍、中书省右散骑常侍省称，负责规讽、顾问等事务。房遗爱：房玄龄次子。
② 荆王元景：高祖第六子，太宗弟。
③ 岭表：岭南，泛指今广东、广西、海南一带。

事觉,怨望,遂使掖庭令陈玄运伺宫省機(jī)祥①。遗爱亦与驸马都尉薛万彻、柴令武,谋奉荆王元景为主以举事。至是,公主谋黜遗爱兄遗直封爵,使人诬告遗直罪。上令长孙无忌鞫之,更获遗爱及主反状。吴王恪有文武才,素为物情所向,太宗欲立之,无忌固争而止,遂与无忌相恶,无忌欲因事诛之。遗爱因言与恪同谋,冀得免死。于是遗爱、万彻、令武皆斩,元景、恪、高阳、巴陵公主并赐自尽。恪且死,骂曰:"长孙无忌窃弄威权,构害良善,宗社有灵,当族灭不久!"宇文节、江夏王道宗、执矢思力并坐与遗爱交通,流岭表。道宗素与无忌及褚遂良不协,故皆得罪。罢玄龄配飨。

[高宗以太宗才人武氏为昭仪]

纲 甲寅,五年(654),春三月,以太宗才人武氏为昭仪②。

目 初,萧淑妃有宠,王后疾之。上之为太子也,入侍太宗,见才人武氏而悦之。太宗崩,武氏出为尼。忌日,上诣寺行香,见之,泣。后闻之,阴令长发,纳之后宫,欲以间淑妃之宠。武氏巧慧,多权数,初入宫,屈体事后③。后数称其美,未几大幸,拜为昭仪,后及淑妃宠皆衰,更相与潛之,上皆不纳。昭仪欲追赠其父而无名,故托以褒赏功臣,遍赠屈突通等,而武士彟预焉。

纲 夏闰四月,帝在万年宫④,夜大水。

---

① 掖庭令:掖庭局长官,隶内侍省,用宦者,负责宫人簿帐、女工及宫人名籍管理等事务。機祥:吉凶的先兆。
② 昭仪:妃嫔位号,九嫔之首。
③ 屈体:自降身份以示谦卑。
④ 万年宫:以九成宫改,在今陕西凤翔县东北。

目上在万年宫,夜,大雨,山水冲玄武门。卫士皆走。郎将薛仁贵曰:"天子有急,敢畏死乎!"登门桄(guàng)大呼以警宫内①。上遽出乘高,俄而水入寝殿,漂溺三千余人。

纲六月,恒州大水②。

目漂溺五千余家。

纲冬十月,筑长安外郭。

目雍州参军薛景宣上言③:"汉惠帝城长安,寻晏驾。今复城之,必有大咎。"于志宁等以景宣言涉不顺,请诛之。上曰:"景宣虽狂妄,若得罪恐绝言路。"遂赦之。

上尝出畋遇雨,问谏议大夫谷那律曰:"油衣若为则不漏④?"对曰:"以瓦为之必不漏。"上悦,为之罢猎。

引驾卢文操盗左藏物,上命诛之。谏议大夫萧钧谏曰:"文操情实难原,然法不至死。"上乃免之。顾侍臣曰:"此真谏议也。"

上尝谓五品以上曰:"顷在先帝左右,见五品以上论事,或仗下面陈⑤,或退上封事,终日不绝。岂今日独无事邪! 何公等皆不言也?"

纲大稔。

---

① 桄:门闩,也指门框上的横梁。
② 恒州:治今河北正定县。
③ 雍州:治今陕西西安市。
④ 油衣:用油布做的雨衣。若为:如何,怎样。
⑤ 仗下:皇帝仪仗之下,借指朝堂。

纲 以长孙无忌子三人为朝散大夫①。

目 王皇后、萧淑妃与武昭仪更相谮诉,后宠虽衰,然上未有意废也。会昭仪生女,后怜而弄之,后出,昭仪潜扼杀之。上至,昭仪阳欢笑,发被视之,女已死矣,即惊啼。问左右,左右皆曰:"皇后适来此。"上大怒曰:"后杀吾女!"昭仪因泣数其罪。后无以自明,上由是有废立之志。又恐大臣不从,乃与昭仪幸长孙无忌第,酣饮极欢,拜无忌宠姬子三人皆为朝散大夫,仍载金宝缯(zēng)锦十车,以赐无忌。上因从容言皇后无子,以讽无忌,无忌对以他语。上与昭仪皆不悦而罢。礼部尚书许敬宗亦数劝无忌,无忌厉色折之。

纲 乙卯,六年(655),夏五月,以韩瑗为侍中,来济为中书令。

纲 秋七月,贬柳奭为荣州刺史②。

目 初,武昭仪诬王后与其母为厌(yā)胜③,禁不得入宫,因并贬奭。

纲 以李义府为中书侍郎。

目 中书舍人李义府为长孙无忌所恶,左迁壁州司马④。义府问计于中书舍人王德俭,德俭曰:"上欲立武昭仪,恐宰臣异议。君能建策立之,则转祸为福矣。"义府然之,叩阁表请。上悦,留之,超拜中书侍郎。于是卫尉卿许敬宗⑤、御史大夫崔义玄、中丞袁公瑜皆潜布腹心于昭

---

① 朝散大夫:文散官。
② 荣州:治今四川荣县西南。柳奭:王皇后舅。
③ 厌胜:巫术的一种,以诅咒驱镇邪祟或害人。
④ 壁州:治今四川通江县。
⑤ 卫尉卿:卫尉寺长官,负责仪仗帷幕供应、武器库藏等事务。

仪矣。

纲　八月，以裴行俭为西州长史。

目　长安令裴行俭闻将立武昭仪，以国家之祸必由此始，与长孙无忌、褚遂良私议其事。袁公瑜闻之，以告昭仪母杨氏，行俭坐左迁。

纲　九月，贬褚遂良为潭州都督①。

目　上召长孙无忌、李勣、于志宁、褚遂良入内殿。遂良曰："今日之召，多为中宫，上意既决，逆之必死。太尉元舅②，司空功臣③，不可使上有杀元舅、功臣之名。遂良起于草茅，无汗马之劳，致位至此，且受顾托，不以死争之，何以下见先帝！"勣称疾。无忌等入，上曰："武昭仪有子，欲立为后，何如？"遂良对曰："皇后名家子，先帝为陛下娶之。临崩，执陛下手谓臣曰：'朕佳儿佳妇，今以付卿。'非有大故，不可废也。"上不悦而罢。明日又言之，遂良曰："陛下必欲易皇后，请择令族，何必武氏。武氏经事先帝，众所共知，万代之后，谓陛下为何如！臣今忤陛下意，罪当死。"因置笏于殿阶，叩头流血曰："还陛下笏，乞放归田里。"上大怒，命引出。昭仪在帘中大言曰："何不扑杀此獠④！"无忌曰："遂良受先朝顾命⑤，有罪不可加刑。"于志宁不敢言。韩瑗因泣涕极谏，上不纳。瑗又上疏曰："妲己倾殷，褒姒灭周，每览前古，常兴叹息，不谓今日尘黩圣代。陛下不用臣言，臣恐宗庙不血

---

① 潭州：治今湖南长沙市。
② 元舅：大舅，指长孙无忌。
③ 功臣：指李勣。
④ 獠：古代骂人之语。
⑤ 先朝：此处指唐太宗。顾命：皇帝临终遗诏。

食矣!"来济上表曰:"王者立后,上法乾坤,必择礼教名家,幽闲令淑,副四海之望,称神祇之心。汉成以婢为后①,卒使社稷倾沦。惟陛下察之!"上皆不纳。

〔此陛下家事,何必更问外人〕

他日李勣入见,上问之曰:"朕欲立武昭仪为后,遂良固执以为不可。事当且已乎?"对曰:"此陛下家事,何必更问外人!"上意遂决。许敬宗宣言于朝曰:"田舍翁多收十斛麦,尚欲易妇。况天子立一后,何豫诸人事而妄生异议!"昭仪令左右以闻。贬遂良为潭州都督。其后韩瑗上疏为遂良讼冤曰:"遂良体国忘家,损身徇物,风霜其操,铁石其心,社稷之旧臣,陛下之贤佐。无罪斥去,内外咸嗟! 愿鉴无辜,稍宽非罪。"上不听。

〔废王立武,一场政治、社会变迁〕

纲 冬十月,废皇后王氏为庶人,立昭仪武氏为皇后。

目 百官朝后于肃仪门。故后王氏、淑妃萧氏,并囚于别院,上尝念之,间行至其所②,呼之。王后泣对曰:"至尊若念畴昔③,使得再见日月,幸甚。"上曰:"朕即有处置。"武后闻之,大怒,遣人断去手足,投酒瓮中,曰:"令二妪骨醉!"数日而死,又斩之。后数见王、萧为祟④,如死

---

① 指汉成帝以赵飞燕为皇后,赵飞燕原为阳阿主家的歌舞者。
② 间行:走小路。
③ 畴昔:过往。
④ 祟:鬼魅作怪。

时状,故多在洛阳,不敢归长安。

纲 以中书侍郎李义府参知政事。

目 义府容貌温恭,与人语,必嬉怡微笑,而狡险忌刻,故时人谓义府笑中有刀。又以其柔而害物,谓之"李猫"。

纲 丙辰,显庆元年(656),春正月,以太子忠为梁王,立代王弘为皇太子。

目 弘,武后所生也,生四年矣。初,许敬宗奏曰:"在东宫者,所出本微。今知国家已有正嫡,必不自安,恐非宗庙之福。"于是遂废忠而立弘。忠既废,官属无敢见者。右庶子李安仁独候见,涕泣拜辞而去。

纲 二月,赠武士彟司徒,赐爵周国公。

纲 秋七月,贬王义方为莱州司户。

目 李义府恃宠用事。洛州妇人淳于氏美色,系大理狱,义府属大理丞毕正义枉法黜之,将纳为妾。事觉,义府逼正义自缢以灭口。上知而不问。侍御史王义方欲奏弹之,先白其母曰:"义方为御史,视奸臣不纠则不忠,纠之则身危而忧及于亲为不孝,奈何?"母曰:"昔王陵之母,杀身以成子之名。汝能尽忠以事君,吾死不恨!"义方乃奏曰:"义府擅杀六品寺丞。就云自杀,亦由畏义府威,杀身以灭口。如此,则生杀之威,不由上出,渐不可长。"对仗,叱义府令下,义府顾望不退。义方乃三叱,义府始趋出,义方乃读弹文。上以义方毁辱大臣,贬之。

纲 九月,括州暴风,海溢①。

————————————

① 括州:治今浙江丽水市。

纲 丁巳,二年(657),春三月,以褚遂良为桂州都督①,李义府兼中书令。

纲 夏五月,帝始隔日视事。

纲 秋八月,贬韩瑗、来济、褚遂良皆为远州刺史。

目 许敬宗、李义府诬奏韩瑗、来济与褚遂良潜谋不轨,以桂州用武之地授遂良,欲为外援。遂皆坐,贬瑗振州②、济台州③、遂良爱州④、柳奭象州⑤。

纲 以许敬宗为侍中,杜正伦为中书令。

纲 冬十月,以洛阳宫为东都。

纲 以刘祥道为黄门侍郎,知选事。

纲 戊午,三年(658),冬十一月,贬杜正伦为横州刺史⑥,李义府为普州刺史⑦。

目 李义府有宠于上,诸子孩抱者并列清贯⑧。而义府贪冒无厌,卖官鬻狱,其门如市。中书令杜正伦每以先进自处,由是有隙,讼于上前。上两责之。

---

① 桂州:治今广西桂林市。
② 振州:治今海南三亚市。
③ 台州:治今浙江临海市。
④ 爱州:治今越南清化市。
⑤ 象州:治今广西象州县。
⑥ 横州:治今广西横州市。
⑦ 普州:治今四川安岳县。
⑧ 清贯:清贵官职。

纲鄂公尉迟敬德卒。

纲爱州刺史褚遂良卒。

纲己未,四年(659),夏四月,以于志宁同三品,许圉(yǔ)师参知政事。

纲削太尉赵公长孙无忌官封,黔州安置。

目武后以长孙无忌受重赐而不助己,深怨之,以于志宁中立不言,亦不
　　悦,令许敬宗伺其隙而陷之。会人告太子洗马韦季方罪,敕敬宗与侍
　　中辛茂将鞫之。季方自刺,不死,敬宗因诬奏季方欲与无忌谋反。上
　　泣曰:"我家不幸,往年高阳公主与房遗爱谋反,今元舅复然,将若之
　　何? 朕决不忍加刑于无忌。"敬宗对曰:"汉文帝,汉之贤主也,其舅薄
　　昭,止坐杀人,帝使公卿哭而杀之,后世不以为非。今无忌谋移社稷,
　　其罪与昭不可同年而语。陛下少更迁延,臣恐变生肘腋,悔无及矣!"
　　上以为然,竟不引问。诏削无忌官封,黔州安置。敬宗又奏无忌谋
　　逆,由褚遂良、柳奭、韩瑗构扇而成①,于志宁亦其党也。于是诏追削
　　遂良官爵,除奭、瑗名,免志宁官。

〔改氏族志为姓氏录,打击旧门阀士族〕

纲六月,改《氏族志》为《姓氏录》②。

目初,太宗修《氏族志》,升降去取,时称允当。至是,许敬宗等以其书不
　　叙武氏本望,奏请改之,以后族为第一等,其余悉以仕唐官品高下为

---

① 构扇:挑拨煽动。
② 《氏族志》:唐太宗令高士廉等修纂,以皇族为首,外戚次之,余氏以仕唐官品高下
　　为序。

准。于是士卒以军功至位五品者,豫士流,时人谓之"勋格"。

纲 秋七月,杀长孙无忌、柳奭、韩瑗。

目 七月,诏御史追柳奭、韩瑗枷锁诣京师,敬宗又遣袁公瑜诣黔州,再鞠
长孙无忌,逼令自杀。诏斩瑗、奭。瑗已死,发验而还。

纲 贬高履行为永州刺史①,于志宁为荣州刺史。

纲 庚申,五年(660),夏四月,作合璧宫②。

纲 秋七月,废梁王忠为庶人。

〔高宗令武后决百司奏,武后合法获得参政权力〕

纲 冬十月,初令皇后决百司奏事。

目 上初苦风眩,不能视百司奏事,或使皇后决之。后性明敏,涉猎文史,
处事皆称旨。由是始委以政事,权与人主侔(móu)矣。

纲 辛酉,龙朔元年(661),夏四月,遣兵部尚书任雅相等征高丽。

纲 六月,徙潞王贤为沛王。

目 沛王贤闻王勃善属文③,召为修撰。时诸王斗鸡,勃戏为《檄周王鸡
文》④。上见之,怒曰:"此乃交构之渐。"斥勃出沛府。

---

① 永州:治今湖南永州市。
② 合璧宫:在洛阳宫城附近。
③ 沛王:李贤,高宗武后第二子。
④ 檄文:旨在征召、声讨的官方文书。周王:李显,高宗武后第三子,即唐中宗。时李
贤、李显斗鸡,王勃作此檄文为李贤助兴。

纲铁勒犯边,诏武卫将军郑仁泰等将兵讨之。

纲壬戌,二年(662),春三月,郑仁泰等败铁勒于天山①。

〔薛仁贵定天山,稳定西域〕

目铁勒九姓闻郑仁泰至,合众十余万以拒之,选骁健者数十人挑战,薛仁贵发三矢,杀三人,余皆下马请降,仁贵悉坑之。度碛北,击其余众,获叶护兄弟三人而还。军中歌之曰:"将军三箭定天山,壮士长歌入汉关。"思结、多滥葛等部落先保天山②,闻之,皆降。

纲冬十月,西突厥寇庭州③,刺史来济死之。

目西突厥寇庭州,刺史来济将兵拒之,谓其众曰:"吾久当死,幸蒙存全以至今日,当以身报国。"遂不释甲胄,赴敌而死。

纲癸亥,三年(663),春正月,以李义府为右相,夏四月,除名,流巂州。

目义府兼知选事,恃势卖官,怨讟盈路,上从容戒之。义府勃然变色曰:"谁告陛下?"缓步而去。上不悦。义府又与术者微服出城,候望气色,或告义府阴有异图。鞫之有实,诏除名,流巂州。朝野称庆。

纲蓬莱宫成④。

目门曰丹凤,殿曰含元,移仗居之,命故宫曰西内,新宫曰东内,亦曰大

---

① 天山:此处指祁连山。
② 思结、多滥葛:皆属铁勒部。
③ 庭州:治今新疆乌鲁木齐市。
④ 蓬莱宫:即大明宫。

明宫云。

纲 甲子，麟德元年（664），秋七月，诏以三年正月封禅。

纲 冬十二月，杀同三品上官仪，刘祥道罢，梁王忠赐死。

目 初武后屈身忍辱，奉顺上意，故上排群议而立之。及得志，专作威福，上动为所制，不胜其忿。会宦者王伏胜，发其使道士郭行真出入禁中，为厌祷事，上密召上官仪议之。仪因言："后专恣，请废之。"上即命草诏。左右奔告于后，后遽诣上自诉。上羞缩不忍，乃曰："我初无此心，皆上官仪教我。"仪先与伏胜俱事故太子忠，后于是使许敬宗诬奏仪、伏胜与忠谋大逆。仪下狱，及伏胜皆死，赐忠死于流所。右相刘祥道坐与仪善，罢，朝士流贬者甚众。自是，上每视事，则后垂帘于后，政无大小，皆预闻之。天下大权，悉归中宫，天子拱手而已，中外谓之"二圣"。

纲 乙丑，二年（665），冬十月，车驾发东都。十二月，至泰山。

目 上发东都，至濮阳①，左相窦德玄骑从。上问："濮阳谓之帝丘，何也？"德玄不能对。许敬宗自后跃马而前曰："昔颛顼（zhuān xū）居此，故谓之帝丘。"上称善。敬宗退谓人曰："大臣不可以无学。"德玄曰："人各有能有不能，吾不强对以所不知，此吾所能也。"李勣曰："敬宗多闻，信美矣。德玄之言，亦善也。"

张公艺九世同居，北齐、隋、唐皆旌表其门。上幸其宅，问所以能之故，公艺书"忍"字百余以进。上善之，赐以缣（jiān）帛②。

---

① 濮阳：今河南濮阳市。
② 缣：双丝的细绢。

纲丙寅,乾封元年(666),春正月,封泰山,禅社首①。

纲车驾还过曲阜,祠孔子。

目赠太师,祭以少牢。

纲至亳州,尊老君为太上玄元皇帝。

目至亳州,谒老君庙,上尊号。

纲李义府卒。

目自义府之贬,朝士日忧其复入。至是,众心乃安。

纲夏四月,车驾还京师。五月,铸乾封泉宝钱。

纲秋七月,以刘仁轨为右相。

目初,仁轨为给事中,按毕正义事,李义府怨之,出为青州刺史。会讨百济,仁轨当浮海运粮,遭风失船,命监察御史袁异式往鞫之。义府谓曰:“君能办事,勿忧无官。”异式至,谓仁轨曰:“君宜早自为计。”仁轨曰:“仁轨当官失职,国有常刑,公以法毙之,无所逃命。若使遽自引决以快仇人,窃所未甘!”乃具狱以闻。上命除名,以白衣从军自效。及为大司宪②,异式惧,不自安,仁轨沥觞告之曰③:“仁轨若念畴昔之事,有如此觞!”既知政事,荐为司元大夫④。监察御史杜易简谓人曰:“斯所谓矫枉过正矣!”

---

① 社首:山名,在今山东泰安市西南。
② 大司宪:即御史大夫。
③ 沥觞:倾杯洒酒。
④ 司元大夫:即户部郎中。

纲 九月,刘祥道卒。

目 子齐贤嗣,齐贤为人方正,上甚重之,为晋州司马。将军史兴宗从猎苑中,因言晋州产佳鹇,请使齐贤捕之。上曰:"刘齐贤岂捕鹇者邪!"

纲 冬十二月,以李勣为辽东大总管,伐高丽。

纲 丁卯,二年(667),春正月,耕藉田。

目 有司进耒耜(lěi sì)①,加以雕饰。上曰:"耒耜农夫所执,岂宜如此之丽!"命易之。既而耕之,九推乃止。

纲 戊辰,总章元年(668),夏四月,彗星见于五车②。

目 彗星见,上避正殿,减膳,彻乐。许敬宗等奏请复常,曰:"彗星见东北,高丽将灭之兆也。"上曰:"朕之不德,谪见于天,岂可归罪小夷!且高丽之百姓,亦朕之百姓也。"不许,彗寻灭。

〔李勣平高丽,置安东都护府〕

纲 秋七月,李勣拔平壤,高丽王藏降,高丽悉平。

目 薛仁贵破高丽于金山③,乘胜将攻扶余城④,诸将以其兵少,止之。仁贵曰:"兵不必多,顾用之何如耳?"遂为前锋以进,与高丽战,大破之,遂拔扶余城。

　　侍御史贾言忠奉使自辽东还,上问:"诸将孰贤?"言忠对曰:"薛仁贵

① 耒耜:翻整土地、播种庄稼的农具。
② 五车:星名,亦称五潢,属毕宿,共五星。
③ 金山:在今辽宁康平县境。
④ 扶余城:今辽宁昌图县北。

勇冠三军,庞同善持军严整,高侃忠果有谋,契苾何力沉毅能断。然夙夜小心,忘身忧国,皆莫及李勣也。"勣等进攻大行城,拔之,诸军皆会,进至鸭绿栅①,破之。围平壤,月余,高丽王藏降,高丽悉平。

纲冬十二月,置安东都护府。

纲京师、山东、江、淮旱,饥。

纲己巳,二年(669),春二月,以卢承庆为司刑太常伯②。

目承庆尝考内外官,有一官督运,遭风失米,承庆考之曰:"监运损粮,考中下。"其人容色自若,无言而退。承庆重其雅量,改注曰:"非力所及,考中中。"既无喜容,亦无愧词。又改曰:"宠辱不惊,考中上。"

时渭南尉刘延祐,弱冠③,政事为畿县最,李勣谓曰:"足下春秋甫迩,遽擅大名,宜稍自贬抑,无为独出人右也!"

纲秋九月,大风,海溢。

纲冬十一月,李勣卒。

目上尝谓侍臣曰:"朕虚心求谏而竟无谏者,何也?"李勣对曰:"陛下所为尽善,群臣无得而谏。"

勣寝疾,谓弟弼曰:"我见房、杜平生勤苦,仅立门户,遭不肖子荡覆无余。吾此诸子,今以付汝,谨察视之。其有志气不伦,交游非类者,皆

① 鸭绿栅:即鸭绿寨,在今朝鲜新义州东北。
② 司刑太常伯:即刑部尚书。
③ 弱冠:男子二十为弱冠。

先挝(zhuā)杀①,然后以闻。"

勣为将,有谋善断,从善如流。战胜则归功于下,所得金帛,悉散之将士,故人思致死,所向克捷。临事选将,必訾(zī)相其状貌丰厚者遣之②。或问其故,勣曰:"薄命之人,不足与成功名。"

闺门雍睦而严。其姊尝病,勣亲为作粥,风回,爇(ruò)其须鬓③。姊曰:"仆妾幸多,何自苦如此!"勣曰:"非然也,顾姊老,勣亦老,虽欲久为姊煮粥,其可得乎!"

尝谓人:"我年十二三时为亡赖贼,逢人则杀。十四五为难当贼,有所不惬则杀之。十七八为佳贼,临陈乃杀人。二十为大将,用兵以救人死。"卒,谥贞武,孙敬业嗣。

纲 定铨注法。

目 时承平既久,选人益多,司刑少常伯裴行俭④,始与员外郎张仁祎设长名姓历榜,引铨注之法。又定州县升降、官资高下。其后遂为永制,无能革之者。

大略唐之选法,取人以身、言、书、判⑤,计资量劳而拟官。始集而试,观其书、判;已试而铨⑥,察其身、言;已铨而注,询其便利;已注而唱,

---

① 挝杀:打杀。
② 訾相:衡量省视。
③ 爇:烧。
④ 司刑少常伯:即刑部侍郎。
⑤ 身、言、书、判:唐代选官标准,分别要求体貌丰伟、言辞辩正、楷法遒美、文理优长,若皆符合,则以德行为先。
⑥ 铨:量才选拔官吏。

集众告之。然后类以为甲①，各给以符，谓之告身。

有刘晓者，上疏论之曰："今选曹以检勘为公道，书判为得人，殊不知考其德行才能，况书判借人者众矣。又礼部取士，专用文章为甲乙，故天下之士皆舍德行而趋文艺，有朝登甲科而夕陷刑辟者，虽日诵万言，何关理体？文成七步，未足化人。取士以德行为先，文艺为末，则多士雷奔，四方风动矣。"

纲 庚午，咸亨元年(670)，秋八月，关中旱，饥。闰月，皇后以旱请避位，不许。

纲 壬申，三年(672)，秋八月，许敬宗卒。

纲 冬十一月，以邢文伟为右史，王及善为左千牛卫将军。

目 太子弘罕接宫臣，典膳丞邢文伟辄减所供膳②，上书谏，太子纳之。上闻之曰："直士也。"擢为右史。太子因宴集，命宫臣掷倒③，次及右奉裕率王及善④，及善曰："掷倒自有伶官，臣若奉令，恐非所以羽翼殿下也。"太子谢之。上闻之，赐及善缣百匹，寻迁左千牛卫将军。

纲 甲戌，上元元年(674)，春三月，以武承嗣为周国公⑤。

纲 秋八月，帝称天皇，后称天后。

---

① 类以为甲：按名次进行分类归档。
② 典膳丞：太子典膳局次官，辅佐典膳郎管理进膳尝食等事务。
③ 掷倒：类似摔跤散乐杂技的一种。
④ 右奉裕率：即右内率，右内率府长官，负责禁内侍卫、供奉兵仗等事务。
⑤ 武承嗣：武则天兄子。

纲 九月,追复长孙无忌官爵。

目 以无忌曾孙翼袭爵赵公,听陪葬昭陵。

纲 大酺(pú)。

目 大酺,上御翔鸾阁观之。命侍御分东西朋,使雍王贤主东朋,周王显主西朋,角胜为乐,郝处俊谏曰:"二王年齿尚幼,志趣未定,当推梨让枣①,相亲如一。今分二朋,递相夸竞,非所以崇礼义,劝敦睦也。"上瞿(jù)然曰:"卿远识,非众人所及也。"遽止之。

纲 乙亥,二年(675),春三月,天后祀先蚕②。

目 天后祀先蚕于邙山之阳,百官及朝集使皆陪位。

〔高宗欲使武后摄政,未果〕

时上苦风眩,议使天后摄政。郝处俊谏曰:"天子理外,后理内,天之道也。昔魏文帝著令,虽有幼主,不许皇后临朝,所以杜祸乱之萌。陛下奈何以高祖、太宗之天下,不传之子孙而委之天后乎!"中书侍郎李义琰曰:"处俊之言至忠,陛下宜听之!"上乃止。

〔北门学士〕

天后多引文学之士元万顷、刘祎之等,使之撰《列女传》《臣轨》《百僚新戒》《乐书》,凡千余卷。时密令参决表奏,以分宰相之权,时人谓之"北门学士"。

---

① 推梨让枣:孔融让梨,王泰让枣,形容兄弟友爱。
② 先蚕:传说中教民育蚕之神。

纲 夏四月,太子弘薨,谥孝敬皇帝,立雍王贤为太子。

目 太子弘仁孝谦谨,上甚爱之,中外属心。天后方逞其志,太子奏请,数忤旨。天后怒。太子薨,时人以为天后鸩之也。诏追谥为孝敬皇帝。

纲 秋八月,以戴至德、刘仁轨为左右仆射,张文瓘为侍中,郝处俊为中书令,李敬玄同三品。

目 刘仁轨、戴至德更日受牒诉①,仁轨常以美言许之,至德必据理难诘,未尝与夺,实有冤结者,密为奏辨。由是时誉皆归仁轨。或问其故,至德曰:“威福者人主之柄,人臣安得盗取!”上闻之,深重之。
有老妪欲诣仁轨陈牒,误诣至德,至德览之未终,妪曰:“本谓是解事仆射,乃不解事仆射邪! 归我牒!”至德笑而授之。时人称其长者。
文瓘时兼大理卿,囚闻改官,皆恸哭。文瓘性严正,诸奏议,多所纠驳,上甚委之②。

纲 吐蕃寇鄯(shàn)州③。

纲 丙子,仪凤元年(676),秋九月,以狄仁杰为侍御史。

目 将军权善才、中郎将范怀义误斫(zhuó)昭陵柏,当除名。上特命杀之。
大理丞狄仁杰奏:“罪不当死。”上曰:“我不杀,则为不孝。”仁杰固执不已,上怒,令出。仁杰曰:“犯颜直谏,自古以为难。臣以为遇桀、纣则难,遇尧、舜则易。夫法不至死,而陛下特杀之,是法不信于人也,

① 牒:官府文书。
② 委:听顺,听从。
③ 鄯州:治今青海海东市乐都区。

人何所措其手足！且张释之有言：'设有盗长陵一抔土[①]，陛下何以处之？'今以一柏杀二将军，后代谓陛下为何如矣！臣不敢奉诏者，恐陷陛下于不道，且羞见释之于地下也。"上怒解，遂贷之。仍擢仁杰为侍御史。

初，仁杰为并州法曹，同僚郑崇质当使绝域。崇质母老且病，仁杰曰："彼母如此，岂可复使之有万里之忧！"诣长史蔺仁基，请代之行。仁基素与司马李孝廉不协，因相谓曰："吾辈岂可不自愧乎！"遂相与辑睦。

纲丁丑，二年（677），春正月，耕藉田。

纲夏四月，河南、北旱。

纲秋八月，徙周王显为英王。

纲命刘仁轨镇洮（táo）河军[②]。

〔百官朝天后〕

纲戊寅，三年（678），春正月，百官四夷朝天后于光顺门[③]。

纲以李敬玄为洮河道大总管。

目刘仁轨有奏请，多为李敬玄所抑，由是怨之。知敬玄非将帅才，荐之使守西边。敬玄固辞。上曰："仁轨须朕，朕亦自往，卿安得辞！"乃以

---

① 盗长陵一抔土：指盗掘刘邦长陵。
② 洮河军：即临洮军，镇鄯州城。
③ 光顺门：长安大明宫中部的西偏门，是沟通前后宫的孔道。

敬玄代仁轨,大发兵讨吐蕃。

纲夏五月,幸九成宫。

目山中雨寒,从兵有冻死者。

纲秋九月,还京师。

纲李敬玄与吐蕃战,败绩。

目李敬玄将兵十八万,与吐蕃将论钦陵战于青海之上①,副总管刘审礼深入,败没,敬玄按兵不救,狼狈还走,收余众还鄯州。

〔娄师德宣谕吐蕃〕

敬玄之西征也,监察御史娄师德应猛士诏从军。及败,敕师德收集散亡,军乃复振。因命使于吐蕃,吐蕃将论赞婆迎之。师德宣导上意,谕以祸福,赞婆甚悦,为之数年不犯边。

上以吐蕃为忧,悉召侍臣谋之,或欲和亲,或欲严备,俟公私富实而讨之,或欲亟发兵击之。议竟不决。太学生魏元忠上封事曰:“理国之要,在文与武。今言文者则以辞华为首而不及经纶,言武者则以骑射为先而不知方略。故陆机著论《辩亡》,无救河梁之败;养由基射穿七札②,不济鄢(yān)陵之师。此已然之明效也。古语有之:‘兵无强弱,将有巧拙。’故选将当以智略为本,勇力为末。今朝廷用人,类取将门子弟及死事之家,彼皆庸人,岂足当阃(kǔn)外之任③! 古之名将皆出

---

①　钦陵:吐蕃名将,禄东赞之子。论:吐蕃官名。
②　札:铠甲的叶片。
③　阃外:槛外。此处指朝廷以外,与朝中相对。

贫贱而立殊功,未闻其家代为将也。夫赏罚者,军国之切务,近日征伐,虚有赏格而无事实。盖由小才之吏,不知大礼,徒惜勋庸,恐虚仓库。不知士不用命,所损几何!自苏定方征辽东,李勣破平壤,赏绝不行,大非川之败①,薛仁贵、郭待封等不即重诛,臣恐吐蕃之平,非旦夕可冀也。又,出师之要,全资马力。请开蓄马之禁,使百姓皆得畜马。若官军大举,增价市之,则皆为官有矣。"上善其言,召见,令直中书省,仗内供奉②。

蒲宣伊 评注

黄正建 审定

---

① 大非川:今青海共和县西南切吉旷原。
② 仗内供奉:指充当天子侍卫。

纲鉴易知录卷四六

　　卷首语：本卷起唐高宗调露元年（679），止武则天万岁通天元年（696），所记为唐高宗、武则天两朝共十七年史事。高宗后期，稳定边疆，平定入寇突厥。同时明确继承人，废李贤，立李哲，令武则天以皇太后身份辅政。中宗继位后不久，便被废为庐陵王。李旦得立，是为唐睿宗，武则天依旧临朝称制。在平定地方反武叛乱后，武则天称帝建周，李旦被降为皇嗣。

唐　纪

高宗皇帝

纲己卯,调露元年(679),春正月,幸东都。司农卿韦弘机免①。

纲夏四月,命太子贤监国。

目太子处事明审,时人称之。

纲冬十月,单于府突厥反②,遂寇定州。

纲庚辰,永隆元年(680),春三月,以裴行俭为定襄道大总管,讨突厥,平之。

纲秋八月,贬李敬玄为衡州刺史③。

纲废太子贤为庶人,立英王哲为皇太子。

纲辛巳,开耀元年(681),春正月,宴百官及命妇于麟德殿④。

纲三月,以刘仁轨为太子少傅。

目少府监裴匪舒善营利,奏卖苑中马粪,岁得钱二十万缗。上以问刘仁

---

① 司农卿:司农寺长官,负责国家粮食仓储等事务。
② 单于府:即单于大都护府,治今内蒙古和林格尔县土城子。
③ 衡州:治今湖南衡阳市。
④ 麟德殿:位于大明宫西北部。

轨,对曰:"利则厚矣,恐后代称唐家卖马粪,非嘉名也。"乃止。

匦舒又为上造镜殿,上与仁轨观之,仁轨惊趋下殿。上问其故,对曰:"天无二日,土无二王,适视四壁有数天子,不祥孰甚焉!"上遽令剔去。

綱 秋七月,征处士田游岩为太子洗马。

目 游岩隐居泰山,上东封,尝幸其庐。征为洗马,无所规益。右卫副率薛俨以书责之,曰:"足下负巢、由之峻节,傲唐、虞之圣主。屈万乘之重,申三顾之荣,将以辅导储贰,渐染芝兰耳。皇太子春秋鼎盛,圣道未明,足下乃唯唯而无一谈,悠悠以卒年岁,何以塞圣主调护之寄乎?"游岩不能答。

綱 冬十月,徙故太子贤于巴州①。

綱 壬午,永淳元年(682),春二月,立皇孙重照为皇太孙。

綱 夏四月,关中饥,上幸东都。

綱 闻喜宪公裴行俭卒。

目 行俭有知人之鉴。初,王勃与杨炯(jiǒng)、卢照邻、骆宾王皆以文章有盛名,李敬玄尤重之,行俭曰:"士之致远者,当先器识而后才艺。勃等虽有文华,而浮躁浅露,岂享爵禄之器邪! 杨子稍沉静,应至令长;余得令终,幸矣。"既而勃堕水,炯终于盈川令②,照邻恶疾,赴水死,宾王反诛。行俭为将帅,所引偏裨,后多为名将。

---

① 巴州:治今四川巴中市。
② 盈川:县名,今四川筠连县。

纲 五月,洛水溢。关中旱、蝗。

纲 秋七月,作奉天宫①。

目 上既封泰山,欲遍封五岳,作奉天宫于嵩山之南。监察御史里行李善感谏曰:"陛下封泰山,告太平,致群瑞,与三皇、五帝比隆矣。数年不稔,饿殍(piǎo)相望,四夷交侵,兵车岁驾。陛下宜恭默思道以禳(ráng)灾谴,更广营宫室,劳役不休,天下莫不失望。"上不纳。自褚遂良、韩瑗之死,中外以言为讳,几二十年。及善感始谏,天下皆喜,谓之"凤鸣朝阳"。

纲 冬十月,突厥骨笃禄寇并州,薛仁贵大破之。

目 突厥余党阿史那骨笃禄、阿史德元珍等招集亡散,据黑沙城反②,寇并州。代州都督薛仁贵将兵击之。虏问:"大将为谁?"应之曰:"薛仁贵。"虏曰:"吾闻仁贵流象州死矣,何绐(dài)我也③!"仁贵免胄示之面,虏相顾失色,下马列拜,稍稍引去。仁贵因奋击,大破之。

纲 以娄师德为河源军经略副使④。

目 吐蕃寇河源,师德将兵击之于白水涧,八战八捷。上以师德为比部员外郎、左骁骑郎将、充使⑤,曰:"卿有文武材,勿辞也!"

纲 癸未,弘道元年(683),秋七月,诏以来年有事于嵩山。冬十一月,诏

---

① 奉天宫:在今河南登封市嵩山南部。
② 黑沙城:在今陕西榆林市。
③ 绐:同"诒",欺骗、欺诈。
④ 河源军:属陇右节度使,治今青海西宁市东。
⑤ 比部员外郎:尚书省刑部比部司次官。

罢之。

目诏罢封嵩山，上疾甚故也。

纲诏太子监国，以裴炎、刘景先、郭正一兼东宫平章事①。

纲十二月，帝崩，太子即位。尊天后为皇太后。

〔高宗去世，武后开始临朝称制〕

目上疾甚，夜召裴炎入受遗诏而崩。遗诏太子即位，军国大事有不决者兼取天后进止。中宗即位，尊天后为皇太后，政事咸取决焉。

纲以刘仁轨为左仆射，裴炎为中书令，刘景先为侍中。郭正一罢。

中宗皇帝附武后

纲甲申，中宗皇帝嗣圣元年（684）②。

纲春正月，立妃韦氏为皇后。以韦弘敏同三品。二月，太后废帝为庐陵王③，立豫王旦④。

〔武则天废中宗，立李旦〕

目中宗欲以后父韦玄贞为侍中，裴炎固争，中宗怒曰："我以天下与韦玄贞何不可！而惜侍中邪！"炎惧，白太后，密谋废立。太后集百官于乾

① 东宫平章事：辅佐太子监国的临时差遣。
② 文明元年，光宅元年。
③ 庐陵：即吉州，治今江西吉安县。
④ 豫王旦：即睿宗。

元殿,勒兵宣令,废中宗为庐陵王。中宗曰:"我何罪?"太后曰:"汝欲以天下与韦玄贞,何得无罪。"乃幽于别所。立豫王旦为皇帝,妃刘氏为皇后,永平王成器为太子,废太孙重照为庶人,改元文明。旦居别殿,不得有所预,政事皆决于太后。

纲 太后以刘仁轨为西京留守。

纲 太后始御紫宸殿。

纲 三月,太后杀故太子贤。

纲 夏四月,太后迁帝于房州①,又迁于均州。

纲 闰五月,太后以武承嗣同三品。

纲 秋七月,温州大水。

纲 八月,葬乾陵②。

纲 括州大水。

纲 九月,太后改元及服色、官名。

目 太后改元光宅,旗帜皆从金色,八品服碧,东都为神都,尚书省为文昌台,仆射为左、右相,六曹为天、地、四时六官③,门下省为鸾台,中书省为凤阁,侍中为纳言,中书令为内史,御史台分为左右肃政台,其余悉以义类改之。

---

① 房州:治今湖北房县。
② 乾陵:唐高宗、武则天陵,在今陕西乾县北梁山。
③ 六曹:此处指吏、户、礼、兵、刑、工六部。

纲 太后立武氏七庙。

目 武承嗣请追王其祖,立武氏七庙①,太后从之。裴炎谏,不从。追尊五代祖为公,妣(bǐ)为夫人。高曾祖考为王,妣皆为妃。

〔李敬业起兵反武〕

纲 英公李敬业起兵扬州,太后遣将军李孝逸击之。

目 时诸武用事,唐宗室人人自危,众心愤惋。会柳州司马英公李敬业及弟敬猷(yóu)、唐之奇、骆宾王、杜求仁、魏思温,皆失职怨望,乃谋起兵。矫诏杀扬州长史,开府库,赦囚徒,旬日间得胜兵十余万。复称嗣圣元年,敬业自称"匡复上将"。

〔骆宾王《讨武氏檄》〕

移檄州县,略曰:"伪临朝武氏者,人非温顺,地实寒微。昔充太宗下陈②,曾以更衣入侍,洎乎晚节,秽乱春宫③。密隐先帝之私,阴图后庭之嬖,践元后于翚翟④,陷吾君于聚麀(yōu)⑤。杀姊屠兄,弑君酖母,人神之所同嫉,天地之所不容。包藏祸心,窃窥神器。君之爱子,幽之于别宫;贼之宗盟,委之以重任。一抔之土未干,六尺之孤何

① 七庙:四亲庙、二祧庙和始祖庙,按礼制皇帝可祭七庙。
② 下陈:古代殿堂下陈放礼品、站列婢妾之所,借指地位低下的姬侍。此处指武则天曾为太宗才人。
③ 春宫:东宫,指高宗。
④ 翚翟:皇后祭服。
⑤ 聚麀:乱伦。

在①！"太后见之，问"谁所为？"或对曰："骆宾王。"太后曰："宰相之过也。人有如此才，而使之流落不偶乎！"遣左玉钤卫大将军李孝逸将兵三十万以讨敬业②，追削其祖考官爵，发冢斫棺，复姓徐氏。

纲 太后杀侍中裴炎，以骞味道为内史，李景谌同平章事。

目 武承嗣与从父弟三思，以韩王元嘉、鲁王灵夔属尊位重③，屡劝太后因事诛之。太后谋于执政，裴炎固争。及李敬业举兵，太后问计于炎，对曰："皇帝年长，不亲政事，故竖子得以为辞。若太后反政，则不讨自平矣。"承嗣因使监察御史崔詧（chá）言炎有异图，太后命左肃政大夫骞味道鞫之④。凤阁舍人李景谌证炎必反⑤，刘景先、胡元范明其不反，遂并下狱。以骞味道检校内史，李景谌同平章事，斩裴炎于都亭⑥，景先等流贬有差。

〔唐朝宗室重将李孝逸大破李敬业〕

纲 李敬业取润州⑦，李孝逸击杀之。

目 初，魏思温说李敬业曰："明公以匡复为辞，宜帅大众鼓行而进，直指洛阳，则天下知公志在勤王，四面响应矣。"薛仲璋曰："金陵有王气，且大江天险，足以为固，不如先取常、润，为定霸之基，然后北向以图

---

① 六尺之孤：指中宗。
② 左玉钤卫：即左领军卫。
③ 李元嘉、李灵夔皆为高祖李渊子。
④ 左肃政大夫：左御史大夫。
⑤ 凤阁舍人：中书舍人。
⑥ 都亭：即都亭驿。
⑦ 润州：治今江苏镇江市。

中原,进无不利,退有所归,此良策也!"思温曰:"山东豪杰以武氏专制,愤惋不平,闻公举事,皆蒸麦为粮,伸锄为兵,以俟南军之至。不乘此势以立大功,乃更蓄缩欲自谋巢穴,远近闻之,其谁不解体!"敬业不从,将兵攻取润州,闻李孝逸将至,回军拒之。

孝逸军至临淮①,战不利。监军御史魏元忠曰:"天下安危,在此一举。今大军久留不进,万一朝廷更命他将以代将军,将军何辞以逃逗挠之罪乎②!"孝逸乃引军而前。元忠请先击敬猷,孝逸从之,引兵击敬猷,敬猷走。敬业勒兵阻溪拒守,孝逸进击之,因风纵火,敬业大败,轻骑走。孝逸追之,其将王那相斩敬业等首来降。

纲　乙酉,二年(685)③。春正月,帝在均州④。

纲　三月,太后迁帝于房州。

纲　夏五月,太后制百官及百姓,皆得自举。

纲　秋七月,太后以僧怀义为白马寺主⑤。

目　怀义得幸于太后,太后以为白马寺主。出入乘御马,朝贵皆匍匐礼谒,武承嗣、三思皆执僮仆之礼以事之。怀义多聚无赖少年,度为僧,纵横犯法,人莫敢言。御史冯思勖屡以法绳之,怀义遇诸涂,令从者殴之,几死。太后托言怀义有巧思,使入宫营造。补阙王求礼表:"请

---

① 临淮:县名,今安徽泗县东南。
② 逗挠:曲行、顾望,谓怯阵避敌。
③ 垂拱元年。《纲鉴》不认可武则天废中宗、立睿宗之举,故不用垂拱年号,仍以中宗嗣圣年号纪年,且每年必先记中宗所在。下同。
④ 帝:指唐中宗,下同。
⑤ 白马寺:在今河南洛阳市东。

阉之,庶不乱宫闱。"表寝不出。

纲 丙戌,三年(686)①。春正月,帝在房州。

纲 太后归政于豫王旦,寻复称制。

目 太后诏复政事于皇帝。睿宗知太后非诚心,奉表固辞。太后复临朝
称制。

〔创铜匦制〕

纲 三月,太后置铜匦(guǐ)②,受密奏。

目 太后自徐敬业之反,疑天下人多图己,又自以久专国事,内行不正,知
宗室大臣怨望,不服,欲大诛杀以威之。乃盛开告密,有告密者,给马
供给,使诣行在所。农夫樵人,皆得召见,或不次除官,无实者不问。
于是四方告密者蜂起。

有鱼保家者,请铸铜为匦,以受天下密奏。其器一室四隔,上各有窍,
可入不可出,太后善之。未几,其怨家投匦,告保家尝为徐敬业作兵
器,遂伏诛。

胡人索元礼因告密召见,擢为游击将军,令按制狱。元礼性殊忍,推
一人必令引数千百人,于是周兴、来俊臣之徒效之。兴累迁至秋官侍
郎③,俊臣至御史中丞,皆养无赖数百人,意所欲陷,则使数处俱告之,
辞状俱同。既下狱,则以威刑胁之,无不诬服。又造《告密罗织经》一

---

① 垂拱二年。
② 铜匦:铜制匣。铜匦制自此始。
③ 秋官侍郎:刑部侍郎。

卷,网罗无辜,织成反状,构造布置,皆有支节。其讯囚酷法,有"定百脉""突地吼""死猪愁""求破家""反是实"等号。中外畏之,甚于虎狼。

纲 夏六月,太后以岑长倩为内史,苏良嗣、韦待价为左、右相,韦思谦为纳言。

目 良嗣为相,遇怀义于朝堂,怀义偃蹇不为礼。良嗣大怒,命左右批其颊。怀义诉于太后,太后曰:"阿师当于北门出入,南牙宰相所往来,勿犯也。"

纲 秋九月,有山出于新丰①。

目 雍州言新丰县东南有山涌出,太后改新丰为庆山县。江陵人俞文俊上书言:"天气不和而寒暑并,人气不和而疣赘生②,地气不和而堆阜出③。今陛下以女主处阳位,反易刚柔,故地气塞隔而山变为灾。陛下谓之'庆山',臣以为非庆也。伏惟侧身修德以答天谴,不然,祸今至矣!"太后怒,流之岭外④。

纲 太后以狄仁杰为冬官侍郎⑤。

纲 丁亥,四年(687)⑥,春正月,帝在房州。

① 新丰:县名,在今陕西西安市临潼区一带。
② 疣赘:皮肤上的肉瘤。
③ 堆阜:小山丘。"塠"同"堆"。
④ 岭外:大庾岭以南,今广东、广西一带。
⑤ 冬官侍郎:即工部侍郎。
⑥ 垂拱三年。

纲夏四月,太后以苏良嗣为西京留守。

目时尚方监裴匪躬检校京苑,将鬻苑中蔬果以收其利。良嗣曰:"昔公仪休相鲁,犹能拔葵去织妇,未闻万乘之主鬻蔬果也。"乃止。

〔不经凤阁、鸾台,何名为敕〕

纲太后杀同三品刘祎之。

目祎之窃谓凤阁舍人贾大隐曰:"太后废昏立明,安用临朝称制,不如返政以安天下之心。"大隐密奏之,太后不悦。或诬祎之受金,太后命王本立推之。本立宣敕示之,祎之曰:"不经凤阁、鸾台①,何名为敕!"太后怒,赐死。祎之初下狱,睿宗为之上疏申理,亲友皆贺之,祎之曰:"此乃所以速吾死也。"临刑沐浴,神色自若,草谢表,立成数纸。

纲冬十月,太后罢御史监军。

目太后欲遣韦待价击吐蕃,韦方质奏请遣御史监军,太后曰:"古者明君遣将,阃外之事悉以委之。比闻御史监军,军中事皆承禀。以下制上,非令典也,且何以责其有功!"遂罢之。

纲戊子,五年(688)②,春正月,帝在房州。

纲二月,太后毁乾元殿作明堂。

纲夏五月,太后加号圣母神皇。

目武承嗣使人作瑞石,文曰"圣母临人,永昌帝业"。使人献之,曰:"获

---

① 凤阁:中书省。鸾台:门下省。
② 垂拱四年。

之洛水。"太后喜,命曰"宝图"。诏当拜洛受图,告谢于郊。御明堂,朝群臣。命诸州都督、刺史、宗戚并会神都,先加尊号。

纲六月,河南巡抚大使狄仁杰奏焚淫祠。

目仁杰以吴、楚多淫祠,奏焚其一千七百余所,独留夏禹、吴太伯、季札、伍员四祠。

纲秋八月,琅邪王冲、越王贞举兵匡复,不克而死。太后遂大杀唐宗室。

目太后潜谋革命,稍除宗室。韩王元嘉、霍王元轨、鲁王灵夔、越王贞及元嘉子黄公撰、元轨子江都王绪、虢(guó)王凤子东莞公融、灵夔子范阳王蔼、贞子琅邪王冲,在宗室中皆以才行有美名,太后尤忌之。元嘉等内不自安,密有匡复之志。及太后受图①,召宗室朝明堂,诸王递相惊曰:"神皇欲因此尽收宗室诛之。"撰诈为皇帝玺书,分告诸王,令各起兵。冲募兵得五千余人,起博州②,先击武水③,莘令马玄素闭门拒守④。冲因风纵火,焚其南门。风回军却,众惧而散。冲还走博州,为门者所杀。太后遣将军丘神勣击之,至博州,冲已死。

越王贞亦举兵于豫州,太后遣将军麴崇裕等讨之,又命张光辅为诸军节度。贞发属县兵得五千人,拒战而溃,遂自杀。初,诸王往来相约结,未定而冲先发,惟贞狼狈应之,诸王皆不敢发,故败。

贞之将起兵也,遣使告寿州刺史赵瓌(guī)⑤,瓌妻常乐长公主谓使者

---

① 受图:受河图,此处指受命登帝位。
② 博州:治今山东聊城市东北。
③ 武水:县名,今山东聊城市西。
④ 莘:县名,今山东冠县东南。
⑤ 寿州:治今安徽寿县。

曰:"李氏危若朝露,诸王先帝之子,不舍生取义,欲何须邪! 大丈夫当为忠义鬼,无为徒死也。"

及贞败,太后欲悉诛诸王,命监察御史苏珦(xiàng)按之。无验,太后召诘之,珦抗论不回。太后曰:"卿大雅之士,朕当别有任使,此狱不必卿也。"使周兴等按之,于是收韩王元嘉、鲁王灵夔、黄公撰、常乐公主于东都,迫使自杀,亲党皆诛。

时狄仁杰为豫州刺史。贞党与当坐者六七百家,当籍没者五千口,仁杰密奏:"彼皆诖误,臣欲显奏,似为逆人申理;不言,又乖陛下仁恤之旨。"太后特原之,皆流丰州①。道过宁州②,宁州父老迎劳之曰:"我狄使君活汝邪!"相携哭于德政碑下,三日而后行。

张光辅将士恃功,多所求取,仁杰不之应。光辅怒曰:"州将轻元帅邪?"仁杰曰:"明公纵将士暴掠,杀已降以为功,恨不得尚方斩马剑,加公之颈,虽死如归耳!"光辅归,奏之,左迁仁杰复州刺史③。

霍王元轨、江都王绪、东莞公融、济州刺史薛顗(yǐ)④、顗弟绪、绪弟驸马都尉绍,皆坐与二王通谋,为太后所杀。

纲 太后拜洛受图。明堂成,作天堂。

纲 己丑,六年(689)⑤,春正月,帝在房州。

纲 太后大飨万象神宫。

———————————

① 丰州:治今内蒙古杭锦后旗西北。
② 宁州:治今甘肃宁县。
③ 复州:治今湖北仙桃市。
④ 济州:治今山东聊城市茌平区。
⑤ 永昌元年,十一月改元载初。

纲秋九月,太后以僧怀义为新平道大总管①,讨突厥。

纲闰月,太后杀同平章事魏玄同。

目魏玄同素与裴炎善,时人以其终始不渝,谓之"耐久朋"。周兴素恶玄同,诬之曰:"玄同言后老矣,不若奉嗣君为耐久。"太后怒,赐死于家。或教之告密,冀得召见自陈。玄同叹曰:"人杀鬼杀等耳,岂能作告密人耶!"乃就死。

彭州长史刘易从②,为徐敬真所引③,就州诛之。易从为人,仁孝忠谨,将刑于市,吏民怜其无辜,远近奔赴,竞解衣投地,曰:"为长史求冥福。"有司平准,直十余万。

纲冬十月,太后杀郑王璥(jǐng)等六人。

目初,太后问陈子昂当今为政之要,子昂上疏,以为:"宜缓刑崇德,息兵革,省赋役,抚慰宗室,各使自安。"辞意婉切,其论甚美。至是,又上疏曰:"太平之朝,上下乐化,不宜有乱臣贼子,自犯天诛。比者大狱增多,逆徒滋广,愚臣顽昧,初谓皆实,去月陛下特察李珍等无罪,又免楚金等死,初有风雨,变为景云。臣乃知亦有无罪之人,挂于疏网者。臣闻阴惨者刑也,阳舒者德也。圣人法天,天亦助圣。今又阴雨,臣恐过在狱官,陛下何不悉召狱囚,自诘其罪! 有实者显示明刑,滥者严惩狱吏,使天下咸服,岂非至德克明哉!"

----

① 新平道:行军道名,治豳州新平郡,治今陕西彬州市。
② 彭州:治今四川彭州市。
③ 徐敬真:徐敬业弟。

〔武则天称帝,建立武周政权〕

纲 十一月,太后享万象神宫,始用周正。

〔武曌改诏为制〕

纲 太后自名曌(zhào),改诏曰"制"。

纲 除唐宗室属籍。

纲 庚寅,七年(690)①,春正月,帝在房州。

〔开殿试,策贡士〕

纲 二月,太后策贡士于洛城殿②。

目 贡士殿试自此始。补阙薛谦光上疏曰:"选举之法,宜得实才,取舍之间,风化所系。今之选人,咸称觅举,奔竞相尚,喧诉无惭。至于才应经邦,惟令试策。武能制敌,止验弯弧。昔汉武帝见司马相如赋,恨不同时,及置之朝廷,终文园令③,知其不堪公卿之任故也。吴起将战,左右进剑,起曰:'将者提鼓挥枹(fú),临难决疑,一剑之任,非将事也。'然则虚文岂足以佐时,善射岂足以克敌!要在文吏察其行能,武吏观其勇略,考居官之臧否,行举者之赏罚而已。"

---

① 武周天授元年。
② 虽然武则天已称帝,但《纲鉴》并不认可,故仍以"太后"行文。
③ 文园令:掌管汉文帝陵园扫除之事的小官。

纲 秋七月，太后流舒王元名于和州①，以侯思止、王弘义为侍御史。

目 醴泉人侯思止②，素诡谲无赖。恒州刺史裴贞杖一判司③，判司使思止告贞与舒王元名谋反，元名废徙和州，贞亦族灭。思止求为御史，太后曰："卿不识字！"对曰："獬豸（xiè zhì）何尝识字④，但能触邪耳。"太后悦，从之。

衡水人王弘义素无行，尝从邻舍乞瓜，不与，乃告县官瓜田中有白兔。县官使人搜捕，蹂践立尽。又见闾里耆老作邑斋，遂告以谋反，杀二百余人。太后擢为殿中侍御史⑤。或告胜州都督王安仁谋反⑥，敕弘义按之。安仁不服，弘义即枷上刿其首。朝士人人自危，每朝辄与家人诀曰："未知复相见否？"

时法官竞为深酷，惟司刑丞徐有功⑦、杜景俭独存平恕，被告者皆曰："遇来、侯必死⑧，遇徐、杜必生。"有功，名弘敏，以字行。初为蒲州司法，不施敲扑。吏相约有犯徐司法杖者，众共斥之。迨（dài）官满⑨，不杖一人，职事亦修。及为司刑丞，酷吏所诬构者，皆为直之，前后所活数十百家。尝廷争狱事，太后厉色诘之，有功神色不挠，争之弥切。太后虽好杀，知有功正直，甚敬惮之。

---

① 和州：治今安徽和县。
② 醴泉：县名，在今陕西乾县东北。
③ 判司：州郡属官，泛指司功、司户等诸司参军事。
④ 獬豸：传说中能够明辨罪疑的神兽。
⑤ 殿中侍御史：隶御史台，负责纠察朝仪、库藏出纳以及京畿纠察等事务。
⑥ 胜州：治今内蒙古准格尔旗东北十二连城。
⑦ 司刑丞：大理丞。
⑧ 来、侯：酷吏来俊臣、侯思止。
⑨ 迨：等到。

司刑丞李日知亦尚平恕。少卿胡元礼欲杀一囚,日知以为不可,往复
数四,元礼曰:"元礼不离刑曹,此囚终无生理!"日知曰:"日知不离
刑曹,此囚终无死法!"乃以所列状上,日知果直。

纲 太后杀南安王颖等十二人,及故太子贤二子。

目 唐之宗室,于是殆尽,其幼弱者亦流岭南。

〔武周代唐〕

纲 九月,武氏改国号曰周。称皇帝,以豫王旦为皇嗣,改姓武氏。

目 侍御史傅游艺上表请改国号曰周,赐皇帝姓武氏。太后不许,擢游艺
为给事中。于是百官、宗戚、百姓、四夷合六万余人,俱上表如游艺所
请,太后可之。御则天楼,赦天下,以唐为周。上尊号曰圣神皇帝,以
皇帝为皇嗣,赐姓武氏。立武承嗣为魏王,三思为梁王,士襄兄孙攸
暨等十二人皆为郡王。以傅游艺为鸾台侍郎、平章事①。游艺期(jī)
年之中历衣青、绿、朱、紫,时人谓之"四时仕宦"。太后欲以太平公主
妻武攸暨,使人杀其妻而妻之。公主多权略,太后以为类己,常与密
议天下事。

纲 冬十月,周以徐有功为侍御史。

目 道州刺史李行褒兄弟为酷吏所陷②,当族。秋官郎中徐有功固争不能
得。周兴奏有功故出反囚,当斩,太后免有功官。然太后雅重有功,
寻复起为侍御史。有功伏地流涕固辞曰:"臣闻鹿走山林而命悬庖

---

① 鸾台侍郎:即黄门侍郎。
② 道州:治今湖南道县。

厨，势使之然也。陛下以臣为法官，臣不敢枉陛下法，必死是官矣。"太后固授之，闻者相贺。

纲 辛卯，八年(691)①，春正月，帝在房州。

[请君入瓮]

纲 二月，周流其右丞周兴于岭南。

目 初，金吾大将军丘神勣以罪诛，或告右丞周兴与神勣通谋，太后命来俊臣鞫之，俊臣与兴方推事对食，谓兴曰："囚多不承，当为何法？"兴曰："此甚易耳！取大瓮，以炭四周炙之，令囚入中，何事不承！"俊臣索大瓮，如兴法，起谓兴曰："有内状推兄，请兄入此瓮！"兴惶恐服罪。法当死，原之，流岭南，在道为仇家所杀。兴与索元礼、来俊臣竞为暴刻，所杀各数千人，破千余家。元礼残酷尤甚，寻亦为太后所杀。

纲 秋九月，周以武攸宁为纳言，狄仁杰同平章事。

目 太后谓仁杰曰："卿在汝南②，甚有善政，卿欲知谮卿者名乎？"仁杰谢曰："陛下以臣为过，臣请改之。知臣无过，臣之幸也，不愿知谮者名。"太后深叹美之。

纲 周杀其同平章事格辅元、右相岑长倩、纳言欧阳通。

目 先是，凤阁舍人张嘉福使洛阳人王庆之等数百人上表，请立武承嗣为皇太子。岑长倩、格辅元以皇嗣在东宫，不宜有此议，由是大忤诸武

① 天授二年。
② 汝南：郡名，即豫州。

意,皆坐诛。来俊臣教长倩子引欧阳通,讯之,不服,诈为款,并杀之。太后诏庆之曰:"皇嗣我子,奈何废之?"对曰:"'神不歆非类,民不祀非族。'今谁有天下,而以李氏为嗣乎!"太后不从。庆之屡求见,太后怒,命凤阁侍郎李昭德杖之。昭德引出门,示朝士曰:"此贼欲废我皇嗣,立武承嗣。"命扑之,耳目皆血出,然后杖杀之,其党乃散。昭德因言于太后曰:"天皇,陛下之夫。皇嗣,陛下之子。陛下身有天下,当传之子孙为万代业,岂得以侄为嗣乎! 自古未闻侄为天子而为姑立庙者也! 且陛下受天皇顾托,若以天下与承嗣,则天皇不血食矣。"太后亦以为然。

纲 壬辰,九年(692)①,春正月,帝在房州。

纲 周武氏引见存抚使所举人。

目 初,太后遣使存抚四方。至是,引见其所举人,无问贤愚,悉皆擢用,高者试给、舍②,次郎、御史、遗补、校书郎。试官自此始。时人为之语曰:"补阙连车载,拾遗平斗量。欋(qú)椎侍御史③,碗脱校书郎④。"有举人沈全交续之曰:"䴔(hú)心存抚使,眯目圣神皇。"御史劾之,太后笑曰:"但使卿辈不滥,何恤人言!"太后虽滥以禄位收人心,然不称职者,寻亦黜之,或加刑诛。挟刑赏之柄以驾御天下,政由己出,明察善断,故当时英贤亦竞为之用。

---

① 如意元年,九月改元长寿。
② 试:试用。给:给事中。舍:中书舍人。
③ 欋:四齿耙。
④ 碗:此指碗胚。以上二者皆形容官员成批制造。

纲 周以郭霸为监察御史。

目 郭霸以诌谀拜监察御史。中丞魏元忠病，霸往问之，因尝其粪，喜曰："粪甘则可忧。今苦，无伤也。"元忠大恶之。

纲 周贬狄仁杰、魏元忠为县令。

目 来俊臣罗告同平章事任知古、狄仁杰、裴行本、司农卿裴宣礼、左丞卢献、中丞魏元忠、潞州刺史李嗣真谋反①。先是，俊臣请降敕，一问即承反者，得减死。知古等下狱，俊臣以此诱之，仁杰曰："大周革命，万物惟新，唐室旧臣，甘从诛戮。反是实！"俊臣乃少宽之。判官王德寿教仁杰引平章事杨执柔，仁杰曰："皇天后土遣狄仁杰为如此事！"以头触柱，血流被面，德寿惧而谢之。仁杰裂衾帛书冤状，置绵衣中，谓德寿曰："天时方热，请授家人去其绵。"德寿许之。仁杰子得书，持之称变，以闻。太后以问俊臣，俊臣乃诈为仁杰等谢死表上之。

初，平章事乐思晦亦为俊臣等所杀，男未十岁，没入司农。至是上变，得召见，太后问状，对曰："臣父已死，臣家已破，但惜陛下法为俊臣等所弄。陛下不信臣言，乞择朝臣之忠清、陛下素所信任者，为反状以付俊臣，无不承反矣。"太后意稍寤，召见仁杰等，问曰："卿承反何也？"对曰："不承，则已死于拷掠矣。"太后曰："何为作谢死表？"对曰："无之。"出表示之，乃知其诈，于是出此七族。皆贬县令：仁杰彭泽②，元忠涪陵③。流行本、嗣真于岭南。

---

① 潞州：治今山西长治市。
② 彭泽：县名，今江西彭泽县东。
③ 涪陵：县名，今重庆市涪陵区。

纲 夏五月，禁天下屠杀采捕。

目 时江、淮旱饥，民不得采鱼虾，饿死者甚众。拾遗张德生男，私杀羊会同僚，补阙杜肃怀一啖，上表告之。明日，太后对仗①，谓德曰："闻卿生男，甚喜。"德拜谢。太后曰："何从得肉？"德叩头伏罪。太后曰："朕禁屠宰，吉凶不预。卿自今召客，亦须择人。"出肃表示之。肃大惭，举朝欲唾其面。

纲 秋七月，周左相武承嗣罢，以李昭德同平章事。

目 先是，昭德密言于太后曰："魏王承嗣权太重。"太后曰："吾姪也，故委以腹心。"昭德曰："姑姪之亲，何如父子？子犹有篡弑其父者，况姪乎！"太后矍（jué）然②，遂罢承嗣政事。承嗣亦毁昭德于太后，太后曰："吾任昭德，始得安眠，彼代吾劳，汝勿言也。"

纲 周流其御史严善思于罹州③。

目 太后自垂拱以来，任用酷吏，先诛唐宗戚数百人，次及大臣数百家，其刺史、郎将以下，不可胜数。每除一官，户婢窃相谓曰："鬼朴又来矣。"不旬月，辄遭掩捕、族诛。监察御史严善思，公直敢言。时告密者不可胜数，太后亦厌其烦，命善思按问，引虚伏罪者八百五十余人，罗织之党为之不振，乃相与构善思，坐流罹州。太后知其枉，寻复召之。补阙朱敬则上疏曰："李斯相秦，用刻薄变诈以屠诸侯，不知易之以宽和，卒至土崩，此不知变之祸也。汉高祖定天下，陆贾、叔孙通说

---

① 对仗：朝会。
② 矍然：惊视的样子。
③ 罹州：治今越南荣市。

之以礼义,传世十二,此知变之善也。自文明草昧,天地屯(zhūn)蒙①,三叔流言②,四凶构难,不设钩距,无以应天顺人;不切刑名,不可摧奸息暴。故开告端,以禁异议。然急趋无善迹,促柱少和声③,向时之妙策,乃当今之刍狗也④。伏愿览秦、汉之得失,考时事之合宜,窒罗织之源,扫朋党之迹,使天下苍生坦然大悦,岂不乐哉!"太后善之,赐帛三百段。

纲 冬十月,周武氏杀豫王妃刘氏。

目 户婢团儿为太后所宠信,有憾于皇嗣,乃谮皇嗣妃刘氏及德妃窦氏为厌咒。太后杀之,瘗(yì)于宫中⑤,莫知所在。德妃父孝谌为润州刺史。有奴妄为妖异,以恐妃母庞氏,因请夜祠祷而发其事。监察御史薛季昶(chǎng)按之,以为当斩,其子希瑊(jiān)诣侍御史徐有功讼冤,有功论之,以为无罪。季昶奏有功阿党恶逆,罪当绞。令史以白有功,有功叹曰:"岂我独死,诸人永不死邪!"既食,掩扉熟寝。太后召有功,谓曰:"卿比按狱,失出何多?"对曰:"失出,人臣之少过。好生,圣人之大德。"太后默然。由是庞氏得减死,有功亦除名。

纲 周制宰相撰时政记⑥,月送史馆。

① 屯蒙:万物初始,稚弱困顿。
② 三叔流言:指周武王的三个弟弟管叔、蔡叔、霍叔于周公摄政时散布流言,发动叛乱。
③ 促柱:急弦、弦紧。
④ 刍狗:祭祀时用草扎成的狗,用完即被抛弃,喻微贱无用之物。
⑤ 瘗:埋葬。
⑥ 时政记:按年月日记载皇帝与大臣商讨军国政要的资料汇编,由宰相编纂。

纲 癸巳,十年(693)①,春正月,帝在房州。

纲 周以娄师德同平章事。

目 师德宽厚清慎,犯而不校。其弟除代州刺史,将行,师德谓曰:"吾兄弟荣宠过盛,人所疾也,将何以自免?"弟曰:"自今虽有人唾某面,某拭之而已,庶不为兄忧。"师德悄(qiǎo)然②,曰:"此所以为吾忧也!人唾汝面,怒汝也。而汝拭之,则逆其意,而重其怒矣。夫唾,不拭自干,当笑而受之耳。"

纲 周杀其尚方监裴匪躬。

目 匪躬坐私谒皇嗣,腰斩于市,自是公卿以下皆不得见。又有告皇嗣潜有异谋者,太后命来俊臣鞠其左右,左右不胜楚毒,皆欲自诬。太常工人安金藏大呼曰:"请剖心以明皇嗣不反。"即引佩刀自剖其胸,五脏皆出。太后闻之,令舁(yú)入宫③,使医内(nà)五脏④,以桑皮线缝之,傅以药⑤,经宿始苏。太后亲临视之,叹曰:"吾有子不能自明,使汝至此。"即命俊臣停推,睿宗由是得免。

纲 甲午,十一年(694)⑥,春正月,帝在房州。

纲 秋八月,周以杜景俭同平章事。

---

① 长寿二年。
② 悄:忧愁。
③ 舁:用手抬扛的车,此处指运送。
④ 内:通"纳"。
⑤ 傅:通"敷"。
⑥ 延载元年。

目太后出梨花一枝以示宰相,宰相皆以为瑞。杜景俭独曰:"今草木黄落,而此更发荣,阴阳不时,咎在臣等。"因拜谢。太后曰:"卿真宰相也!"

纲九月,周贬来俊臣为同州参军,流王弘义于琼州①。

纲周贬其内史李昭德为南宾尉②。

纲冬十一月,周明堂火。

目太后命怀义作天堂,日役万人,费以亿计,府藏为空。怀义所度力士为僧者满千人,侍御史周矩疑有奸谋,固请按之。太后命流其党,怀义不问。又命杀牛取血,画大像首高二百尺,云怀义刺膝血为之,张于天津桥南③。侍御医沈南璆(qiú)亦得幸于太后,怀义心愠,乃密烧天堂,延及明堂皆尽,风裂血像为数百段。太后讳之,命更造明堂、天堂。怀义内不自安,言多不顺,太后阴使人殴杀之。
以明堂火,制求直言。获嘉主簿刘知幾表陈四事④。是时官爵易得而法网严峻,故人竞为趋进而多陷刑戮,知幾乃著《思慎赋》,以刺时见志焉。

纲乙未,十二年(695)⑤,春正月,帝在房州。

纲冬十一月,周安平王武攸绪弃官隐嵩山。

----

① 琼州:治今海南海口市琼山区。
② 南宾:县名,今重庆市石柱县。
③ 天津桥:位于洛阳皇城端门南洛水之上。
④ 获嘉:县名,今河南获嘉县。
⑤ 天册万岁元年。

目 千牛卫将军、安平王武攸绪,少有志行,恬澹寡欲,求弃官,隐于嵩
　　山之阳。太后疑其诈,许之,以观其所为。攸绪遂优游岩壑,冬居
　　茅椒①,夏居石室,太后所赐服器皆置不用,买田使奴耕种,与民
　　无异。

纲 丙申,十三年(696)②,春正月,帝在房州。

纲 周新明堂成。

纲 冬十月,契丹陷冀州。周以狄仁杰为魏州刺史③。

纲 周以姚元崇为夏官侍郎。

目 时契丹入寇,军书填委,夏官郎中姚元崇剖析如流④,皆有条理,太后
　　奇之,擢为夏官侍郎。

纲 周以徐有功为殿中侍御史。

目 太后思徐有功用法平恕,擢拜左台殿中侍御史,远近闻者无不相贺。
　　宗城潘好礼著论⑤,称有功蹈道依仁,固守诚节,不以贵贱死生易其
　　操履。设客问曰:"徐公于今,谁与为比?"主人曰:"四海至广,人物
　　至多,或匿迹韬光,仆不敢诬,若所闻见,则一人而已,当于古人中求
　　之。"客曰:"何如张释之?"主人曰:"释之所行者甚易,徐公所行者甚
　　难,难易之间,优劣见矣。张公逢汉文之时,天下无事,守法而已,岂

① 茅椒:用茅草做顶、椒泥涂墙的房屋,冬季可以御寒。
② 万岁通天元年。
③ 魏州:治今河北大名县东。
④ 夏官郎中:兵部郎中。
⑤ 宗城:县名,在今河北南宫市西南。

不易哉！徐公逢革命之秋，属惟新之运，人主有疑于上，酷吏恣虐于下，而徐公守死善道，深相明白，几陷囹圄，数挂网罗，岂不难哉！"客曰："使为司刑卿①，乃得展其才矣。"主人曰："吾子徒见徐公用法平允，谓可置司刑。仆睹其人，方寸之地，何所不容，若其用之，何事不可，岂直司刑而已哉！"

纲 十一月，周以张昌宗为散骑常侍，张易之为司卫少卿②。

目 昌宗、易之，年少美姿容，太平公主荐之入侍禁中，皆得幸于太后；常傅朱粉，衣锦绣，赏赐不可胜纪。武承嗣、三思、懿宗、宗楚客、晋卿皆候其门庭，争执鞭辔，谓张易之为"五郎"，昌宗为"六郎"。

蒲宣伊　评注

黄正建　审定

———————

① 司刑卿：大理寺卿。
② 司卫少卿：即卫尉少卿。

纲鉴易知录卷四七

　　卷首语:本卷起武则天神功元年(697),止玄宗先天元年(712),所记为武则天、中宗、睿宗、玄宗四位君主共十五年史事。武周政权进入中后期,武则天最终立李显为太子,确立归唐基本路线。至神龙元年,中宗通过宫廷政变复辟唐朝。执政期间,武三思与韦后勾结。中宗暴死后,李隆基与太平公主发动唐隆政变,剿灭韦氏集团。睿宗李旦再登帝位,李隆基被立为太子。两年后,唐睿宗禅位于李隆基,是为唐玄宗。

唐　纪

中宗皇帝附武后

纲 丁酉,十四年(嗣圣十四年,697)①,春正月,帝在房州。

纲 夏四月,周以王及善为内史。

目 王及善已致仕,会契丹作乱,起为滑州刺史②。太后召见,问以朝廷得失,及善陈治乱之要十余事。太后曰:"外州末事,此为根本,卿不可出。"留为内史。

纲 六月,周来俊臣伏诛。

目 来俊臣倚势贪淫,士民妻妾有美者,百方取之。前后罗织诛人,不可胜计。自言才比石勒。监察御史李昭德素恶之,俊臣遂诬昭德谋反,下狱。又欲罗告诸武及太平公主与皇嗣、庐陵王、南北牙同反③。诸武及太平公主共发其罪,系狱,有司处以极刑。奏上,三日不出。王及善曰:"俊臣,国之元恶,不去之,必动摇朝廷。"吉顼曰:"俊臣聚结不逞,诬构良善,赃贿如山,冤魂塞路,国之贼也,何足惜哉!"太后乃下其奏。昭德、俊臣同弃市,时人无不痛昭德而快俊臣,仇家争啖其肉。士民相贺曰:"自今眠者背始帖席矣。"

---

① 武则天神功元年。
② 滑州:治今河南滑县。
③ 皇嗣:指睿宗李旦。庐陵王:中宗李显。南北牙:"牙"通"衙",宰相机构。

纲周以武承嗣、武三思同三品。

纲秋九月，周以魏元忠为肃政中丞①。

纲冬闰十月，以狄仁杰同平章事。

纲戊戌，十五年(698)②，春三月，帝还东都。

[狄仁杰谏立李显]

目武承嗣、三思营求为太子，狄仁杰从容言于太后曰："太宗栉风沐雨，亲冒锋镝，以定天下，传之子孙。大帝以二子托陛下，陛下今乃欲移之他族，无乃非天意乎！且姑侄之与母子孰亲？陛下立子，则千秋万岁后，配食太庙。立侄，则未闻侄为天子而祔(fù)姑于庙者也③。"太后曰："此朕家事，卿勿预知。"仁杰曰："王者以四海为家，四海之内，何者不为陛下家事！况元首、股肱，义同一体，臣备位宰相，岂得有所不预知乎！"因劝太后召还庐陵王，太后意稍寤。

他日，又谓仁杰曰："朕梦大鹦鹉两翼皆折，何也？"对曰："武者，陛下之姓。两翼，二子也④。陛下起二子，则两翼振矣。"太后由是无立承嗣、三思之意。

吉顼与张易之、昌宗为控鹤监供奉⑤，顼从容说二人曰："公兄弟贵

① 肃政中丞：即御史中丞。
② 武周圣历元年。
③ 祔：把亡者牌位与祖先牌位归在一起祭祀。
④ 二子：李显、李旦。
⑤ 控鹤监供奉：控鹤监官员，多以武则天亲近之人任职。此为控鹤监之始，后更名为奉宸府。

宠,天下侧目,不有大功,何以自全?"二人惧,问计。项曰:"天下未忘唐德,主上春秋高,公何不劝立庐陵王以慰人望! 如此,岂徒免祸,亦可以长保富贵矣。"二人以为然,乘间屡为太后言之。太后乃托言庐陵王有疾,遣使召之,及其妃子皆诣行在。承嗣怏怏,遂发病死。

纲 秋八月,周以狄仁杰兼纳言。

目 太后命宰相各举尚书郎一人,仁杰举其子光嗣,拜地官员外郎①,已而称职。太后喜曰:"卿足继祁奚矣。"

通事舍人元行冲,博学多通,仁杰重之。行冲数规谏仁杰,且曰:"凡为家者必有储蓄,脯醢以适口②,参术以攻疾③。仆窃计明公之门,珍味多矣,行冲请备药物之末。"仁杰笑曰:"吾药笼中物,何可一日无也!"

纲 九月,突厥陷赵州④,周刺史高叡死之⑤。

[武则天立庐陵王李显为太子]

纲 周武氏以帝为皇太子、河北道元帅,狄仁杰副之,以讨默啜。

纲 周以苏味道同平章事。

目 味道在相位,依阿取容,尝谓人曰:"处事不宜明白,但摸棱持两端可

① 地官员外郎:户部员外郎。
② 脯醢:肉干肉酱。
③ 参术:人参和白术。
④ 赵州:治今河北赵县。
⑤ 周:武周。

矣。"时人谓之"苏摸棱"。

纲 冬十月，周以狄仁杰为河北道安抚大使。

目 时河北人为突厥所驱逼者，虏退，惧诛，往往亡匿。仁杰上疏曰："边尘暂起，不足为忧；中土不安，此为大事。诸为突厥、契丹胁从之人，皆是计逼情危，且图贷死①。今且潜窜山泽，露宿草行，罪之则众情恐惧，恕之则反侧自安。伏愿曲赦河北诸州，一无所问。"制从之。仁杰于是抚慰百姓，河北遂安。

纲 周以姚元崇同平章事。

[李旦复封相王]

纲 十一月，周以豫王旦为相王。

纲 己亥，十六年(699)②，春正月，帝在东宫。

纲 秋八月，周纳言娄师德卒。

目 师德性沉厚宽恕，狄仁杰之入相也，师德实荐之。而仁杰不知，意颇轻之。太后尝问仁杰曰："师德知人乎？"对曰："臣尝同僚，未闻其知人也。"太后曰："朕之知卿，乃师德所荐也，亦可谓知人矣。"仁杰既出，叹曰："娄公盛德，我为其所包容久矣，吾不得窥其际也。"是时，罗织纷纭，师德久为将相，独能以功名终，人以是重之。

---

① 贷死：宽赦死罪。
② 圣历二年。

纲 冬十一月,周贬吉顼为安固尉①。

目 太后以顼有干略,以为同平章事,委以腹心。顼与武懿宗争赵州之功于太后前,顼视懿宗声气陵厉,太后由是不悦,曰:"顼在朕前,犹卑诸武,况异时讵(jù)可倚邪②!"他日,顼奏事,方援引古今,太后怒曰:"卿所言,朕饫(yù)闻之③,无多言!昔太宗有马,肥逸无能制者。朕为宫女,进言曰:'妾能制之,然须三物,一铁鞭,二铁楇(zhuā)④,三匕首。鞭之不服则楇其首,楇之不服则断其喉。'太宗壮朕之志。今日卿岂足污朕匕首邪!"顼惶恐谢。诸武因共发其弟冒官事,由是坐贬。辞日,得召见,涕泣言曰:"臣永辞阙庭,愿陈一言。"太后问之,顼曰:"合水土为泥,有争乎?"太后曰:"无之。"又曰:"分半为佛,半为天尊,有争乎?"曰:"有争矣。"顼顿首曰:"宗室、外戚各当其分,则天下安。今太子已立,而外戚犹为王,此陛下驱之使他日必争,两不得安矣。"太后曰:"朕亦知之,然业已如是,不可如何。"

纲 十二月,周以狄仁杰为内史。

纲 庚子,十七年(700)⑤,春正月,帝在东宫。

纲 夏六月,司空、梁文惠公狄仁杰卒。

目 太后信重仁杰,群臣莫及,常谓之"国老"而不名。仁杰好面引廷争,

① 安固:县名,今四川营山县东北。
② 讵:怎么。
③ 饫:厌烦。
④ 铁楇:铁杖。
⑤ 久视元年。

太后每屈意从之。尝从太后游幸,遇风巾坠,马惊不止,太后命太子追执其鞚(kòng)而系之①。屡以老疾乞骸骨,不许。每入见,太后常止其拜,曰:"每见公拜,朕亦身痛。"及薨,太后泣曰:"朝堂空矣!"自是朝廷有大事,众或不能决,太后辄叹曰:"天夺吾国老何太早邪!"太后尝问仁杰:"朕欲得一佳士用之,谁可者?"仁杰曰:"有张柬之者,其人虽老,宰相才也。"太后擢为洛州司马。数日,又问,仁杰对曰:"前荐柬之,尚未用也。"太后曰:"已迁矣。"对曰:"臣所荐者可为宰相,非司马也。"乃迁秋官侍郎,卒用为相。仁杰又尝荐夏官侍郎姚元崇、监察御史桓彦范、太州刺史敬晖等数十人②,卒成反正之功。或谓仁杰曰:"天下桃李,悉在公门矣。"仁杰曰:"荐贤为国,非为私也。"中宗复位,赠司空,睿宗时追封梁国公。

纲 冬十月,周复以正月为岁首。

纲 辛丑,十八年(701)③,春正月,帝在东宫。

目 是岁,武邑人苏安恒④,上疏太后曰:"陛下钦先圣之顾托,受嗣子之推让,敬天顺人,二十年矣。今太子春秋既壮,陛下年德既尊,何不禅位东宫,使临宸极,亦何异陛下之身哉!诸武皆得封王,而陛下二十余孙无尺寸之土,此非长久之计也。"疏奏,太后召见,赐食,慰谕而遣之。

---

① 鞚:带嚼子的马笼头。
② 太州:治今山西晋中市太谷区。
③ 长安元年。
④ 武邑:县名,在今河北衡水市东北。

纲 三月,雨雪。

目 苏味道以雪为瑞,帅百官入贺。殿中侍御史王求礼止之曰:"三月雪
为瑞雪,腊月雷为瑞雷乎?"味道不从。既入,求礼独不贺,进言曰:
"今阳和布气,草木发荣,而寒雪为灾,岂得诬以为瑞! 贺者皆诌谀之
士也。"太后为之罢朝。

时又有献三足牛者,宰相复贺。求礼飏言曰①:"凡物反常皆为妖,此
鼎足非其人②,政教不行之象也。"太后为之愀然。

纲 夏六月,周以李迥秀同平章事。

目 迥秀母本微贱,妻叱媵(yìng)婢③,母闻之不悦,迥秀即时出之。或问:
"何遽如是?"迥秀曰:"娶妻本以养亲。今乃违忤颜色,安敢留也!"

纲 冬十一月,周以崔玄暐(wěi)为天官侍郎④。

目 天官侍郎崔玄暐,性介直,未尝请谒。执政恶之,改文昌左丞⑤。月
余,太后谓玄暐曰:"闻卿改官,令史设斋自庆,此欲盛为奸贪耳。今
还卿旧任。"乃复拜天官侍郎。

纲 周以郭元振为凉州都督。

纲 壬寅,十九年(702)⑥,春正月,帝在东宫。

---

① 飏言:高声说话。
② 鼎足:三足,喻三公。
③ 媵婢:随嫁婢妾。
④ 天官侍郎:即吏部侍郎。
⑤ 文昌左丞:即尚书左丞。
⑥ 长安二年。

目是岁,苏安恒复上疏曰:"臣闻天下者,神尧、文武之天下也①,陛下虽居正统,实因唐氏旧基。当今太子追回,年德俱盛,陛下贪其宝位而忘母子深恩,将以何颜见唐家之宗庙哉!今天意人事,还归李家。陛下虽安天位,殊不知物极则反,器满则倾。臣何惜一朝之命,而不安万乘之国哉!"太后亦不之罪。

〔武举创制〕

纲周设武举。

纲秋九月朔,日食,不尽如钩。

纲冬十二月,周以张嘉贞为监察御史。

目侍御史张循宪为河东采访使,有疑事不能决,问侍吏曰:"此有佳客,可与议事者乎?"吏言前平乡尉张嘉贞有异才②,循宪召见,询之。嘉贞为之条析理分,莫不洗然,循宪因请为奏,皆意所未及。及还,太后善之,循宪具言嘉贞所为,且请以己官授之。太后曰:"朕宁无一官自进贤邪!"因召嘉贞与语,大悦,即拜监察御史。擢循宪司勋郎中,赏其得人也。

纲癸卯,二十年(703)③,春正月,帝在东宫。

———————————

① 神尧:唐高祖。文武:唐太宗。
② 平乡:县名,今河北巨鹿县南。
③ 长安三年。

纲 夏闰四月，周改文昌台为中台①。

纲 秋九月朔，日食既。

纲 周贬魏元忠为高要尉②，流张说于岭南。

目 初元忠为洛州长史，张易之奴暴乱都市，元忠杖杀之。及为相，太后欲以易之弟昌期为雍州长史，问宰相：“谁堪雍州者？”元忠以薛季昶对。太后曰：“昌期何如？”元忠曰：“昌期少年，不闲吏事，不如季昶。”太后默然而止。元忠又尝面奏：“臣承乏宰相，不能尽忠死节，使小人在侧，臣之罪也！”太后不悦。由是诸张深恶之，乃潜元忠尝言：“太后老矣，不若挟太子为久长。”太后怒，下元忠狱。

昌宗密引凤阁舍人张说，略以美官，使证元忠。说许之。太后召说入，凤阁舍人宋璟谓曰：“名义至重，鬼神难欺，不可党邪陷正！若获罪流窜，其荣多矣。若事有不测，璟当叩阁力争，与子同死。努力为之，万代瞻仰，在此举也！”殿中侍御史张廷珪曰：“朝闻道，夕死可矣。”左史刘知幾曰：“无污青史，为子孙累！”及入，太后问之，说未对。昌宗从旁迫趣说，使速言。说曰：“陛下视之，在陛下前，犹逼臣如是，况在外乎！臣实不闻元忠有是言。”易之、昌宗遽呼曰：“张说与元忠同反！”太后问其状，对曰：“说尝谓元忠为伊、周，伊尹放太甲，周公摄王位，非欲反而何？”说曰：“易之小人，徒闻伊、周之语，安知伊、周之道！伊尹、周公为臣至忠，古今慕仰。陛下用宰相，不使学伊、周，当使学谁邪？”太后曰：“说反覆，宜并系治之。”他日，更引问说，

① 文昌台：尚书省。
② 高要：县名，今广东肇庆市。

对如前。

朱敬则抗疏理之曰："元忠素称忠正,张说所坐无名,若令抵罪,失天下望。"竟贬元忠高要尉,说流岭表。元忠入辞,言曰："臣老,向岭南,十死一生。但陛下他日必思臣言。"因指昌宗、易之曰："此二小儿,终为乱阶。"

殿中侍御史王晙复奏申理元忠,宋璟谓之曰："魏公幸已得全,今子复冒威怒,得无狼狈乎!"晙曰："魏公以忠获罪,晙为义所激,颠沛无恨。"璟叹曰："璟不能伸魏公之枉,深负朝廷矣。"

太后尝命朝贵宴集,易之兄弟皆位宋璟上。易之素惮璟,欲悦其意,虚位揖之曰："公方今第一人,何乃下坐?"璟曰："才劣位卑,张卿以为第一,何也?"天官侍郎郑杲谓璟曰："中丞奈何卿五郎?"璟曰："以官言之,正当谓卿。足下非张卿家奴,何郎之有!"举坐悚惕。时自武三思以下,皆谨事易之兄弟,璟独不为之礼。诸张积怒,尝欲中伤之。太后知之,故得免。

纲 甲辰,二十一年(704)①,春正月,帝在东宫。

纲 同平章事朱敬则致仕。

目 敬则为相,以用人为先,自余细务不之视。

纲 夏四月,周以天官侍郎崔玄暐同平章事。

纲 周以姚元崇为春官尚书。

纲 秋七月,周以杨再思为内史。

————————

① 长安四年。

目再思为相，专以谄媚取容。司礼少卿张同休，易之之兄，尝因宴集戏
再思曰："杨内史面似高丽。"再思欣然，剪纸帖巾，反披紫袍，为高丽
舞，举坐大笑。时人或誉张昌宗之美曰："六郎面似莲花。"再思曰：
"不然，乃莲花似六郎耳。"

纲周贬戴令言为长社令①。

目左补阙戴令言，作《两足狐赋》以讥杨再思，出为长社令。

纲九月，周以姚元之为灵武道安抚大使②。冬十月，以秋官侍郎张柬之
同平章事。

目元之将行，太后令举外司堪为宰相者，对曰："张柬之沉厚有谋，能断
大事，且其人已老，惟陛下急用之。"太后遂以柬之同平章事，时年且
八十矣。

纲十二月，周以阳峤为右台侍御史③。

目桓彦范、袁恕己共荐阳峤为御史。杨再思曰："峤不乐搏击之任，如
何？"彦范曰："为官择人，岂必待其所欲！所不欲者，尤须与之，所以
长难进之风，抑躁求之路。"乃擢为右台侍御史。

评武周政治：

　　武周承唐而建，最终还政于唐。武则天在唐初制度的基础上，进行
了创新、完善。为扩大政权基础，在科举制度上，创武举，分流文武；完善

①长社：县名，今河南长葛市。
②灵武道：今宁夏灵武市一带。
③右台侍御史：右肃政台（右御史台）。

考试程序;特重进士科,加试杂文,形成了重文的社会风气。又广开才路,遣十道巡抚至地方选拔人才。这些举措客观上保证了庶族士人上升途径,为其参与政权打开了方便之门。武则天对边疆民族怀柔抚慰,收复安西四镇,维护了唐的辽阔疆域。在武周政权稳定后,武则天不再重用酷吏,但酷吏政治仍对当时及此后的政治生态产生消极影响。

〔神龙政变,复国号唐〕

纲 乙巳,神龙元年(705)①,春正月,张柬之等举兵讨武氏之乱,张易之、昌宗伏诛。帝复位,大赦。

目 太后疾甚,易之、昌宗居中用事,张柬之、崔玄暐与中台右丞敬晖、司刑少卿桓彦范、相王司马袁恕己谋诛之。柬之谓羽林大将军李多祚曰:"将军富贵,谁所致也?"多祚泣曰:"大帝也②。"柬之曰:"今大帝之子为二竖所危③,将军不思报大帝之德乎!"多祚曰:"苟利国家,惟相公处分。"遂与定谋。

初,柬之与荆府长史杨元琰相代,同泛江,至中流,语及太后革命事,元琰慨然有匡复之志。及柬之为相,引元琰为右羽林将军,谓曰:"君颇记江中之言乎?今日非轻授也。"柬之又用彦范、晖及右散骑侍郎李湛皆为羽林将军,委以禁兵。易之等疑惧,乃更以其党武攸宜参之,易之等乃安。

俄而姚元之自灵武至都,柬之、彦范相谓曰:"事济矣!"遂以其谋告

---

① 因唐中宗复位,故《纲鉴》不再用嗣圣年号。

② 大帝:指高宗。

③ 二竖:竖为蔑称,指张易之、张昌宗。

之。彦范以事白其母,母曰:"忠孝不两全,先国后家可也。"

时太子于北门起居,彦范、晖谒见,密陈其策,太子许之。柬之、玄暐、彦范乃与左威卫将军薛思行等帅羽林兵五百余人至玄武门①,遣多祚、湛及内直郎王同皎诣东宫迎太子。斩关而入,斩易之、昌宗于庑(wǔ)下。进至太后所寝长生殿,太后惊起,问曰:"乱者谁邪?"多祚等对曰:"易之、昌宗谋反,臣等奉太子令诛之。"太后见太子曰:"小子既诛,可还东宫。"彦范进曰:"昔天皇以爱子托陛下②,今年齿已长,久在东宫,天意人心,久思李氏。愿陛下传位太子,以顺天人之望!"于是以太后制命太子监国,明日,太后传位于太子。中宗复位,大赦,惟易之党不原。

纲 迁太后于上阳宫③,上尊号曰则天大圣皇帝。

纲 以张柬之、袁恕己同三品,崔玄暐为内史,敬晖、桓彦范为纳言,李多祚等进官、赐爵有差。

纲 二月,复国号曰唐。流贬周宰相韦承庆、房融、崔神庆于岭南。

纲 以杨再思同三品。

纲 姚元之为亳州刺史。

目 太后之迁上阳宫也,同三品姚元之独呜咽流涕。桓彦范、张柬之谓曰:"今日岂公涕泣时邪!"元之曰:"前日从公诛奸逆,人臣之义也。

① 左威卫将军:十六卫将军之一,佐左威卫大将军管理府事。
② 天皇:高宗。
③ 上阳宫:在今河南洛阳市西,洛水北岸。

今日别旧君，亦人臣之义也，虽获罪，实所甘心。"遂出为亳州刺史。

纲复立韦氏为皇后，赠后父玄贞上洛王。

目上之迁房陵也①，与后同幽闭，备尝艰危，情爱甚笃。尝与后私誓曰：
"异时幸复见天日，当惟卿所欲，不相禁御。"至是，上每临朝则后必施
帷帐坐于殿上，预闻朝政，如武后在高宗之世矣。桓彦范上表曰："书
称'牝鸡之晨，惟家之索。'自古帝王，未有与妇人共政而不破国亡身
者也。"先是，胡僧慧范与张易之兄弟善，韦后亦重之。至是，复出入
宫掖，彦范表言"慧范执左道以乱政"，请诛之。上皆不听。

〔武氏势力仍盘踞中央〕

纲以武三思为司空。

目二张之诛也，洛州长史薛季昶谓张柬之、敬晖曰："二凶虽除，产、禄犹
在②，去草不去根，终当复生。"二人曰："大事已定，彼犹机上肉耳，夫
何能为！"季昶叹曰："吾不知死所矣。"朝邑尉刘幽求亦谓柬之等
曰③："三思尚存，公辈终无葬地。若不早图，噬脐无及。"不从。上女
安乐公主适三思子崇训。上官仪女婉儿者，没入掖庭，辩慧能文，明
习吏事，太后爱之。及上即位，使掌制命，益委任之，拜为婕妤。三思
通焉。故婉儿党于武氏，又荐三思于韦后。上遂与三思图议政事，柬
之等皆受制于三思矣。上使后与三思双陆④，而自为点筹。三思遂

① 房陵：即房州。
② 产、禄：吕产、吕禄，皆为汉高祖皇后吕雉侄，代指武氏家族。
③ 朝邑：县名，在今陕西大荔县东南。
④ 双陆：古代棋盘博弈游戏。

与后通，由是武氏之势复振。柬之等数劝上诛诸武，不听。上遂以三思为司空，同三品。

纲 三月，征武攸绪为太子宾客。

目 以安车征武攸绪①，既至，除太子宾客。固请还山，许之。

纲 夏五月，赐敬晖等五人王爵，罢其政事。

目 敬晖等畏武三思之谗，以考功员外郎崔湜（shí）为耳目。湜见上亲三思而忌晖等，乃悉以晖等谋告三思，三思引为中书舍人。先是，殿中侍御史郑愔（yīn）谄事二张，坐贬，亡入东都，谒三思。初见，哭甚哀，既而大笑。三思怪之，愔曰："愔始哀大王将戮死而灭族，后乃喜大王之得愔也。大王虽得天子之意，然彼五人皆据将相之权，胆略过人，废太后如反掌，日夜切齿，欲噬大王之肉，此愔所以为大王寒心也。"三思大惧，与之登楼，问自安之策，引为中书舍人，与崔湜皆为三思谋主。三思与韦后日夜谮晖等，云"恃功专权，将不利于社稷。不若封以王爵，罢其政事，外不失尊宠功臣，内实夺之权。"上以为然，封敬晖为平阳王，桓彦范为扶阳王，张柬之为汉阳王，袁恕己为南阳王，崔玄暐为博陵王，皆罢政事。三思令百官修复太后之政，不附武氏者斥之，为五王所逐者复之，大权尽归三思矣。

纲 以宋璟为黄门侍郎。

目 上嘉宋璟忠直，累迁黄门侍郎。武三思尝以事属璟，璟正色拒之曰："今太后既复子明辟，王当以侯就第，何得尚预朝政！独不见产、禄之

_____

① 安车：有座位的车。古车立乘，此供坐乘，多赐年老、重望之人。

事乎!"

纲 以杨元琰为卫尉卿。

目 先是元琰知三思浸用事,请弃官为僧,上不许。敬晖闻而笑之。元琰
曰:"功成名遂,不退将危。此乃由衷之请,非徒然也。"及晖等得罪,
元琰独免。

纲 以韦安石为中书令,魏元忠为侍中。

纲 洛水溢。

纲 秋七月,河南、北十七州大水,制求直言。

纲 冬十一月,群臣上皇帝、皇后尊号。

〔武则天死后,去帝号,归葬乾陵〕

纲 皇太后武氏崩。

目 太后崩于上阳宫,年八十一,遗制去帝号。上居谅阴①,以中书令魏元
忠摄冢宰三日②。元忠素负忠直之望,中外赖之。武三思矫太后遗
制,慰谕元忠,赐实封百户。元忠捧制,感咽涕泗,见者曰:"事去矣!"

纲 丙午,二年(706),春正月,制太平、安乐公主各开府置官属③。

纲 二月,制僧慧范、道士史崇恩等并加五品阶。

---

① 谅阴:天子居丧住所。
② 摄冢宰:国君去世,由冢宰摄政。
③ 安乐公主:中宗、韦后女儿。

纲 置十道巡察使。

纲 三月,杀驸马都尉王同皎。

目 初,宋之问及弟之逊皆坐附会张易之贬岭南,逃归东都,匿于友人王
同皎家。同皎疾武三思及韦后所为,每与所亲言之,辄切齿。之逊密
告三思,三思使人告同皎与武当丞周憬(jǐng)等谋杀三思①,废皇后。
皆坐斩。之问、之逊并除京官。

纲 大置员外官②。

目 置员外官,自京师及诸州凡二千余人,宦官超迁七品以上员外官者又
将千人。魏元忠自端州还③,为相,不复强谏,惟与时俯仰,中外失
望。酸枣尉袁楚客以书责之④,曰:"主上新服厥命,惟新厥德,当进
君子,退小人,以兴大化,岂可安其荣宠,循默而已!今不早建太子,
择师傅而辅之,一失也;公主开府置僚属,二失也;崇长缁衣⑤,借势
纳赂,三失也;俳优小人,盗窃品秩,四失也;有司选贤,皆以货取势
求,五失也;宠进宦者,殆满千人,六失也;王公贵戚,赏赐无度,竞为
侈靡,七失也;广置员外官,伤财害民,八失也;先朝宫女,出入无禁,
交通请谒,九失也;左道之人,荧惑主听,窃盗禄位,十失也。凡此十
失,君侯不正,谁正之哉!"元忠得书,愧谢而已。

纲 夏五月,葬则天皇后于乾陵。

---

① 武当:县名,在今湖北丹江口市西北。
② 员外官:正式编制以外的官员。
③ 端州:治今广东肇庆市。
④ 酸枣:县名,在今河南延津县北。
⑤ 缁衣:指僧人。

纲 六月，贬敬晖、桓彦范、张柬之、袁恕己、崔玄暐为远州司马。

目 武三思使郑愔告敬晖等与王同皎通谋，贬晖崖州①、彦范泷州②、柬之新州③、恕己窦州④、玄暐白州司马⑤，员外长任⑥，削其勋封。

纲 秋七月，立卫王重俊为皇太子。

纲 敬晖、桓彦范、张柬之、袁恕己、崔玄暐为武三思所杀。

目 武三思阴令人疏皇后秽行，榜于天津桥，请加废黜。上大怒，命李承嘉穷核其事。承嘉奏言："敬晖等所为，请族诛之。"上可其奏。大理丞李朝隐奏称："晖等未经推鞫，不可遽就诛夷。"乃长流晖于琼州，彦范于瀼（ràng）州⑦，柬之于泷州，恕己于环州⑧，玄暐于古州⑨。崔湜说三思遣使矫制杀之⑩。三思问谁可者，湜以大理正周利用先为五王所恶，贬官，乃荐之。三思使摄侍御史，奉使岭外。比至，柬之、玄暐已死，执彦范、晖、恕己，皆杀之。利用还，擢拜御史中丞。

三思既杀五王，势倾人主，常言："我不知代间何者谓之善人⑪，何者谓之恶人。但于我善者则为善人，于我恶者则为恶人耳。"时宗楚客、

---

① 崖州：治今海南三亚市崖州区。

② 泷州：治今广东罗定市。

③ 新州：治今广东新兴县。

④ 窦州：治今广东信宜市。

⑤ 白州：治今广西博白县。

⑥ 员外长任：谓以员外官处之，且令久任，不得量移近地或归京。

⑦ 瀼州：治今广西上思县。

⑧ 环州：治今广西环江县西北。

⑨ 古州：治今越南谅山境。

⑩ 矫制：假托君命。

⑪ 代间：世间，避李世民讳。

宗晋卿、纪处讷、甘元柬皆为三思羽翼。周利用、冉祖雍、李俊、宋之逊、姚绍之皆为三思耳目,时人谓之"五狗"。

纲 冬十月,车驾还西京。

纲 十一月,以窦从一为雍州刺史。

目 太平公主与僧寺争碾硙(wèi)①,雍州司户李元纮(hóng)判归僧寺。从一惧,命改判。元纮大署判后曰:"南山可移,此判无动!"从一不能夺。

〔太子李重俊起兵诛武、韦,兵败身死〕

纲 丁未,景龙元年(707),秋七月,太子重俊起兵诛武三思、武崇训,兵溃而死。

目 皇后以太子重俊非其所生,恶之。武三思尤忌太子。上官婕妤以三思故,每下制敕,推尊武氏。驸马武崇训又教安乐公主请废太子。太子积不能平,与李多祚等矫制发羽林兵三百余人,杀三思、崇训于其第。太子与多祚斩关而入,叩阁索上官婕妤。上乃与韦后、安乐公主、上官婕妤登玄武门楼以避之。上俯谓多祚所将千骑曰②:"汝辈皆朕宿卫之士,何为从多祚反!苟能斩反者,勿患不富贵。"于是千骑斩多祚等,余众皆溃,太子亦为左右所杀。

纲 贬魏元忠为务川尉③,道卒。

---

① 碾硙:水力推动的石磨。
② 千骑:禁军名,即太宗所建百骑、武则天扩大至千骑。分两班于北门值守。
③ 务川:县名,今贵州务川县。

目 元忠以武三思擅权，意常愤郁。及太子重俊起兵，遇元忠子太仆少卿
升于永安门，胁以自随。太子死，升为乱兵所杀。元忠扬言曰："元恶
已死，虽鼎镬何伤！但惜太子陨没耳。"宗楚客等共诬元忠，云"与太
子通谋，请夷三族。"制不许，乃贬务川尉，行至涪陵而卒。

纲 戊申，二年(708)，春二月，赦。

目 宫中言皇后衣笥(sì)裙上有五色云起①，上令图以示百官，侍中韦巨
源请布之天下，从之，仍赦天下。迦叶志忠奏："昔神尧未受命，天下
歌《桃李子》；文皇未受命，天下歌《秦王破阵乐》；则天未受命，天下
歌《妩媚娘》；皇后未受命，天下歌《桑条韦》，谨上《桑条韦歌》十二
篇，请编之乐府，皇后祀先蚕则奏之。"太常卿郑愔又引而申之。上
悦，皆受厚赏。

〔张仁愿筑三受降城〕

纲 三月，朔方总管张仁愿筑三受降城②。

目 初，朔方军与突厥以河为境，仁愿于河北筑三受降城，首尾相应，以绝
其南寇之路。自是，突厥不敢度山畋牧，减镇兵数万人。仁愿建城，
不置瓮门守具。或问之，仁愿曰："兵贵进取。寇至，当并力出战，回
首望城者斩之，安用守备生其退恧(nù)之心也③！"其后常元楷为总
管，始筑瓮门。人以是重仁愿而轻元楷。

---

① 衣笥：盛放衣服的竹器。
② 朔方：行军道名，治灵州。三受降城：中受降城在今内蒙古乌喇特中后联合旗西，东
　受降城在今内蒙古托克托县西，西受降城在今内蒙古杭锦旗西北。
③ 恧：惭愧。

纲 夏四月,置修文馆学士①。

目 置修文馆学士,选公卿善为文者李峤等二十余人为之。陪侍游宴,赋诗属和,使上官昭容第其甲乙。于是天下靡然,争以文华相尚,儒学忠谠之士莫得进矣。

纲 秋七月,以张仁愿同三品。

纲 始用斜封墨敕除官。

目 安乐、长宁公主、上官婕妤皆依势用事,请谒受赇,降墨敕除官,斜封付中书,时人谓之"斜封官"②。其员外同正、试、摄、检校、判、知官凡数千人③。上及皇后、公主多营佛寺。左拾遗辛替否上疏曰:"臣闻古之建官,员不必备,故士有完行,家有廉节,朝廷有余俸,百姓有余食。今陛下百倍行赏,十倍增官,使府库空竭,流品混淆。陛下又以爱女之故,竭人之力,费人之财,夺人之家。爱数子而取三怨,使战士不尽力,朝士不尽忠,人既散矣,独提所爱,何所归乎!君以人为本,本固则邦宁,邦宁则陛下之夫妇母子长相保矣。若以造寺必为理体,养人不足经邦,缓其所急,急其所缓,亲未来而疏见在,失真实而冀虚无。一旦风尘再扰,霜雹荐臻,沙弥不可操干戈,寺塔不足攘饥馑④,臣窃惜之。"疏奏,不省。

纲 冬十一月,安乐公主适武延秀。

---

① 修文馆:即弘文馆。
② 斜封官:不走正规程序,由皇帝敕书斜封交付中书省直接任命的官职。
③ 员外同正:员外官待遇同正员官。
④ 攘:消除。

目 武崇训之弟延秀,美姿仪,善歌舞,公主悦之。崇训死,遂以延秀
　　尚焉。

纲 征武攸绪入朝。

目 召武攸绪于嵩山。敕礼官于两仪殿设位,行问道之礼,令攸绪以山服
　　见,不名不拜。攸绪至,趋立,辞见班中,再拜而退。屡加宠锡,皆辞
　　不受。亲贵谒候,寒温之外,不交一言。

纲 以婕妤上官氏为昭容①。

纲 己酉,三年(709),春正月,幸玄武门,观宫女拔河。

目 幸玄武门与近臣观宫女拔河。上每与近臣宴集,令各效伎艺以为乐。
　　国子司业郭山恽(yùn)独歌《鹿鸣》《蟋蟀》②。明日,赐山恽敕,嘉美
　　之。又尝宴侍臣,使各为《回波辞》,谏议大夫李景伯曰:"回波尔时
　　酒卮。微臣职在箴规。侍宴既过三爵,喧哗窃恐非仪。"上不悦。萧
　　至忠曰:"此真谏官也。"

纲 三月,以韦巨源、杨再思为左右仆射、同三品,宗楚客为中书令,萧至
　　忠为侍中,韦嗣立同三品,崔湜、赵彦昭同平章事。

目 监察御史崔琬对仗弹宗楚客、纪处讷潜通戎狄,受其货赂,致生边患。
　　故事,大臣被弹,俯偻趋出③,立于朝堂待罪。至是,楚客更忿怒作
　　色,自陈忠鲠,为琬所诬。上竟不穷问,命琬与楚客结为兄弟以和解

---

① 昭容:妃嫔位号。
② 国子司业:国子监次官。
③ 俯偻:低头曲背。

之,时人谓之"和事天子"。崔湜通于上官昭容,故引以为相。时政出多门,滥官充溢,人以为三无坐处,谓宰相、御史及员外官也。

纲 夏五月,流郑愔于吉州,贬崔湜江州司马①。

目 崔湜、郑愔俱掌铨衡,倾附势要,赃贿狼藉,选法大坏。御史靳恒、李尚隐对仗弹之,下狱,流贬远州。

纲 庚戌,四年(710),夏五月,宴近臣。

目 国子祭酒祝钦明自请作《八风舞》,摇头转目,备诸丑态。钦明素以儒学著名,卢藏用曰:"祝公《五经》扫地尽矣。"

〔唐中宗暴死〕

纲 六月,皇后韦氏弑帝于神龙殿,以裴谈、张锡同三品,张嘉福、岑羲、崔湜同平章事。立温王重茂。

目 许州参军燕钦融上言:"皇后淫乱,干预国政,宗楚客图危社稷。"上面诘之。钦融抗言不挠,楚客矫制扑杀之,上意怏怏,由是后及其党始惧。散骑常侍马秦客、光禄少卿杨均皆幸于后,恐事泄。安乐公主亦欲后临朝,以己为皇太女。乃相与合谋,于饼餤(dàn)中进毒②,中宗崩。

韦氏秘不发丧,召宰相入禁中,征诸府兵屯京城。以裴谈、张锡同三品,张嘉福、岑羲、崔湜同平章事。太平公主与上官昭容谋草遗制,立温王重茂为太子,皇后知政事,相王旦参谋政事。宗楚客曰:"相王与

①江州:治今江西九江市。
②饼餤:馅饼。

皇后,嫂叔不通问,听朝之际,何以为礼!"遂率诸宰相表请罢相王政事。乃发丧,皇后摄政,改元唐隆。太子即位,年十六。宗楚客、叶静能与诸韦劝后遵武后故事,以韦氏子弟领南北军。楚客等上书称韦氏宜革唐命,谋害少帝,深忌相王及太平公主,密与韦温、安乐公主谋去之①。

〔李隆基与太平公主发动政变,诛灭武氏、韦氏〕

纲 临淄王隆基起兵讨韦氏,并其党皆伏诛。隆基为平王,以钟绍京、刘幽求参知机务,李日知同三品,萧至忠等贬官有差。

目 相王子临淄王隆基罢潞州别驾,在京师阴聚才勇之士,密谋匡复。会兵部侍郎崔日用以楚客谋告隆基,乃与太平公主及公主子薛崇暕、苑总监钟绍京②、尚衣奉御王崇晔③、前朝邑尉刘幽求、折冲麻嗣宗谋先事诛之。会韦播数捶挞万骑④,万骑皆怨。果毅葛福顺、陈玄礼见隆基诉之,隆基讽以诛诸韦,皆踊跃自效。或谓隆基当启相王,隆基曰:"我曹为此以徇社稷,事成福归于王,不成以身死,不以累王也。且万一不从,将败大计。"遂不启。微服与幽求等入苑中,逮夜,天星散落如雪,幽求曰:"天意若此,时不可失!"于是福顺直入羽林营,斩诸韦典兵者以徇⑤,曰:"韦后鸩杀先帝,谋危社稷,今夕当共诛之,立相王以安天下。敢有怀两端助逆党者,罪及三族。"羽林士皆欣然听命。

---

① 韦温:韦皇后兄。
② 苑总监:苑总监长官,负责宫苑内馆宇园池修葺、饲养六畜等事务。
③ 尚衣奉御:尚衣局长官,负责皇帝冕服、几案。
④ 万骑:禁军名,中宗将千骑进一步扩大,号为万骑。
⑤ 徇:巡行示众。

隆基勒兵入玄武门,诸卫兵皆应之。斩韦后及安乐公主、武延秀、上官昭容。幽求曰:"众约今夕共立相王,何不早定!"隆基止之,比晓,内外皆定。隆基乃出见相王,叩头谢不先白之罪。相王曰:"社稷宗庙不坠于地,汝之力也。"遂迎相王入辅少帝。

闭城门,收捕诸韦亲党及宗楚客、晋卿、纪处讷、赵履温、张嘉福、马秦客、杨均、叶静能等,皆斩之。尸韦后于市,诸韦襁褓儿无免者。

封隆基为平王,押左右厢万骑,赐崇晙爵立节王。以绍京守中书侍郎,幽求守中书舍人,并参知机务。武氏宗属,诛窜殆尽。以李日知、钟绍京并同三品。隆基二奴王毛仲、李守德,皆超拜将军。诸宰相萧至忠等,贬官有差。

〔李旦即帝位,复为唐睿宗,以拥立之功立李隆基为太子〕

纲 相王旦即位,废重茂复为温王。

纲 立平王隆基为皇太子。

目 上将立太子,以宋王成器嫡长,平王隆基有功,疑不能决。成器辞曰:"国家安则先嫡长,危则先有功。苟违其宜,四海失望,臣死不敢居平王之上。"刘幽求曰:"除天下之祸者当享天下之福。平王拯社稷之危,救君亲之难,论功、语德,无可疑者。"上从之。

纲 加太平公主实封万户。

目 公主沉敏多权略,武后以为类己,独爱幸。及诛张易之,公主有力焉。中宗之世,韦后、安乐皆畏之,又与太子共诛韦氏。既屡立大功,益尊重,上尝与之议政。宰相进退系其一言,荐士骤历清显者,不可胜数,权倾人主,其门如市。

纲秋七月,追复故太子重俊位号及敬晖、桓彦范、崔玄暐、张柬之、袁恕
己、李多祚等官爵。

纲以宋璟同三品。

目璟与姚元之协心革中宗弊政,进忠良,退不肖,赏罚尽公,请托不行,
纪纲修举。当时翕(xī)然以为复有贞观、永徽之风。

纲八月,罢斜封官。

〔唐代始置节度使〕

纲冬十月,以薛讷为幽州经略节度大使①。

纲十一月,以姚元之为中书令。

纲葬定陵②。

目朝议以韦后有罪,不应祔葬,乃追谥故英王妃赵氏为和思皇后,招魂
祔葬。

纲许公苏瓌卒。

目制起复瓌子颋(tǐng)为工部侍郎③,颋固辞。上使李日知谕旨,日知还
奏曰:"臣见其哀毁,不敢发言。"上乃听其终制。

---

① 经略节度大使:临时派出的边境军事长官。

② 定陵:唐中宗陵,在今陕西富平县。

③ 工部侍郎:工部次官。

纲十二月，以西城、隆昌二公主为女官①。

目上以二女为女官，以资天皇、太后之福，欲为造观。谏议大夫宁原悌上疏切谏，上虽不能从而嘉其切直。二公主后改号金仙、玉真公主。

纲以宋璟为吏部尚书，姚元之为兵部尚书。

纲贬祝钦明、郭山恽为诸州长史。

目侍御史倪若水奏弹钦明、山恽乱常改作，希旨病君，于是左授。时侍御史杨孚弹纠不避权贵，权贵毁之，上曰："鹰搏狡兔，须急救之，不尔必反为所噬。御史绳奸慝(tè)亦然②。苟非人主保卫之，则亦为奸慝所噬矣。"

睿宗皇帝

纲辛亥，睿宗皇帝景云二年(711)。

纲春二月，命太子监国，以宋王成器为同州刺史，豳王守礼为豳州刺史，太平公主蒲州安置。

〔太平公主与李隆基争权〕

目初，太平公主以太子年少，意颇易之。既而惧其英武，数为流言，云"太子非长，不可立。"每觇伺其所为，纤悉必闻于上。与益州长史窦

---

① 女官：此处指女道士。
② 奸慝：奸恶。

怀贞结党,欲危太子,邀韦安石至其第,安石固辞不往。上尝密召安石谓曰:"闻朝廷皆倾心东宫,宜察之。"对曰:"陛下安得亡国之言!此乃太平之谋耳。太子有功于社稷,仁明孝友,天下所知,愿陛下无惑。"上瞿然曰:"朕知之矣,卿勿言。"宋璟与姚元之密言于上曰:"宋王陛下之元子,豳王高宗之长孙,公主交构其间,将使东宫不安。请出宋王、豳王皆为刺史,太平公主、武攸暨皆于东都安置。"上曰:"朕惟一妹,岂可远置东都!诸王惟卿所处。"顷之,上谓侍臣曰:"术者言五日中当有急兵入宫,卿等为朕备之。"张说曰:"此必奸人欲离间东宫。愿陛下早使太子监国,则流言自息矣。"元之曰:"张说所言,社稷之至计也。"上悦。以宋王成器为同州刺史,豳王守礼为豳州刺史,太平公主蒲州安置,命太子监国。

纲　复斜封官。

目　殿中侍御史崔涖(h)言于上曰:"斜封官皆先帝所除,姚元之等建议夺之,彰先帝之过,为陛下招怨。众口沸腾,恐生非常之变。"太平公主亦以为言,上然之。制诸斜封官,并量材叙用。

纲　贬姚元之为申州刺史①,宋璟为楚州刺史②。寝二王刺史之命。

目　太平公主闻姚元之、宋璟之谋,大怒,以让太子。太子惧,奏二人离间姑、兄,故有是命。

纲　夏五月,召太平公主还京师。

---

① 申州:治今河南信阳市南。
② 楚州:治今江苏淮安市。

纲六月,置十道按察使。

纲冬十一月,召司马承祯至京师,寻许还山。

目上召天台道士司马承祯①,问以阴阳数术。对曰:"道者,损之又损,以至于无为,安肯劳心以学数术乎!"上曰:"理身无为则高矣,如理国何?"对曰:"国犹身也,顺物自然而心无所私,则天下理矣。"上叹曰:"广成之言②,无以过也。"承祯固请还山,上许之。尚书左丞卢藏用指终南山谓承祯曰:"此中大有佳处,何必天台!"承祯曰:"以愚观之,此乃仕宦之捷径耳!"藏用尝隐终南,则天时征为左拾遗,故承祯言之。

纲壬子,太极元年(712),春正月,以萧至忠为刑部尚书。

目萧至忠自托于太平公主,公主引为尚书。华州长史蒋钦绪,其妹夫也,谓之曰:"如子之才,何忧不达? 勿为非分妄求!"至忠不应。钦绪退而叹曰:"九代卿族,一举灭之,可哀也哉!"至忠素有雅望,尝自公主第门出,遇宋璟,璟曰:"非所望于萧君也。"至忠笑曰:"善乎宋生之言!"遽策马而去。

纲秋七月,彗星出西方,入太微。

〔唐睿宗退位,唐玄宗即位〕

纲八月,帝传位于太子。太子即位,尊帝为太上皇。

---

① 天台:天台山。
② 广成:传说中的道家人物。

目太平公主使术者言于上曰："彗所以除旧布新，又帝座及心前星皆有变①，皇太子当为天子。"上曰："传德避灾，吾志决矣。"公主及其党皆以为不可。太子闻之，固辞。上曰："汝为孝子，何必待柩前然后即位邪！"太子流涕而出。制传位于太子，太子又上表辞。太平公主劝上自总大政。上乃谓太子曰："汝以天下事重，欲朕兼理之邪？朕虽传位，岂忘家国！其军国大事，当兼省之。"

玄宗即位，尊睿宗为太上皇。上皇自称曰朕，命曰诰，五日一受朝于太极殿。皇帝自称曰予，命曰制、敕，日受朝于武德殿。三品以上除授及大刑政，乃奏上皇决之。大赦，改元。

纲立妃王氏为皇后。

纲流刘幽求于封州②。

目初，河内人王琚预于王同皎之谋，上之为太子也，琚至长安见上。至庭中，故徐行，宦者曰："殿下在廉内。"琚曰："何谓殿下？今独有太平公主耳！"上遽召见，与语，琚曰："韦庶人弑逆③，人心不服，诛之易耳。太平公主凶猾无比，大臣多为之用，琚窃忧之。"上引与同榻坐，泣曰："主上同气，唯有太平，言之恐伤主上之意，不言为患日深，为之奈何？"琚曰："天子之孝，当以安宗庙社稷为事，岂顾小节！"上悦。及即位，以为中书侍郎。是时，宰相多太平公主之党，仆射刘幽求与羽林将军张暐谋，使言于上曰："窦怀贞、崔湜、岑羲皆因公主得进，日

①帝座：紫微星，指皇帝。心前星：心，心星。心前星指太子。
②封州：治今广东封开县。
③韦庶人：韦后。

夜为谋不轨,若不早图,一旦事起,太上皇何以得安! 请速诛之。"上
以为然。暐泄其谋,上大惧,遽列上其状。有司奏流幽求于封州,张
暐于丰州。

纲 冬十二月,刑部尚书李日知致仕。

目 日知在官,不待捶挞而事集。刑部有令史,受敕三日,忘不行。日知
怒,欲捶之,既而谓曰:"我欲捶汝,天下人必谓汝能撩李日知瞋,受李
日知杖,不得比于人,妻子亦将弃汝矣。"遂释之。吏皆感悦,无敢
犯者。

蒲宣伊 评注

黄正建 审定

纲鉴易知录卷四八

　　卷首语：本卷起唐玄宗开元元年（713），止开元二十一年（733），所记为玄宗朝前期史事。这一时期，玄宗清除太平公主一党，起用姚崇、宋璟为相，励精图治。制度建设上，府兵制转变为募兵制，中书门下体制形成，并简括田户，解决流民问题，发展生产。对外收复营州等地，恢复安北都护府，并收复碎叶，经营西域，维护丝绸之路畅通稳定。

唐　纪

玄宗明皇帝

纲 癸丑,玄宗明皇帝开元元年(713),春二月,御楼观灯,大酺。

目 开门然灯,大酺合乐。上皇与上御门楼临观,以夜继昼,凡月余。左拾遗严挺之上疏谏,以为:"酺者因人所利,合醵(jù)为欢①。今乃损万人之力,营百戏之资,非所以光圣德美风化也。"敕以挺之忠直,宣示百官,厚赏之。晋陵尉杨相如上疏曰②:"隋氏以纵欲而亡,太宗以抑欲而昌,人主不可不慎择也! 夫人主莫不好忠正而恶佞邪,然忠正者常疏,佞邪者常亲,以至于覆国危身而不悟,何哉? 忠正者多忤意,佞邪者多顺指,积忤生憎,积顺生爱,此亲疏之所以分也。诚能爱其忤以收忠贤,恶其顺以去佞邪,则太宗之业,将何远哉!"上览而善之。

纲 以高丽大祚荣为渤海郡王。

纲 夏五月,罢修大明宫。

目 修大明宫未毕,敕以农务方勤,罢之。

〔先天之变,李隆基清除太平公主一党,停止宫廷政变惯性〕

纲 六月,以郭元振同三品。

———————

① 合醵:合钱饮酒。
② 晋陵:县名,今江苏常州市。

纲　秋七月,太平公主谋逆,赐死。萧至忠、岑羲、窦怀贞、崔湜伏诛。

目　太平公主依上皇之势,擅权用事,宰相七人,五出其门,文武之臣,大半附之。与窦怀贞、岑羲、萧至忠、崔湜、薛稷、僧慧范等谋废立,又与宫人元氏谋于赤箭粉中置毒以进①。中书侍郎王琚言于上曰:"事迫矣,不可不速发。"左丞张说自东都遣人遗上佩刀,荆州长史崔日用入奏事,言于上曰:"太平谋逆有日,陛下往在东宫,犹为臣子,若欲讨之,须用谋力。今但下一制书,谁敢不从?万一奸宄得志,悔之何及!"上曰:"诚如卿言,直恐惊动上皇。"日用曰:"天子之孝在于安四海,若奸人得志,则社稷为墟,安在其为孝乎!请先定北军②,后收逆党,则不惊上皇矣。"上以为然,乃与岐王范、薛王业、郭元振、王毛仲、姜皎、李令问、王守一及内给事高力士等定计。以兵三百余人入虔化门,召至忠、羲斩之,怀贞自缢死,戮其尸。

上皇闻变,登承天门楼。郭元振奏,皇帝前奉诰诛窦怀贞等,无他也。上皇乃下诰:"自今军国政刑,一取皇帝处分。"徙居百福殿。太平公主赐死,诸子及党与死者数十人。崔湜与右丞卢藏用俱坐私侍公主,流岭南。寻以湜与逆谋,追赐死。

初,太平公主与湜等谋废立,陆象先独以为不可。公主曰:"废长立少,已为不顺。且又失德,若之何不去!"象先曰:"既以功立,当以罪废。今实无罪,象先终不敢从。"上既诛怀贞等,召象先谓曰:"岁寒知松柏,信哉!"时穷治公主枝党,象先密为申理,所全甚多,然未尝自言,时无知者。

---

① 赤箭:中药天麻。
② 北军:北衙禁军。

纲以高力士为右监门将军,知内侍省事。

目初,太宗定制,内侍省不置三品官,黄衣廪食,守门传命而已。中宗时,七品以上至千余人,然衣绯者尚寡。上在藩邸,力士倾心奉之,及为太子,奏为内给事,至是以诛萧、岑功赏之。是后宦官增至三千人,除三品将军者寝多①,宦官之盛自此始。

纲以张说为中书令。八月,以刘幽求为左仆射、平章军国大事②。

纲罢诸道按察使。

纲冬十月,引见京畿县令。

目引见京畿县令,戒以惠养黎元之意。

纲讲武于骊山。

目上幸新丰,讲武于骊山之下,征兵二十万,以军容不整,坐兵部尚书郭元振于纛(dào)下③,将斩之。刘幽求、张说谏曰:"元振有大功于社稷,不可杀。"乃流新州,而斩给事中知礼仪事唐绍。上始欲立威,亦无杀绍之意,将军李邈遽宣敕斩之。上寻罢邈官,废弃终身。时二大臣得罪,诸军震慑失次,惟薛讷、解琬二军不动,上遣轻骑召之,皆不得入其陈。上深叹美之。

纲以姚元之同三品。

目上欲以姚元之为相,张说疾之,使御史大夫赵彦昭弹之,上不纳。又

---

① 寝:同"浸",渐。
② 平章军国大事:有此头衔者为宰相。
③ 纛:此处指军中大旗。

使殿中监姜皎言于上曰："陛下常欲择河东总管而难其人,臣今得之矣。"问为谁,皎曰："元之文武全才,真其人也。"上曰："此张说之意,汝何得面欺!"皎叩头首服,即召元之诣行在,拜以为相。

上励精为治,每事访之,元之应答如响,同僚唯诺而已。元之尝奏请序进郎吏,上仰视殿屋,再言之,终不应。元之惧,趋出。罢朝,高力士谏曰："陛下新总万几,宰臣奏事,当面加可否,奈何一不省察!"上曰："朕任元之以庶政,大事当奏闻共议之。郎吏卑秩,乃以烦朕邪!"闻者皆服上识人君之体。

张九龄以元之有重望,为上所信任,奏记劝其远诏躁①,进纯厚,略曰:"任人当才,为政大体,与之共理,无出此途。向之用人,非无知人之鉴,其所以失溺,在缘情之举。今君侯登用未几,而浅中弱植之徒②,已延颈企踵而至,诏亲戚以求誉,媚宾客以取容,岂不有才,所失在于无耻。"元之纳其言。

新兴王晋坐太平公主逆党伏诛,僚吏皆奔散,惟司功李揭步从,不失在官之礼,仍哭其尸。元之曰："栾(luán)布之俦也③。"擢为尚书郎。

纲 十二月,改官名。

目 仆射为丞相,中书为紫微省,门下为黄门省,侍中为监,雍州为京兆府,洛州为河南府,长史为尹,司马为少尹。

纲 以姚崇为紫微令,张说为相州刺史。

---

① 诏躁:诏佞浮躁。
② 浅中:心胸浅窄。弱植:弱于树立,喻无能。
③ 栾布:西汉人。刘邦杀彭越,悬首示众,栾布设祠而哭,为之据理力争,因此拜都尉。

目元之避开元尊号，复名崇。崇既为相，张说惧，乃潜诣岐王申款①。他日崇对于便殿，行微蹇。上问："有足疾乎?"对曰："臣有腹心之疾，非足疾也。"上问其故。对曰："岐王陛下爱弟，张说为辅臣，而密乘车入王家，恐为所误，故忧之。"遂左迁说为相州刺史②。

纲刘幽求罢，以卢怀慎同平章事。

[定内外官出入恒式，重视地方工作经历]

纲甲寅，二年(714)，春正月，定内外官出入恒式。

目制："选京官有才识者除都督、刺史，有政迹者除京官，使出入常均，永为恒式。"

纲以卢怀慎检校黄门监③。

纲置左右教坊④。

目旧制，雅俗之乐，皆隶太常。上以太常礼乐之司，不应典倡优杂伎。乃更置左右教坊，以教俗乐，又选乐工宫女数百人，自教之，谓之"皇帝梨园弟子"。

纲三月朔，太史奏日食，不应。

目太史奏太阳应亏不亏，姚崇表贺，请书史册，从之。

---

① 岐王：李范，睿宗子。
② 左迁：降职。
③ 检校黄门监：检校，以某官命某官领摄他司事务。黄门监：即侍中，门下省长官。
④ 教坊：掌教习音乐的官署机构。

纲 复置十道按察使①。

纲 夏五月,魏知古罢。

目 知古本起小吏,姚崇荐之,以至为相。崇意轻之,请知古知东都选事,遣吏部尚书宋璟于门下过官②。知古衔之。崇二子分司东都,有所请托。知古归,悉以闻。他日,上问崇:"卿子何官,才性何如?"崇揣知上意,对曰:"臣三子,两在东都,为人多欲而不谨。是必以事干知古,臣未及问之耳。"上问:"安从知之?"对曰:"知古微时,臣常卵而翼之。臣子愚,以为知古容其为非,故敢干之耳。"上于是以崇为无私,而薄知古,欲斥之。崇固请曰:"臣子无状,陛下赦之已幸。苟逐知古,累圣政矣。"上久乃许之。知古竟罢为工部尚书。

纲 六月,以宋王成器等为诸州刺史。

目 宋王成器、申王成义,上兄也。岐王范、薛王业,上弟也。豳王守礼,从兄也。上素友爱,近世帝王莫能及。初即位,为长枕大被,与兄弟同寝。听朝罢,多从诸王游。在禁中,拜跪如家人礼,饮食起居,相与同之。业尝疾,上亲为煮药,火爇上须,左右惊救之。上曰:"但使饮此而愈,须何足惜!"成器尤恭慎,未尝及时政、妄结交。上愈信重之,故谗间无自而入。群臣以成器等地逼,请循故事出刺外州。乃以成器领岐州,成义领豳州,守礼领虢州,范领济州,业领同州,到官但领大纲,州务皆委上佐。是后,诸王领州者

---

① 按察使:由中央派出赴各道巡察,考核吏治的官员。
② 过官:一种选任官吏的制度,由门下省负责审定拟进官员。

并准此。

纲秋七月，焚珠玉锦绣于殿前。

目上以风俗侈靡，制："乘舆服御、金银器玩，令有司销毁，以供军国之用。其珠玉、绵绣，焚于殿前。后妃以下，皆毋得服。自今天下更毋得采珠玉，织锦绣等物。"罢两京织锦坊。

纲作兴庆宫。

目宋王成器等请献兴庆坊宅为离宫。许之，仍赐成器等宅，环于宫侧。又于宫西南置楼，西曰"花萼相辉"，南曰"勤政务本"。

纲八月，以武后《鼎铭》颁告中外。

目太子宾客薛谦光以武后《鼎铭》有云"上天降鉴，方建隆基"，为上受命之符，献之。姚崇表贺，请宣示史官，颁告中外。

纲敕诸州修常平仓法。

纲冬十二月，立皇子嗣真为郳（zēng）王，嗣谦为皇太子。

目上长子嗣真，母曰刘华妃。次子嗣谦，母曰赵丽妃。丽妃以倡进，有宠，故立之。

纲乙卯，三年（715），春正月，以卢怀慎为黄门监。

目怀慎清谨俭素，不营资产，俸赐随散亲旧，妻子不免饥寒，所居不蔽风雨。姚崇谒告十余日①，政事委积，怀慎不能决，惶恐，入谢。上曰：

_____

① 谒告：请假。

"朕以天下事委姚崇,以卿坐镇雅俗耳。"崇既出,须臾,裁决俱尽,颇有得色,顾谓紫微舍人齐澣(huàn)曰:"我为相,可比何人?"澣未对。崇曰:"何如管、晏①?"澣曰:"管、晏之法虽不能施于后,犹能没身。公所为法,随复更之,似不及也。"崇曰:"然则竟何如?"澣曰:"可谓救时之相耳。"崇喜,投笔曰:"救时之相,岂易得乎!"怀慎自以其才不及崇,每事推之,时人谓之"伴食宰相"。

〔姚崇治蝗灾〕

纲夏四月,山东大蝗。

目山东蝗,民不敢杀,拜祭之,姚崇遣御史督州县捕而瘗之。议者以为蝗多,除不可尽,崇曰:"河南、北之人,流亡殆尽,岂可坐视,借使除之不尽,犹胜养以成灾。"上乃从之。卢怀慎以为杀蝗太多,恐伤和气。崇曰:"昔楚庄吞蛭而愈疾,孙叔杀蛇而致福,奈何不忍于蝗而忍人之饥死乎! 若使杀蝗有祸,臣请当之。"

纲秋九月,置侍读官②。

纲丙辰,四年(716),春正月,以郳王嗣真为安北大都护③,陕王嗣昇为安西大都护④。

目二王皆不出阁,诸王遥领节度自此始。

---

① 管、晏:管仲、晏婴,春秋时期名相。
② 侍读官:陪侍帝王皇子等读书论学的官员,该官始见于此。
③ 安北大都护:安北大都护府长官。都护府治今内蒙古包头西南。
④ 安西大都护:安西大都护府长官。都护府治今新疆吐鲁番市。

〔唐前期任官，重内轻外〕

纲 以倪若水为汴州刺史①。

目 上欲重都督、刺史，选京官才望者为之，然当时犹轻外任。扬州采访使班景倩入为大理少卿，过大梁②，若水饯之，望其行尘，久之，谓官属曰："班生此行，何异登仙！"上尝遣宦官诣江南取鸡䴗（jiāo jīng）③、鸂鶒（xī chì）等④，欲置苑中，所至烦扰。若水言："今农桑方急，而罗捕禽鸟，水陆传送，道路观者，岂不以陛下为贱人而贵鸟乎！"上手敕谢之，纵散其鸟。

纲 山东复大蝗。

目 山东蝗复大起，姚崇又命捕之。倪若水谓："蝗乃天灾，非人力所及，宜修德以禳之。刘聪时，尝捕埋之，为害益甚。"拒不从命。崇牒若水曰："刘聪伪主，德不胜妖。今日圣朝，妖不胜德。古之良守，蝗不入境。若其修德可免，彼岂无德致然！"因敕使者察捕蝗者勤惰以闻，由是不至大饥。

纲 召新除县令，试理人策。

目 或言于上曰："今岁选叙太滥，县令非才。"上悉召至殿庭，试理人策。惟韦济词理第一，擢为醴泉令。余二百人不入第，且令之官，四十五

---

① 汴州：治今河南开封市。

② 大梁：即汴州。

③ 鸡䴗：池鹭。

④ 鸂鶒：水鸟，俗称紫鸳鸯。

人放归学问。

纲 夏六月,太上皇崩。冬十月,葬桥陵①。

目 十一月,黄门监卢怀慎卒。

目 怀慎疾亟,上表荐宋璟、李杰、李朝隐、卢从愿。上深纳之。既薨,家
　　无余蓄,惟老苍头②,请自鬻以办丧事。

纲 以源乾曜同平章事。十二月,以宋璟为西京留守③。

目 姚崇无居第,寓居罔极寺,以病谒告,上遣使问之,日数十辈。源乾曜
　　奏事称旨,上曰:"此必姚崇之谋。"或不称旨,则曰:"何不与姚崇
　　议之!"
　　崇子彝、异,颇受赂遗,为时所讥。又崇所亲信主书赵诲受赂,事觉。
　　崇由是请避位,荐广州都督宋璟自代。上将幸东都,以璟为刑部尚
　　书、西京留守,遣内侍杨思勖迎之。璟风度凝远,人莫测其际,在途不
　　与思勖交言。思勖素贵幸,归,诉于上,上嗟叹良久,益重璟。

纲 闰月,姚崇、源乾曜罢,以宋璟为黄门监,苏颋同平章事。

目 璟为相,务在择人,随材授任,使百官各称其职。刑赏无私,犯颜正
　　谏,上甚敬惮。
　　突厥默啜自武后世为中国患,朝廷旰(gàn)食④,倾天下之力不能克。

---

① 桥陵:唐睿宗李旦陵,在今陕西蒲城县南。
② 苍头:此处指奴仆。
③ 留守:皇帝不在京师时置,总管京师军政事务。
④ 旰食:事务繁忙,无法按时吃饭。

郝灵荃得其首,自谓不世之功。璟以天子好武功,恐好事者竞生心儌幸①,痛抑其赏,逾年始授郎将。灵荃恸哭而死。

璟与颋相得甚厚,璟每论事则颋助之。璟尝谓人曰:"吾与苏氏父子同居相府,仆射宽厚②,诚为国器,若献可替否,则黄门过其父矣③。"

〔论唐代贤相〕

姚、宋相继为相,崇善应变成务,璟善守法持正。二人志操不同,然协心辅佐,使赋役宽平,刑罚清省,百姓富庶。唐世贤相,前称房、杜,后称姚、宋,他人莫得比焉。二人每进见,上辄为之起,去则临轩送之。及李林甫为相,虽宠任过于姚、宋,然礼遇殊卑薄矣。

紫微舍人高仲舒博通典籍,齐澣练习时务,姚、宋每坐二人以质所疑,既而叹曰:"欲知古,问高君;欲知今,问齐君。可以无阙政矣。"

广州请为璟立遗爱碑。璟请禁之,以革谄谀之风,于是他州皆不敢立。山人范知璿献所为文,璟判之曰:"观其《良宰论》,颇涉谄谀。文章若高,宜从举选,不可别奏。"

纲 罢十道按察使。

纲 丁巳,五年(717),春正月,太庙四室坏。行幸东都。

目 上将幸东都,会太庙四室坏,上素服避殿。以问宋璟、苏颋,对曰:"陛下三年之制未终,遽尔行幸,恐未契天心,故灾异为戒。愿且停之。"

---

① 儌:同"侥"。
② 苏颋之父为苏瓌,彼时为尚书仆射。
③ 苏颋初在黄门省为官。

姚崇曰："太庙屋材,皆苻坚时物①,朽腐而坏,适与行会,何足异也!百司供拟已备,不可失信。但迁神主于太极殿,更修太庙耳。"上大喜,从之。遂幸东都。

綱秋九月,复旧官名。令史官随宰相入侍,群臣对仗奏事。

[宋璟欲复贞观之政]

目贞观之制,中书、门下及三品官入奏事,必使谏官、史官随之,有失则匡正,美恶必记之。诸司皆正衙奏事②,御史弹百官,服豸冠③,仗读弹文。故大臣不得专君,而小臣不得为谗慝。及许敬宗、李义府用事,政多私僻,奏事官多俟仗下,于御座前屏人密奏,监察御史及待制官远立以俟其退④。谏官、史官皆随仗出,仗下后事,不复预闻。武后以法制群下,谏官、御史得以风闻言事,互相弹奏,于是多以险诐(bì)相倾。宋璟欲复贞观之政,制:"自今事非的须秘密者,皆令对仗奏闻,史官自依故事。"

綱冬十二月,诏访逸书。

綱戊午,六年(718),春正月,禁恶钱⑤。

綱征嵩山处士卢鸿为谏议大夫,不受。

———————

① 苻坚:前秦君主。
② 正衙:日常朝会的殿堂。
③ 豸冠:即獬豸冠,执法官员所戴冠帽。
④ 待制官:唐代始设,由六品以上文官担任,为侍从顾问之职。
⑤ 恶钱:铅铁含量过高的劣质货币。

纲 夏四月,敕度郑铣、郭仙舟为道士。

目 河南参军郑铣、朱阳丞郭仙舟投匦献诗①,敕曰:"观其文理,乃崇道
法。至于时用,不切事情。宜从所好。"度为道士。

纲 秋八月,令州县岁十二月行乡饮酒礼。

纲 冬十一月,帝还西京。

纲 己未,七年(719),夏五月朔,日食。

目 上素服以俟变,彻乐减膳,命中书、门下察系囚,赈饥乏,劝农功。宋
璟奏曰:"陛下勤恤人隐,此诚苍生之福。然臣闻日食修德,月食修
刑。亲君子,远小人,绝女谒,除谗慝,所谓修德也。君子耻言浮于
行,苟推至诚以行之,不必数下制书也。"

纲 秋九月,徙宋王宪为宁王。

纲 庚申,八年(720),春正月,宋璟、苏颋罢。

目 先是,朝集使往往赍货入京师,将还,多迁官。璟奏一切勒还,以革其
弊。璟又疾负罪而妄诉不已者,悉付御史台治之,人多怨之者。会天
旱,优人作魃(bá)状戏于上前②,问魃:"何为出?"对曰:"奉相公处
分。"又问:"何故?"对曰:"负冤者三百余人,相公悉以系狱,故不得
不出尔。"上心以为然。时江、淮间恶钱尤甚,璟使监察御史萧隐之括
之。隐之严急烦扰,怨嗟盈路,于是贬隐之官,罢璟、颋,弛钱禁,而恶

---

① 朱阳:县名,在今河南灵宝市西南。
② 魃:造成旱灾的鬼怪。

钱复行矣。

〔复置十道按察使〕

纲夏五月,复置十道按察使。

纲以源乾曜为侍中,张嘉贞为中书令。

目乾曜上言:"刑要之家,多任京官,使俊乂之士沉废于外①。臣三子皆在京,请出其二。"上从之。于是出者百余人。嘉贞吏事强敏,刚躁自用。引进苗延嗣、吕太一、员(yùn)嘉静、崔训与论政事。四人颇招权,时人语曰:"令公四俊,苗、吕、崔、员。"

纲六月,瀍(chán)、穀溢。

目漂溺几二千人。

纲辛酉,九年(721),春正月,改蒲州为河中府,置中都。

纲二月,以宇文融为劝农使。

目监察御史宇文融上言:"天下户口逃移,巧伪甚众,请加简括。"源乾曜赞成之。敕有司议招集流移、按诘巧伪之法以闻。制:"州县逃亡户口听百日自首,或于所在附籍,或牒归故乡,各从所欲。过期不首,谪徙边州。"以融充使,奏置劝农判官十人,分行天下。其新附客户,免六年赋调。使者竞为刻急,州县承风劳扰,百姓苦之。阳翟尉皇甫憬上疏言之,坐贬。州县希旨,虚张其数,或以实户为客,凡得户八十余

—————————

① 俊乂:才德过人。

万,田亦如之。

纲 夏六月,罢中都。

目 蒲州刺史陆象先政尚宽简,吏民有罪,晓谕遣之。尝谓人曰:"天下本无事,但庸人扰之耳。苟清其源,何忧不治!"

纲 秋九月,梁文献公姚崇卒。以张说同三品。

纲 冬十一月,安州别驾刘子玄卒。

〔直笔写史〕

目 子玄即知幾也,以字行。初,著作郎吴兢撰《则天实录》①,言宋璟激张说使证魏元忠事。后说修史见之,谬曰:"刘五殊不相借!"兢起对曰:"此兢所为,史草具在,不可使明公枉怨死者。"同僚皆失色。其后说阴祈兢改数字,兢曰:"若徇公请,则此史不为直笔,何以取信于后!"

纲 壬戌,十年(722),春正月,幸东都。

纲 夏五月,伊、汝水溢。

目 漂溺数千家。

纲 六月,博州河决。

纲 秋,安南乱②,遣内侍杨思勖讨平之。

---

① 著作郎:秘书省著作局长官,负责撰修国史、起居注、祝文、祭文等。
② 安南:今越南北部。

〔兼行募兵制〕

纲 始募兵充宿卫。

目 初,诸卫府兵,自成丁从军,六十而免,其家不免杂徭,浸以贫弱,逃亡略尽,百姓苦之。张说建议,请召募壮士充宿卫,不问色役①,优为之制,逋亡者必争出应募。上从之。旬日得精兵十三万,分隶诸卫,更番上下。兵农之分,自此始矣。

纲 癸亥,十一年(723),春正月,帝北巡。诏潞州给复五年。以并州为太原府,置北都。

纲 二月,张嘉贞罢。

目 张说与嘉贞不平,会嘉贞弟嘉祐赃发,说劝嘉贞素服待罪于外,遂左迁幽州刺史。初,广州都督裴伷(zhòu)先下狱,上与宰相议其罪。嘉贞请杖之,说曰:"刑不上大夫,为其近君,且所以养廉耻也。盖士可杀不可辱。臣向巡北边,闻姜皎杖于朝堂。皎官登三品,亦有微功,奈何以皂隶待之②!事往,不可返,岂宜复蹈前失。"上深然之。嘉贞不悦,退谓说曰:"何论事之深也!"说曰:"宰相时来则为之,若大臣皆可笞辱,行及吾辈矣!此言非为伷先,乃为天下士君子也。"嘉贞无以应。

纲 三月,帝至西京。

① 色役:徭役的一种。
② 皂隶:地位较低的差役。

〔置丽正书院〕

纲 夏五月,置丽正书院①。

目 上置丽正书院,聚文学之士,或修书,或侍讲,以张说为使。有司供给优厚,中书舍人陆坚以为无益,徒费,欲奏罢之。说曰:"自古帝王于无事之时,莫不崇宫室,广声色。今天子独延礼文儒,发挥典籍,所益者大,所损者微。陆子之言,何不达也!"

纲 冬,始置长从宿卫。

目 命尚书左丞萧嵩,与京兆、蒲、同、岐、华州长官,选府兵及白丁一十二万,谓之"长从宿卫",一年两番,州县毋得役使。

纲 十二月,改政事堂为中书门下②。

评改政事堂为中书门下:

　　改政事堂为中书门下是唐代中枢体制的重大变化。唐初尚书省、中书省、门下省三权分立,互相配合、牵制,三省长官共同行使宰相职权。政事堂作为宰相议政场所置于门下省。高宗去世后,裴炎由门下侍中迁中书令,政事堂也移至中书省,中书省的优势地位得以确立。开元以后,国家政务逐渐集中至政事堂。政事堂改为中书门下,从议政场所向政务处理机构转变,下设吏、枢机、兵、户、刑礼五房。中书门下正式成为最高决策兼行政机关,地位凌驾于三省之上,影响了后世宰相机构的设置。

---

① 丽正书院:即丽正修书院,负责书籍修撰、搜集、收藏等事务。
② 政事堂:宰相办公议事处。

纲 甲子,十二年(724),夏五月,停按察使。

〔宇文融搜括逃户,应对逃户问题〕

纲 复以宇文融为劝农使。

目 制听逃户自首,辟所在闲田,随宜收租,毋得差科、征役,租调一皆蠲免。遣宇文融巡行州县,议定赋役。

纲 六月,制选台阁名臣为诸州刺史。

目 上以山东旱,命选台阁名臣出为刺史。初,张说引崔沔(miǎn)为中书侍郎。故事,承宣制皆出宰相,侍郎署位而已。沔曰:"设官分职,上下相维,各申所见,事乃无失。侍郎,令之贰也,岂得拱默而已!"由是事多异同,说因是出之。

纲 秋七月,以杨思勖为辅国大将军①。

目 溪州蛮覃行璋反②,以思勖为招讨使,击擒之,故有是命。

纲 废皇后王氏。

纲 八月,以宇文融为御史中丞。

目 融为御史中丞,乘驿周流天下,事无大小,州县先上劝农使,然后申中书。省司亦待融指撝,然后处决。上将大攘四夷,急于用度,融以岁终所增缗钱数百万,悉进入官,由是有宠。议者多言烦扰,上令百寮议之。公卿畏融,皆不敢言。户部侍郎杨玚(chàng)独抗议,以为:"括

---

① 辅国大将军:正二品武散官。宦者可称大将军由此始。
② 溪州:治今湖南龙山县东。

客免税①,不利居人。征籍外田税,使百姓困弊,所得不补所失。"未几,出为华州刺史。

纲 冬十一月,帝如东都。

纲 群臣请封禅。

目 时张说首建封禅之议,而源乾曜不欲为之,由是与说不平。

纲 乙丑,十三年(725),春二月,以宇文融兼户部侍郎。

目 制以所得客户税钱均充所在常平仓本②,又委使司与州县议作劝农社,使贫富相恤,耕耘以时。

纲 更命长从宿卫为彍(guō)骑。

目 总十二万人,分隶十二卫、六番。

纲 选诸司长官为诸州刺史。

目 上自选诸司长官有声望者十一人为刺史。命宰相、百官饯于洛滨,供张甚盛③,自书十韵诗赐之。左丞杨承令在行中,意怏怏。上怒,贬睦州别驾④。

纲 夏四月,更集仙殿为集贤殿。

目 上与中书门下及礼官学士宴于集仙殿。上曰:"仙者凭虚之论,朕所

---

① 括客:即括户,检查脱籍人户,重编入籍。
② 常平仓:官方为征购粮食、调节粮价、赈救灾荒而建立的地方粮仓。本:本钱。
③ 供张:供给陈设。
④ 别驾:州上佐。

不取。贤者济理之具,今与卿曹合宴,宜更名曰集贤。"其书院官五品以上为学士,六品以下为直学士。以张说知院事,右散骑常侍徐坚副之。

纲秋九月,禁奏祥瑞。

纲冬十月,作水运浑天成①。

纲十一月,封泰山。

目车驾发东都,百官、四夷从行。有司辇载供具,数百里不绝。上备法驾,至山足,御马登山。与宰相及祠官俱登,问礼部侍郎贺知章曰:"前代玉牒之文②,何故秘之?"对曰:"或密求神仙,故不欲人见。"上曰:"吾为苍生祈福耳。"乃出玉牒,宣示群臣。于是亲祀昊天上帝于山上,群臣祀五帝、百神于山下。明日,祭皇地祇于社首。又明日,御帐殿,受朝觐,赦天下,封泰山神为天齐王。

纲以王毛仲为开府仪同三司③。

目上初即位,牧马有二十四万匹,以王毛仲为闲厩使,张景顺副之。至是有马四十三万。上之东封,以数万匹从,别色为群,望之如云锦。加毛仲开府仪同三司。

纲车驾还,幸孔子宅。

纲至宋州。

① 水运浑天:一种靠水力推动的天文仪器。
② 玉牒:帝王封禅、郊祀时的告天文书。
③ 开府仪同三司:文散官最高等。

目 宴从官于宋州。上谓张说曰："怀州刺史王丘，饩(xì)之外①，一无他献。魏州崔沔供帐无锦绣，示我以俭。济州裴耀卿表数百言，莫非规谏，且曰：'人或重扰，则不足以告成。'朕常置之座隅。如三人者，不劳人以市恩，真良吏矣。"顾谓刺史寇泚(cǐ)曰："比亦屡有以酒馔不丰诉于朕者，知卿不借誉于左右也。"自举酒赐之。由是以丘为尚书左丞，沔为散骑侍郎，耀卿为定州刺史。

纲 十二月，帝还东都。

纲 分吏部为十铨，亲决试判。

目 上疑吏部选试不公，御史中丞宇文融密奏，请分为十铨，以礼部尚书苏颋等十人掌之。试判将毕，遽召入禁中决定，尚书侍郎皆不得预。左庶子吴兢表言："陛下曲受谗言，不信有司，非居上临人推诚感物之道。昔汉之贤相，尚不对钱谷之数，不问斗死之人。况万乘之君，岂得下行铨选之事乎！"上虽不即从，明年复故。

纲 大有年。

纲 丙寅，十四年(726)，夏四月，以李元纮同平章事。张说罢。

纲 秋七月，河南、北大水。

纲 八月，魏州河溢。

纲 以杜暹(xiān)同平章事。

---

① 饩牢：指祭祀用猪牛羊等牲畜。

纲丁卯,十五年(727),夏五月,夏至,赐贵近丝,人一緎(h)①。

目上命妃嫔以下宫中育蚕,以知女功。至是,以其丝赐贵近。

纲秋七月,冀州河溢。

纲许文宪公苏颋卒。

纲冬十月,帝还西京。

纲戊辰,十六年(728),春二月,以张说兼集贤院学士。

目说虽罢政事,专文史之任,朝廷每有大事,上常遣中使访之。

纲改圹骑为羽林飞骑。

纲冬,以萧嵩同平章事。

[杨玚谏限明经进士]

纲己巳,十七年(729),春三月,限明经、进士及第每岁毋过百人。

目国子祭酒杨玚奏:"流外出身②,每岁二千余人,而明经、进士不能居其
什一,则是服勤道业之士不如胥吏之得仕也。臣恐儒风浸坠,廉耻日
丧。若以出身人太多,则应诸色裁损。"又奏:"主司帖试明经③,不求大
指,专取难知,问以孤经绝句,或年月日。请自今并帖平文。"上甚然之。

---

① 緎:同"摑",唐代丝麻的计量单位。
② 流外:唐以未入九品的官员为流外,流外本身也有品级。
③ 帖试:唐代明经科考试内容之一。明经:唐代科举的基本科目,至武后、中宗时期共
　试帖经、试义、试时务策三场。

纲夏五月,复置按察使。

纲秋八月,以帝生日为千秋节。

目八月五日,上以生日宴百官于花萼楼下。丞相源乾曜、张说表请以是日为千秋节,布于天下,咸令宴乐。移社就之。

纲工部尚书张嘉贞卒。

目嘉贞不营家产,有劝其市田宅者,曰:"吾贵为将相,何忧寒馁!比见朝士广占良田,身没之日,适足为无赖子弟酒色之资,吾不取也。"

纲贬宇文融为汝州刺史。

目融以治财赋得幸,广置诸使,竞为聚敛,由是上心益侈,百姓苦之。在相位,谓人曰:"使吾居此数月,则海内无事矣。"信安王祎以军功有宠,融疾之,使御史李寅弹之。祎闻之,先以白上。明日,寅奏果入,上怒,融坐贬。既而国用不足,上复思之。会有飞状告融赃贿隐没官钱事[1],坐流岩州,道卒。然是后言财利以取贵仕者,皆祖之。

纲庚午,十八年(730),春正月,以裴光庭为侍中。

[初令休日选胜行乐]

纲二月,初令百官休日选胜行乐[2]。

[定循资格]

纲夏四月,以裴光庭兼吏部尚书。

---

① 飞状:匿名信。
② 休日:假期。选胜:选找名胜之地。

目 先是，选司注官，惟视其人之能否，或不次超迁，或老于下位，有出身二十余年不得禄者。光庭始奏用循资格，各以罢官若干选而集，官高者选少，卑者选多，无问能否，选满则注，非负谴者，有升无降。庸愚皆喜，谓之"圣书"，而才俊之士无不怨叹。宋璟争之不能得。

纲 六月，以忠王浚领河北道行军元帅，帅十八总管讨奚、契丹。

目 浚即陕王嗣昇，更封改名也。契丹可突干弑其王李邵固，叛降突厥。制以忠王浚领元帅，御史大夫李朝隐、京兆尹裴仙先副之，帅十八总管以讨奚、契丹。命浚与百官相见，张说谓人曰："吾尝观太宗画像，雅类忠王，此社稷之福也。"然浚竟不行。

纲 冬十月，是岁天下奏死罪二十四人。

纲 辛未，十九年（731），春正月，王毛仲有罪，赐死。

目 初，毛仲以严察干力有宠，百官附之辐凑。毛仲嫁女，上问："何须？"毛仲顿首谢曰："臣万事已备，但未得客。"上曰："知卿所不能致者一人耳，必宋璟也，朕为汝召客。"明日，诏宰相与诸达官诣之。日中璟乃至，先执酒，西向拜谢，饮不尽卮，遽称腹痛而归。其刚直之操，老而弥笃如此。

毛仲骄恣日甚，龙武将军葛福顺倚其势，多为不法，毛仲求兵部尚书不得，怏怏，上由是不悦。时上宠任宦官，杨思勖、高力士尤贵幸，毛仲视之若无人。毛仲妻产子，三日，上命力士赐之甚厚，且授儿五品官。毛仲抱儿示力士曰："此岂不堪作三品邪！"力士归，奏之，上大怒曰："昔诛韦氏，此贼心持两端，今日乃敢以赤子怨我！"力士因言："北

门奴①,官太盛,不早除之,必生大患。"上恐其党惊惧为变,贬毛仲、

福顺等于远州,追赐毛仲死。自是宦官势盛,力士尤为上所宠信,表

奏皆先呈之,小事即决,势倾内外。

〔交好吐蕃,赠以诗书〕

纲 以《诗》《书》赐吐蕃。

目 吐蕃使者称公主求《毛诗》《春秋》《礼记》。正字于休烈上疏曰②:"东

平王,汉之懿亲,求《史记》、诸子,汉犹不与。况吐蕃,国之寇仇,今资

之以书,使知权略,愈生变诈,非中国之利也。"裴光庭等奏:"吐蕃久叛

新服,因其有请,赐以《诗》《书》,庶使渐陶声教,化流无外。休烈徒知

书有权略变诈之语,不知忠、信、礼、义皆从书出也。"遂与之。

纲 上躬耕于兴庆宫侧。

纲 三月,置太公庙。

目 令两京诸州各置太公庙,以张良配享,选古名将以备十哲③。以二、八

月上戊致祭,如孔子礼。

纲 癸酉,二十一年(733),春三月,裴光庭卒。

纲 以韩休同平章事。

目 上问萧嵩可以代光庭者,嵩欲荐散骑常侍王丘,丘让于韩休。嵩言

---

① 北门奴:对北衙武官的蔑称。

② 正字:秘书省著作局属官,负责典籍审校工作。

③ 十哲:历代名将,为张良、田穰苴、孙武、吴起、白起、乐毅、韩信、诸葛亮、李靖、李勣。

之,上以为相。休为人峭直,不干荣利,始嵩以为恬和易制,故引之。及与共事,守正不阿,嵩渐恶之。宋璟叹曰:"不意韩休乃能如是!"上或宴乐游猎,小有过差,辄谓左右曰:"韩休知否?"言终,谏疏已至。左右曰:"韩休为相,陛下殊瘦于旧,何不逐之!"上叹曰:"吾貌虽瘦,天下必肥。萧嵩奏事,常顺指,既退,吾寝不安。休常力争,既退,吾寝乃安。吾用休为社稷耳,非为身也。"

纲 夏六月,制选人有才行者,委吏部,临时擢用。

目 时虽有此制,而有司以循资格便于己,犹踵行之。

纲 冬十月,左丞相宋璟致仕,归东都。

纲 萧嵩、韩休罢。

纲 以裴耀卿同平章事,起复张九龄同平章事。

目 休数与嵩争论于上前,面折嵩短。嵩因乞骸骨,上曰:"朕未厌卿,卿何为遽去?"对曰:"陛下未厌臣,故臣得从容引去。若已厌臣,首领且不保,安能自遂!"因泣下。上亦为之动容,乃皆以为丞相,罢政事。时九龄居母丧,自韶州入见,求终丧,不许。

纲 分天下为十五道,置采访使。

目 京畿、都畿①、关内、河南、河东、河北、陇右、山南东②、西③、剑南、淮南、

---

① 都畿:道名,今河南西部一带。
② 山南东:道名,今湖北长江以北、河南西南部、重庆东部一带。
③ 西:指山南西道,今陕西汉中、四川东部、重庆西部一带。

江南东①、西②、黔中③、岭南,凡十五道,各置采访使,以六条简察非法。两畿以中丞领之,余皆择贤刺史领之。惟变革旧章,乃须报可。其余听便宜从事,先行后闻。

蒲宣伊 评注

黄正建 审定

————————

① 江南东:道名,今江苏南部、上海、浙江、福建及安徽黄山一带。

② 西:指江南西道,今江西、湖南大部及湖北、安徽南部一带。

③ 黔中:道名,今贵州、重庆东部,湖北、湖南西部一带。

纲鉴易知录卷四九

卷首语：本卷起唐玄宗开元二十二年
(734)，止天宝十三载(754)，所记为玄宗后期二
十年史事。玄宗统治在达到极盛后，政治弊端逐
渐显现。玄宗怠政，委政于李林甫、杨国忠，宠信
安禄山。地方设置九节度、一经略，尾大不掉，形
成了边镇拥兵远超中央的危险局面。安禄山军
事实力大增，唐朝危机已经迫在眉睫。

唐　纪

玄宗明皇帝

纲 甲戌,二十二年(开元二十二年,734),春正月,幸东都。

纲 二月,秦州地震①。

纲 夏五月,以裴耀卿为侍中,张九龄为中书令,李林甫同三品。

目 张九龄请不禁铸钱,敕百官议之。裴耀卿等曰:"一启此门,恐小人弃农逐利,而滥恶更甚。"秘书监崔沔曰:"若税铜折役,计估度(duó)庸,则官冶可成,而私铸无利矣。且钱之为物,贵以通货,利不在多,何待私铸然后足用乎!"左监门录事参军刘秩曰:"夫人富不可以赏劝,贫不可以威禁。若许私铸,贫者必不能为之。臣恐贫者益贫而役于富,富者益富而逞其欲也。"上乃止。

林甫柔佞多狡数,深结宦官及妃嫔家,伺候上动静,无不知之,由是每奏对,常称旨。时武惠妃宠倾后宫,生寿王瑁,太子浸疏薄。林甫乃因宦官言于惠妃,愿尽力保护寿王。妃德之,阴为内助。

纲 上芟(shān)麦于苑中②。

目 上种麦苑中,帅太子以下亲往芟之,谓曰:"此所以荐宗庙,不敢不亲,

① 秦州:治今甘肃天水市。
② 芟麦:割麦子。

且欲使汝曹知稼穑艰难耳。”

纲 以方士张果为银青光禄大夫。

目 初,张果自言有神仙术,尧时为侍中,多往来恒山中①。相州刺史韦济荐之,上遣玺书迎入禁中。以为光禄大夫,号通玄先生,厚赐遣归。后卒,好事者以为尸解②。上由是颇信神仙。

纲 冬十二月,幽州节度使张守珪斩奚、契丹王屈烈及可突干。

目 上美守珪之功,欲以为相。张九龄曰:“宰相代天理物,非赏功之官也。”上曰:“假以名而不使任其职,可乎?”对曰:“惟器与名不可以假人,君之所司也。守珪才破契丹,即以为相。若尽灭奚、厥,将以何官赏之!”乃以为羽林大将军、兼御史大夫,赐二子官,赏赉甚厚。

纲 乙亥,二十三年(735),春正月,耕藉田,御楼酺宴。

目 上耕藉田,九推乃止,公卿以下皆终亩③。上御五凤楼酺宴,时命三百里内刺史、县令各率所部音乐集楼下,较胜负。怀州刺史以车载乐工数百,皆衣文绣。鲁山令元德秀惟遣乐工数人④,联袂歌《于蔿(wěi)》。上曰:“怀州之人,其涂炭乎!”立以刺史为散官。德秀性介洁质朴,士大夫服其高。

纲 三月,张瑝、张琇杀殿中侍御史杨汪以复父仇。敕杖杀之。

---

① 恒山:在今河北曲阳县一带。
② 尸解:道教术语,指灵魂脱离肉体而成仙。
③ 九推:皇帝亲耕籍田的礼仪。以往天子扶耒耕往还三次,公卿往还九次。现玄宗往还九次,公卿耕尽全部田亩,以示劝农。
④ 鲁山:县名,今河南鲁山县。

目初,汪既杀张审素,审素二子瑝、琇皆幼,坐流岭表。寻逃归,手杀汪于都城。系表于斧,言父冤状。欲之江外杀与汪同谋者,为有司所得。议者多言二子稚年孝烈,宜加矜宥①,张九龄亦欲活之。裴耀卿、李林甫以为坏法,不可。上然之,乃下敕曰:"国家设法,期于止杀。各伸为子之志,谁非徇孝之人! 展转相仇,何有限极! 宜付河南府杖杀②。"士民怜之,为作哀诔(lěi)③,敛钱葬之。

纲冬十二月,册寿王妃杨氏。

纲丙子,二十四年(736),春二月,皇太子更名瑛。

目诸皇子皆更之,忠王浚改曰玙(yú)。

[贡举由吏部移至礼部]

纲三月,敕礼部侍郎掌贡举。

目旧制,考功员外郎掌贡举。有进士陵侮之,议者以员外郎位卑,不能服众,敕委礼部侍郎。

纲夏四月,张守珪使讨击使安禄山讨奚、契丹,败绩。

[张九龄请杀安禄山]

目张守珪使平卢讨击使安禄山讨奚、契丹④,败绩,守珪奏请斩之。禄山

---

① 矜宥:矜怜宽宥。
② 此时玄宗居洛阳。
③ 哀诔:哀悼死者的文章。
④ 平卢:藩镇名,治营州,今辽宁朝阳市。

临刑呼曰："大夫欲灭奚、契丹，奈何杀禄山！"乃更执送京师。张九龄批曰："昔穰苴(jū)诛庄贾，孙武斩宫嫔。守珪军令若行，禄山不宜免死。"上惜其才，赦之。九龄固争曰："失律丧师，不可不诛。且其貌有反相，不杀必为后患。"上曰："卿勿以王夷甫识石勒，枉害忠良。"竟赦之。禄山本营州杂胡，初名阿荦(luò)山。母再适安氏，冒其姓。后其部落破散，遂与安氏子思顺逃来。狡黠善揣人情，守珪爱之，养以为子。又有史窣(sū)干者，与禄山同里闬，亦以骁勇闻。守珪奏为果毅，累迁将军，后入奏事，上与语，悦之，赐名思明。

纲 秋八月，张九龄上《千秋金鉴录》。

目 千秋节，群臣皆献宝镜。九龄以为以镜自照见形容，以人自照见吉凶。乃述前世兴废之源，为书五卷，谓之《千秋金鉴录》，上之。赐书褒美。

纲 冬十月，帝还西京。

目 上过陕州，以刺史卢奂有异政，题赞于听事而去。

纲 十一月，赐朔方节度使牛仙客爵陇西县公。

目 仙客前在河西，能节用度勤职业，仓库充实，器械精利。上嘉之，欲加尚书。张九龄曰："不可。尚书，古之纳言，唐兴以来，惟旧相及扬历中外有德望者乃为之。仙客本河湟使典①，今骤居清要，恐羞朝廷。"上曰："然则但加实封，可乎？"对曰："封爵所以劝有功也。边将实仓库，修器械，乃常务耳，不足为功。欲赏其勤，赐之金帛可也。裂土封

---

① 河湟：今青海黄河与湟水两流域之地。使典：节度使下小官。

之,恐非其宜。"上默然。李林甫曰:"仙客,宰相才也,何有于尚书!九龄书生,不达大体。"上悦,乃赐仙客爵,食实封三百户。

纲 裴耀卿、张九龄罢为左右丞相,以李林甫兼中书令,牛仙客同三品。

目 初,上欲以李林甫为相,问于张九龄,九龄对曰:"宰相系国安危,陛下相林甫,臣恐异日为庙社之忧。"上不从。是时上在位岁久,渐肆奢欲,怠于政事,而九龄遇事无细大皆力争之。

上之在藩也,赵丽妃生太子瑛,皇甫德仪生鄂王瑶①,刘才人生光王琚。及即位,幸武惠妃,生寿王瑁,丽妃等爱皆弛。太子与瑶、琚以母失职,有怨望语。驸马都尉杨洄尚咸宜公主②,常伺三子过失以告惠妃。惠妃泣诉于上,上大怒,欲皆废之。九龄曰:"陛下享国长久,子孙蕃昌,天下之人,方以为庆。今三子皆已成人,不闻大过,奈何一旦以无根之语废之乎!且太子天下本,不可轻摇。昔晋献公听骊姬之谗杀恭世子,三世大乱。汉武帝信江充之诬罪戾太子,京城流血。晋惠帝用贾后之谮废愍怀太子,中原涂炭。隋文帝纳独孤后之言黜太子勇,立炀帝,遂失天下。由此观之,不可不慎。陛下必欲为此,臣不敢奉诏。"上不悦,林甫退而私谓宦官之贵幸者曰:"此主上家事,何必问外人!"上犹豫未决。惠妃密使宫奴谓九龄曰:"有废必有兴,公为之援,宰相可长处。"九龄叱之,以其语白上。上为之动色,故讫九龄罢相,太子得无动。

林甫日夜短九龄于上,上浸疏之。林甫引萧炅(jiǒng)为户部侍郎。炅

---

① 德仪:妃嫔位号。
② 咸宜公主:武惠妃女。

素不学,尝读"伏腊"为"伏猎"①。中书侍郎严挺之言于九龄曰:"省中岂容有'伏猎侍郎'!"乃出炅刺岐州,故林甫怨挺之。上积前事,以耀卿、九龄阿党,并拜丞相罢政事,而以林甫为中书令,牛仙客同三品,领节度如故。贬挺之为洺州刺史。

〔评开元之名相〕

上即位以来,所用之相,姚崇尚通,宋璟尚法,张嘉贞尚吏,张说尚文,李元纮、杜暹尚俭,韩休、张九龄尚直,各有所长也。

九龄既得罪,朝廷之士,皆容身保位,无复直言。林甫欲蔽主擅权,明谓诸谏官曰:"今明主在上,群臣将顺之不暇,乌用多言! 诸君不见立仗马乎②? 食三品料,一鸣辄斥去,悔之何及!"补阙杜璡(jīn)尝上书言事,黜为下邽(guī)令③。自是谏争路绝矣。

仙客既为林甫所引进,专给唯诺而已。林甫城府深密,人莫窥其际。好以甘言啗人而阴中伤之,不露辞色。凡为上所厚者,始则亲结之,及位势稍逼,辄以计去之。虽老奸巨猾,无能逃其术者。

纲 丁丑,二十五年(737),春正月,置玄学博士。

目 每岁依明经举。

纲 二月,立明经问义,进士试经法。

目 敕曰:"进士以声韵为学,多昧古今;明经以帖诵为功,罕穷旨趣。自

---

① 伏腊:伏祭和腊祭,伏祭在伏日,腊祭在农历十二月。
② 立仗马:仪仗马队。
③ 下邽:县名,今陕西渭南市临渭区东北。

今明经问大义十条,对时务策三首;进士试大经十帖。"

纲 夏四月,杀监察御史周子谅,贬张九龄为荆州长史。

目 子谅弹牛仙客非宰相才。上怒甚,命搒(bó)于殿庭,绝而复苏,仍杖之朝堂。流瀼州,至蓝田而死①。李林甫言:"子谅,九龄所荐也。"乃贬九龄荆州长史。

纲 废太子瑛、鄂王瑶、光王琚而杀之。

目 杨洄又谮太子、鄂王、光王潜构异谋,上召宰相谋之。李林甫对曰:"此陛下家事,非臣等所宜预。"上意乃决。使宦官宣制于宫中,废为庶人,寻赐死。

纲 秋七月,大理寺奏有鹊来巢。赐李林甫爵晋国公,牛仙客豳国公。

目 大理少卿徐峤奏:"今岁天下断死刑五十八,狱院由来杀气太盛,鸟雀不栖,今有鹊巢其树。"于是百官以刑措表贺。上归功宰辅,故有是命。

纲 冬十月,开府仪同三司、广平文贞公宋璟卒。

〔令州县里皆置学〕

纲 戊寅,二十六年(738),春正月,令天下州、县、里皆置学。

纲 夏六月,立忠王玙为太子,改名亨。

目 李林甫数劝上立寿王瑁。上以忠王玙年长,孝谨、好学,意欲立之,犹

————————

① 蓝田:县名,今陕西蓝田县。

豫不决。常忽忽不乐。高力士请其故,上曰:"汝揣我何意!"力士曰:"得非以郎君未定邪?"上曰:"然。"对曰:"但推长而立,谁复敢争!"上曰:"汝言是也!"由是遂立玙为太子,更名亨。

纲　己卯,二十七年(739),秋八月,追谥孔子为文宣王。

目　先是,祀先圣、先师,周公南向,孔子东向坐。制:"自今孔子南向坐,被王者之服,释奠用宫悬。"赠弟子为公、侯、伯。

纲　庚辰,二十八年(740),春正月,荆州长史张九龄卒。

目　上虽以九龄忤旨逐之,然爱重其人,每宰相荐士,辄问曰:"风度得如九龄不乎?"

纲　冬十一月,是岁户、口之数。

目　户,八百四十一万二千八百;口,四千八百一十四万三千六百。西京、东都米斛直钱不满二百,绢匹亦如之。海内富安,行者万里不持寸兵。

评开元之治:

开元时期,唐朝国力强盛,经济繁荣,人口大量增长,商业、交通发达,文化发展繁荣,对外交流频繁,对东亚文化圈影响深远。玄宗即位之初,财政、军事问题严重,土地兼并成风,逃户数量巨大,府兵资源枯竭。玄宗即位后,承袭太宗之风,克己纳谏,爱惜民生,勤政不辍。在中央,玄宗诛灭韦党,铲除太平公主,不许宗亲久居长安,终止宫廷政变惯性,稳定中央政局;整顿吏治,任用姚崇、宋璟等贤相。在地方,要求台省官员必须具备地方州县基层工作经历,加强监察,严格考核。同时,通过增设使职差遣、检田括户、行募兵制、发展团结兵等,积极进行制度改革、政策调整,并且全面完善了律令格式体系,创造出《格式律令事类》等新的法典形式,最终造就了开元之治。

〔立赈饥法〕

纲 辛巳,二十九年(741),春正月,立赈饥法。

目 制曰:"承前饥馑,皆待奏报,然后开仓。道路悠远,何救悬绝! 自今委州县及采访使给讫奏闻。"

纲 夏闰四月,得玄元皇帝像①。

目 上梦玄元皇帝云:"吾像在京城西南百余里。"遣使求,得之于盩厔(zhōu zhì)②。迎至兴庆宫。

纲 秋七月,洛水溢。

目 溺死者千余人。

纲 八月,以安禄山为营州都督。

目 禄山倾巧,善事人,人多誉之。上左右至平卢者,禄山皆厚赂之,由是上益以为贤。又赂采访使张利贞,利贞盛称之。上乃以为营州都督,充平卢军使。

纲 壬午,天宝元年(742),春正月,以安禄山为平卢节度使。

―――――――――――

① 玄元皇帝:老子。
② 盩厔:县名,今陕西周至县。

〔开元天宝十节度、一经略〕

目 是时,天下声教所被之州三百三十一,羁縻之州八百①,置十节度、经略使以备边,安西节度抚宁西域,治龟兹城;北庭节度防制突骑施②、坚昆③,治北庭都护府④;河西节度断隔吐蕃、突厥,治凉州;朔方节度捍御突厥,治灵州;河东节度与朔方掎角以御突厥,治太原府;范阳节度临制奚、契丹,治幽州;平卢节度镇抚室韦⑤、靺鞨⑥,治营州;陇右节度备御吐蕃,治鄯州;剑南节度西抗吐蕃,南抚蛮獠,治益州;岭南五府经略绥静夷、獠,治广州;此外又有长乐经略,福州领之;东莱守捉⑦,莱州领之;东牟守捉,登州领之:凡镇兵四十九万人,马八万余匹。开元之前,每岁供边兵衣、粮费不过二百万。天宝之后,益兵浸多,每岁用衣千二十万匹,粮百九十万斛,公私劳费,民始困矣。

纲 群臣请加尊号。

目 陈王府参军田同秀言:"玄元皇帝告以'藏灵符,在尹喜故宅'。"上遣使求得之。群臣上表,以"宝符潜应年号,请于尊号加'天宝'字",从之。

---

① 羁縻之州:泛指唐设于边境少数族群地区的府州,多以原有部族为府州基础,以其首领为都督、刺史。

② 突骑施:西突厥别部,主要活动于伊犁河流域。

③ 坚昆:主要活动于今俄罗斯叶尼塞河上游。

④ 北庭:治今新疆吉木萨尔县。

⑤ 室韦:契丹别部,居今黑龙江中上游两岸及嫩江流域。

⑥ 靺鞨:主要居于黑龙江、吉林地区的少数族群。

⑦ 守捉:唐制,节度使经略使军队戍守之地,较大者称"军",小者称"守捉"等。

纲 二月,改官名。

目 侍中、中书令为左、右相,丞相改为仆射。东、北都皆为京,州为郡,刺史为太守。

纲 以田同秀为朝散大夫。

目 时人皆疑宝符同秀所为也。

纲 三月,以韦坚为江、淮租庸转运使①。

目 坚,太子之妃兄也。督江、淮租运,岁增巨万,上以为能,故擢任之。王鉷(gǒng)亦以善治租赋为户部员外郎。

纲 以卢绚、严挺之为员外詹事②。

目 李林甫为相,凡才望功业出己右者,必百计去之。尤忌文学之士,或阳与之善,而阴陷之。世谓林甫"口有蜜,腹有剑"。上尝陈乐于勤政楼下,垂帘观之。兵部侍郎卢绚谓上已起,垂鞭按辔,横过楼下。绚风标清粹,上目送之。林甫知之,乃召绚子弟谓曰:"交、广藉才,上欲以尊君为之,若惮远行,则当左迁。姑以宾、詹分务东洛③,何如?"绚惧,请之,乃除华州刺史。未几,诬其有疾,除员外詹事。

上又尝问林甫:"严挺之可用,今安在?"挺之时为绛州刺史。林甫退,召挺之弟,谕以"上意甚厚,盍称疾求还,可以见上"。挺之从之。林甫以其奏白上云:"挺之老疾,宜且授以散秩,以便医药。"上叹咤久

———————————

① 租庸转运使:负责转运税物的使职。
② 詹事:即太子詹事,为太子官属之长,位高职闲。
③ 宾、詹:太子宾客、太子詹事,多为闲职。分务东洛:即分司洛阳,在东都担任与京师相同的职务。

之,亦以为员外詹事。

纲 秋七月,牛仙客卒,以李适之为左相。

〔安禄山入朝〕

纲 癸未,二年(743),春正月,安禄山入朝。

目 安禄山入朝,上宠待甚厚,谒见无时。禄山奏言:“去秋营州虫食苗,
臣焚香祝天云:‘臣若操心不正,事君不忠,愿使虫食臣心。若不负神
祇,愿使虫散。’即有群鸟从北来,食虫立尽。请宣付史馆。”从之。
李林甫领吏部尚书,日在政府,选事悉委侍郎宋遥、苗晋卿。时选人
集者以万计,遥、晋卿以御史中丞张倚得幸于上,擢其子奭为首。禄
山言于上,上召入面试之,奭手持试纸,终日不成一字,时人谓之“曳
白”①。于是三人皆坐贬。

纲 甲申,三载(744),春正月,改“年”曰“载”。

〔以安禄山兼范阳节度使〕

纲 二月,以安禄山兼范阳节度使。

目 河北黜陟使席建侯称禄山公直,李林甫、裴宽亦顺旨称誉其美。由是
禄山之宠益固。

纲 冬,初令百姓十八为中,二十三成丁。

纲 乙酉,四载(745),春正月,帝闻空中神语。

———————

① 曳白:交白卷。

目上谓宰臣曰："朕于宫中为坛,为百姓祈福,自草黄素置案上①,俄飞升天,闻空中语云:'圣寿延长。'又炼药成,置坛上,及夜欲收,又闻空中语云:'药未须收,此自守护。'"群臣表贺。

〔以杨太真为贵妃〕

纲秋七月,册寿王妃韦氏。八月,以杨太真为贵妃。

目初,武惠妃薨,后宫无当意者。或言寿王妃杨氏之美。上见而悦之,乃令妃自以其意乞为女官,号太真,更为寿王娶郎将韦昭训女。潜内太真宫中,不期(jī)岁②,宠幸如惠妃,宫中号曰"娘子",凡仪体皆如皇后。至是册为贵妃,赠其父玄琰兵部尚书,以从兄铦(xiān)为殿中少监,锜(qí)为驸马都尉,三姊皆赐第京师,宠贵赫然。杨钊者,贵妃之从祖兄也,不学无行。从军于蜀,至长安,见诸妹,引之见上,得出入禁中,授金吾兵曹参军。

纲九月,以韦坚为刑部尚书,杨慎矜为租庸转运使。

纲安禄山讨奚、契丹,破之。

纲冬,安禄山奏立李靖、李勣庙。

目禄山奏:"臣讨契丹,至北平郡③,梦先朝名将李靖、李勣从臣求食。"遂命立庙。又奏:"荐享之日,庙梁产芝。"

---

① 黄素:黄绢,多指诏书。
② 期岁:一年。
③ 北平郡:即平州,治今河北昌黎县西北。

纲 以王鉷为京畿采访使。

目 初,上在位久,用度日侈,又不欲数于左、右藏取之。鉷知上旨,岁贡额外钱帛百亿万,贮于内库,以供宴赐,曰:"此皆不出于租、庸、调。"上以鉷为能富国,益厚遇之。中外叹怨。至是,以为御史中丞、京畿采访使。

纲 丙戌,五载(746),春正月,贬韦坚为缙云太守①,皇甫惟明为播州太守②。

目 李适之性疏率,李林甫尝谓之曰:"华山有金矿,采之可以富国,上未之知也。"他日,适之言之。上以问林甫,对曰:"臣久知之,但华山陛下本命,王气所在,凿之非宜,故不敢言。"上以林甫为爱己,谓适之曰:"自今奏事,宜先与林甫议之。"适之由是束手,而与韦坚益亲,林甫愈恶之。

初,太子之立,非林甫意。林甫恐异日为己祸,欲动摇之。陇右节度使皇甫惟明尝为忠王友,时破吐蕃,入献捷,见林甫专权,劝上去之。林甫知之,使杨慎矜密伺其所为。会正月望夜,太子出游,与坚相见,坚又与惟明会于景龙观。慎矜遂告坚与惟明谋立太子。收下狱,林甫使慎矜等鞫之。上亦疑坚与惟明有谋,而不显其罪,皆贬之。太子表请与妃离昏③。

纲 以王忠嗣为河西、陇右、朔方、河东节度使。

---

① 缙云:郡名,即处州,治今浙江缙云县。
② 播州:治今贵州遵义市。
③ 妃:韦妃,韦坚妹。昏:同"婚"。

目忠嗣始在朔方、河东,每互市,高估马价,诸胡闻之,争以马求市,由是
　胡马少,唐兵益壮。忠嗣杖四节,控制万里,天下劲兵重镇皆在掌握,
　与吐蕃战于青海、积石①,皆大捷。又讨吐谷浑于墨离军②,虏其全部
　而归。

纲夏四月,李适之罢。

目韦坚等既贬,适之惧,自求散地③,罢政事。初,适之与林甫有隙。适
　之领兵部尚书,林甫使人发兵部铨曹奸利事,收吏六十余人,付京兆。
　京兆尹萧炅使法曹吉温鞫之。温置吏于外,先取二重囚讯之,号呼之
　声所不忍闻。吏闻之大惧,引入皆自诬服,顷刻狱成。
　始太子文学薛嶷(yǐ)荐温才,上召见,顾嶷曰:“是一不良人,朕不用
　也。”及林甫欲除不附己者,求治狱吏。炅荐温于林甫,林甫大喜。又
　有罗希奭者,为吏深刻,林甫引为殿中侍御史。二人皆随林甫所欲深
　浅,锻炼成狱,无能自脱者。时人谓之“罗钳吉网”。

纲秋七月,加岭南经略使张九章三品,以王翼为户部侍郎。

目杨贵妃方有宠,中外争献珍玩。九章、翼所献精美,九章加三品,翼为
　户部侍郎。民间歌之曰:“生男勿喜女勿悲,君今看女作门楣④。”妃
　欲得生荔枝,岁命岭南驰驿致之。尝以妒悍不逊,送归铦第。上遂不
　食,及夜,高力士奏请迎妃归院,遂开禁门而入。后复以忤旨遣归。
　吉温因宦官言于上曰:“陛下何爱宫中一席之地,使之就死而辱之于

①　积石:山名,在今青海甘德县。
②　墨离军:在今新疆吐鲁番一带。
③　散地:闲职。
④　门楣:指门第。

外舍邪!"上亦悔之,遣中使赐以御膳。妃对使者涕泣曰:"金玉珍玩,皆陛下所赐,惟发者父母所与。"乃剪发一缭而献之。上遽召还,宠待益深。

纲 冬,杀骁卫兵曹柳勣、赞善大夫杜有邻。

目 有邻女为太子良娣①,其长女为勣妻。勣喜结交豪俊,淄川太守裴敦复②、北海太守李邕皆与定交③。勣与妻族不协,欲陷之,为飞语告有邻妄称图谶,交构东宫,指斥乘舆。林甫令吉温鞫之,乃勣首谋。遂与有邻皆杖死,太子亦出良娣为庶人。

纲 丁亥,六载(747),春正月,杀北海太守李邕及皇甫惟明、韦坚等,王琚、李适之自杀。

目 江华司马王琚④,性豪侈,与李邕皆自谓耆旧,久在外,意怏怏,李林甫恶其负材使气,欲因事除之。因别遣罗希奭按邕与裴敦复,皆杖死。邕才艺出众,卢藏用常语之曰:"君如干将、莫邪,难与争锋,然终虞缺折耳。"邕不能用。

林甫又奏分遣御史赐皇甫惟明、韦坚等死。希奭所过,杀迁谪者,李适之仰药,琚自缢。

纲 以安禄山兼御史大夫。

目 禄山体肥,腹垂过膝。外若痴直,内实狡黠。其在上前,应对敏给,杂

---

① 良娣:太子高品级的妾,地位仅次于太子妃。
② 淄川:郡名,即淄州,治今山东淄川县。
③ 北海:郡名,即青州,治今山东青州市。
④ 江华:郡名,即道州,治今湖南道县。

以诙谐,上尝戏指其腹曰:"此胡腹中何所有①? 其大乃尔!" 对曰:"更无余物,止有赤心耳!"上悦。

又尝命见太子,禄山不拜,左右趣(cù)之拜②,禄山曰:"太子何官?"上曰:"此储君也,朕千秋万岁后,代朕君汝者也。"禄山曰:"臣愚,向者唯知有陛下一人,不知乃更有储君。"不得已,然后拜。上以为信然,益爱之。

禄山得出入禁中,因请为贵妃儿。上与贵妃共坐,禄山先拜贵妃。上问何故,对曰:"胡人先母而后父。"上悦。

纲 冬十月,将军董延光攻吐蕃石堡城③,不克。十一月,以哥舒翰充陇右节度使,贬王忠嗣为汉阳太守④。

目 王忠嗣以部将哥舒翰为大斗军副使⑤,李光弼为河西兵马使。翰本突骑施别部酋长,光弼,契丹王楷洛之子也,皆以勇略为忠嗣所重。每岁积石军麦熟,吐蕃辄来获之,无能御者。翰先伏兵于其侧,虏至,断其后,夹击之,无一人得返,自是不敢复来。

上欲使忠嗣攻吐蕃石堡城,忠嗣上言:"石堡险固,吐蕃举国守之,非杀数万人不能克。臣恐所得不如所亡,不如厉兵秣马,俟其有衅,然后取之。"上意不快。

将军董延光请行,上命忠嗣分兵助之。忠嗣不得已奉诏,而不尽如其

---

① 胡:指安禄山。

② 趣:催促。

③ 石堡城:在今青海省湟源县日月乡石城山。

④ 汉阳:郡名,即沔州,治今湖北武汉市汉阳城区。

⑤ 大斗军:驻今甘肃永昌县西南。

所欲。李光弼曰："大夫以多杀士卒之故,不欲成延光之功。今以数万众授之而不立重赏,士卒安肯为之尽力乎!然此天子之意也,彼无功,必归罪于大夫。大夫何爱数万段帛,不以杜其谗口乎!"忠嗣曰："今以数万之众争一城,得之未足以制敌,不得亦无害于国,故忠嗣不欲为之。忠嗣今受责,天子不过以一将军归宿卫,其次不过黔中上佐①。忠嗣岂以数万人之命易一官乎!"光弼曰："大夫能行古人之事,非光弼所及也。"延光过期不克,言忠嗣沮挠军计,上怒。敕征忠嗣入朝,委三司鞫之。

上闻哥舒翰名,召见,悦之,以为陇右节度使。翰之入朝也,或劝多赍金帛以救忠嗣。翰曰："若直道尚存,王公必不冤死。如其将丧,多赂何为!"三司奏忠嗣罪当死,翰力陈其冤,上感悟,贬忠嗣汉阳太守。

纲 十二月,以天下岁贡赐李林甫。

目 命百官阅岁贡物于尚书省,悉以车载赐林甫。上或时不视朝,百司悉集林甫第门,台省为空。林甫子岫为将作监,颇以盈满为惧,尝从林甫游后园,指役夫言曰："大人久处钧轴②,怨仇满天下,一朝祸至,欲为此得乎!"林甫不乐曰："势已如此,将若之何!"先是,宰相皆以德度自处,驺从不过数人。林甫自以多结怨,常虞刺客,出则步骑百余人,为左右翼。居则重关复壁,如防大敌,一夕屡徙牀,虽家人莫知其处。

---

① 黔中:郡名,即黔州。上佐:州的别驾、长史、司马称为"上佐"。
② 钧轴:制陶的转轮和轴,喻指国家政务重任。

〔高仙芝为安西四镇节度使〕

纲 以高仙芝为安西四镇节度使①。

目 仙芝,本高丽人,从军安西。骁勇善骑射,累官四镇节度副使。小勃
律王及其旁二十余国②,皆附吐蕃,贡献不入,讨之不克。制仙芝为
行营节度使,讨之。仙芝虏小勃律王及吐蕃公主而还,上以仙芝为安
西四镇节度使。仙芝署封常清判官,任以军事。

〔边将开始久任、兼统〕

自唐兴以来,边帅皆用忠厚名臣,不久任,不遥领,不兼统,功名著者
往往入为宰相。其四夷之将,虽才略如阿史那社尔、契苾何力,犹不
专大将之任,皆以大臣为使以制之。及开元中,天子有吞四夷之志,
为边将者十余年不易,始久任矣。皇子则庆、忠诸王③,宰相则萧嵩、
牛仙客,始遥领矣。盖嘉运、王忠嗣专制数道,始兼统矣。

〔李林甫建议诸道节度使用胡人担任〕

李林甫欲杜边帅入相之路,以胡人不知书,乃奏言:"文臣为将,怯当
矢石,不若用寒族胡人。胡人则勇决习战,寒族则孤立无党,陛下诚
以恩治其心,彼必能为朝廷尽死。"上悦其言,始用安禄山。至是,诸
道节度使尽用胡人,精兵咸戍北边,天下之势偏重,卒使禄山倾覆天

---

① 安西四镇:安西都护府统辖四镇,此时为龟兹、于阗、焉耆、疏勒。
② 小勃律:西域国名,在今西藏阿里北部一带。
③ 庆:庆王李琮,玄宗长子。忠:忠王李亨,即肃宗。二王子遥领节度,不赴任。

下,皆出于林甫专宠固位之谋也。

〔以高力士为骠骑大将军〕

纲戊子,七载(748),夏四月,以高力士为骠骑大将军①。

目力士承恩岁久,中外畏之,太子亦呼之为兄,诸王公呼之为翁,驸马辈直谓之爷。自李林甫、安禄山辈皆因之以取将相。然性和谨少过,不敢骄横,故天子终亲任之,士大夫亦不疾恶也。

初,上自东都还,李林甫、牛仙客知上厌巡幸,乃增近道粟赋及和籴(dí)以实关中②。数年,蓄积稍丰,上谓力士曰:"朕不出长安近十年,天下无事,朕欲悉以政事委林甫,何如?"对曰:"天子巡狩,古之制也。且天下大柄,不可假人,彼威势既成,谁敢复议之者。"上不悦。力士自是亦不敢深言天下事矣。

〔赐安禄山铁券〕

纲五月,赐安禄山铁券③。

纲以杨钊判度支事。

目钊善窥上意所爱恶而迎之,以聚敛骤迁,一岁中领十五使,恩幸日隆。

纲冬十一月,以贵妃姊为国夫人。

纲己丑,八载(749),春二月,帅群臣观左藏,赐杨钊金紫。

---

① 骠骑大将军:武散官最高阶。
② 籴:买进粮食。
③ 铁券:帝王赐给功臣优遇或免罪免死的凭证。

目 是时州县殷富，仓库积粟帛，动以万计。钊请令粜变为轻货①，输京师。屡奏帑藏充牣(rèn)②，古今罕俦，故上帅群臣观之，赐钊紫衣金鱼。上由是视金帛如粪壤，赏赐无限。

〔节度使军队强盛，中央禁军兵力少弱，军事布局外重内轻，成为隐患〕

纲 夏五月，停折冲府上下鱼书。

目 先是，折冲府皆有木契、铜鱼，朝廷征发，下敕书、契、鱼，都督、郡府参验皆合，然后遣之。自募置彍骑，府兵日坏，死亡不补，器械耗散略尽。府兵入宿卫者谓之侍官，言其为天子侍卫也。其后本卫多以假人，役使如奴隶。长安人羞之，至以相诟病。其戍边者，又多为边将苦使，利其死而没其财。由是应为府兵者皆逃匿，至是无兵可交。李林甫遂奏停折冲府上下鱼书，是后府兵徒有官吏而已。彍骑之法，天宝以后，稍亦变废，应募者皆市井负贩、无赖子弟，未尝习兵。时承平日久，议者多谓中国兵可销，于是民间挟兵器者有禁。子弟为武官，父兄摈(bìn)不齿③。猛将精兵，皆聚于西北边，中国无武备矣。

纲 庚寅，九载(750)，春二月，以姚思艺为检校进食使④。

目 时诸贵戚竞以进食相尚，上命宦官姚思艺为检校进食使，水陆珍羞数千盘，一盘费中人十家之产。

―――――

① 粜：卖出粮食。
② 帑藏：国库。充牣：丰足。
③ 摈：排斥。
④ 检校进食使：负责接收献食的官员。

纲夏五月,赐安禄山爵东平郡王。

目唐将帅封王自此始。

纲秋八月,以安禄山兼河北道采访处置使。

纲冬十月,安禄山入朝。

纲赐杨钊名国忠。

纲辛卯,十载(751),春正月,为安禄山起第于亲仁坊①。

目命有司为安禄山起第于亲仁坊,敕令但穷壮丽,不限财力。禄山置酒
新第,上命宰相赴之。日遣诸杨与之游宴。禄山生日,上及杨妃赐予
甚厚。后三日,召入禁中,贵妃以锦绣为大襁褓,裹之,使宫人以彩舆
舁(yú)之②。上闻,问故,左右以贵妃洗禄儿对。上赐贵妃洗儿金银
钱,复厚赐禄山,尽欢而罢。自是禄山出入宫掖,通宵不出,颇有丑声
闻于外,上亦不疑也。

纲以安禄山兼河东节度使。

目禄山领河东,奏户部郎中吉温为副使,知留后,以大理司直张通儒为
判官,委以军事。
林甫与禄山语,每揣知其情,先言之,禄山惊服。每见,虽盛冬,常汗
沾衣。林甫引与坐于中书厅,抚以温言,自解披袍以覆之。禄山忻
荷,言无不尽,谓林甫为"十郎"。既归范阳,刘骆谷每自长安来,必

① 亲仁坊:位于朱雀街东第二街之东,毗邻皇城,多为公卿、高门所居。
② 舁:抬、举。

问:"十郎何言?"得美言则喜。或但云"语安大夫,须好检校!"即反手据床曰:"噫嘻,我死矣!"

〔安禄山谋作乱〕

禄山既兼领三镇①,日益骄恣。自以曩时不拜太子,见上春秋高,颇内惧。又见武备堕弛,有轻中国之心。孔目官严庄、掌书记高尚因为之解图谶,劝之作乱。禄山以尚、庄、通儒及将军孙孝哲为腹心,史思明、安守忠、李归仁、蔡希德、牛廷玠、向润容、李庭望、崔乾祐、尹子奇、何千年、武令珣、能元皓、田承嗣、田乾贞、阿史那承庆为爪牙。

纲 秋八月,武库火。

纲 冬十一月,以杨国忠领剑南节度使。

纲 壬辰,十一载(752),春三月,改吏、兵、刑部为文、武、宪部。

纲 夏,户部侍郎京兆尹王鉷伏诛。

目 鉷权宠日盛,领二十余使。宅旁为使院,文案盈积,吏求署一字,累日不得前,虽李林甫亦畏避之。鉷弟户部郎中𫓶(hàn),凶险不法,召术士任海川,问:"我有王者之相否?"海川惧,亡匿。鉷恐事泄,捕得,托以他事杖杀之。事发,鉷赐自尽,𫓶杖死于朝堂。

纲 以安思顺为朔方节度使。

纲 冬十一月,李林甫卒。

———————

① 三镇:范阳、平卢、河东。

目上晚年自恃承平，以为天下无复可忧，遂深居禁中，专以声色自娱，悉
　委政事于林甫。林甫媚事左右，迎合上意，以固其宠；杜绝言路，掩蔽
　聪明，以成其奸；妒贤嫉能，排抑胜己，以保其位；屡起大狱，诛逐贵
　臣，以张其势。自皇太子以下，畏之侧足。凡在相位十九年，养成天
　下之乱，而上不之寤也。

〔杨国忠为相〕

纲以杨国忠为右相，兼文部尚书①。

目国忠为人强辩而轻躁，无威仪。既为相，裁决机务，果敢不疑。攘袂
　扼腕②，公卿以下，颐指气使，莫不震慑。凡领四十余使。台省官有
　时名，不为己用者皆出之。或劝陕郡进士张彖（tuàn）谒之，彖曰："君
　辈倚杨右相如泰山，吾以为冰山耳！若皎日既出，君辈得无失所恃
　乎！"遂隐居嵩山。

纲以吉温为御史中丞。

目杨国忠荐之也。温诣范阳辞安禄山，禄山令其子庆绪送至境。温至
　长安，凡朝廷动静辄报禄山，信宿而达。

纲癸巳，十二载（753），春正月，杨国忠注选人于都堂③。

目故事，兵、吏部尚书知政事者，选事悉委侍郎以下，三注三唱④，仍过门

---

① 文部尚书：即吏部尚书。
② 攘袂：捋上衣袖。
③ 都堂：即政事堂。
④ 三注三唱：铨选程序。在权衡应选者的拟授官位、任所后，予以注拟，征询对方意见，
　如是反复三次。

下省审,自春及夏,乃毕。至是,国忠欲自示精敏,乃遣令史先于私第密定名阙。召左相陈希烈及给事中、诸司长官皆集尚书都堂,唱注一日而毕,曰:"今左相、给事中俱在座,已过门下矣。"其间资格差谬甚众,无敢言者。于是门下不复过官,侍郎但掌试判而已。

纲 二月,追削李林甫官爵,剖其棺。

目 杨国忠说安禄山使阿布思部落降者诣阙,诬告李林甫与阿布思谋反。上信之,下吏按问。林甫婿谏议大夫杨齐宣惧为所累,证成之。时林甫尚未葬,制削官爵;子孙皆流岭南、黔中;剖棺,抉(jué)含珠①,褫(chǐ)金紫②,更以小棺如庶人礼葬之。

纲 秋八月,以哥舒翰兼河西节度使。

目 禄山以李林甫狡猾逾己,故畏服之。及杨国忠为相,视之蔑如也,由是有隙。国忠屡言禄山有反状,上不听。国忠欲厚结陇右节度使哥舒翰与共排安禄山,奏以翰兼河西节度。是时,中国盛强,自安远门西尽唐境③,凡万二千里,间阎(lú yán)相望④,桑麻翳(yì)野,天下称富庶者莫如陇右。翰每遣使入奏,常乘白橐(tuó)驼⑤,日驰五百里。

纲 冬十月,以中书舍人宋昱知选事。

---

① 抉:挖出。含珠:死者口中所含宝珠。
② 褫:褫夺。
③ 安远门:唐长安城西面北起第一门。
④ 间阎:民间。
⑤ 橐驼:骆驼。

目 前进士刘迺(nǎi)遗昱书曰:"禹、稷、皋陶同居舜朝,犹曰载采有九德①,考绩亦九载。近代主司,察言于一幅之判,观行于一揖之间,何古今迟速不侔之甚哉! 借使周公、孔子今处铨廷,考其辞华,则不及徐、庾②,观其利口,则不若啬夫,何暇论圣贤之事业乎!"

纲 甲午,十三载(754),春正月,安禄山入朝。

目 是时杨国忠言禄山必反,且曰:"陛下试召之,必不来。"上使召之,禄山即至。见上泣曰:"臣本胡人,陛下宠擢至此,为国忠所疾,臣死无日矣!"上怜之,赏赐巨万,由是国忠之言不能入矣。太子亦言禄山必反,上不听。

纲 加安禄山左仆射。

目 上欲加安禄山同平章事,已令太常张垍(jì)草制③。杨国忠曰:"禄山虽有军功,目不知书,岂可为宰相! 制书若下,恐四夷轻唐。"上乃以禄山为仆射。唐初诏敕,皆中书、门下官有文者为之。乾封以后,始召文士草诸文辞,常于北门候进止,时人谓之"北门学士"。上即位,始置翰林院,密迩(ěr)禁庭④,延文章之士,下至僧、道、书、画、琴、棋、数术之工,皆处之,谓之待诏。刑部尚书张均及弟垍,皆翰林院供奉。

纲 二月,以杨国忠为司空。

---

① 九德:贤人具有的九种品德。
② 徐、庾:南朝梁徐陵、庾信。二人词文绮艳。
③ 草制:草拟诏书。
④ 密迩:地理位置接近。

[安禄山还范阳,已有反心,做叛乱准备]

纲 三月,安禄山归范阳。

目 禄山辞归范阳。上解御衣以赐之,禄山惊喜。恐杨国忠奏留之,疾驱
出关。乘船而下,昼夜兼行,日数百里。

初,上令高力士饯禄山,还,上问:"禄山慰意乎?"对曰:"观其意怏
怏,必知欲命为相而中止也。"上以告国忠。国忠曰:"此议他人不知,
必张垍兄弟告之也。"上怒,贬均、垍官。

纲 夏六月朔,日食,不尽如钩。

纲 剑南留后李宓(mì)击南诏①,败没。

目 宓击南诏,全军皆没。杨国忠隐其败,更以捷闻,益发中国兵讨之,前
后死者几二十万人,无敢言者。

上尝谓高力士曰:"朕今老矣,朝事付之宰相,边事付之诸将,夫复何
忧!"力士对曰:"臣闻云南数丧师,又边将拥兵太盛,陛下将何以制
之!臣恐一旦祸发,不可复救,何谓无忧也!"上曰:"卿勿言,朕徐
思之。"

纲 秋八月,陈希烈罢,以韦见素同平章事。

蒲宣伊 评注

黄正建 审定

———————

① 南诏:云南一带的政权,都今云南大理。

纲鉴易知录卷五〇

卷首语：本卷起唐玄宗天宝十四载（755），止唐肃宗至德元载（756），所记为玄宗、肃宗共二年史事。安禄山以讨伐杨国忠之名起兵，安史之乱爆发。唐廷反应不及，安禄山军队势如破竹，很快突破潼关，直逼长安。玄宗避难入蜀，途中发生马嵬兵变。太子李亨北上灵武，登基称帝，是为唐肃宗。

唐　纪

玄宗明皇帝

〔安禄山以蕃将代汉将,实力强劲,叛乱在即〕

纲 乙未,十四载(天宝十四载,755),春二月,安禄山请以蕃将代汉将,从之。

目 禄山使副将何千年入奏,请以蕃将三十二人代汉将。韦见素谓杨国忠曰:"禄山久有异志,今又有此请,其反明矣。"明日,入见,上迎谓曰:"卿等疑禄山邪?"见素因极言禄山反已有迹,所请不可许,上不悦,竟从禄山之请。

他日,国忠、见素言于上曰:"臣有策可坐消禄山之谋。若除禄山平章事,召诣阙,以贾循、吕知诲、杨光翙(huì)分领范阳、平卢、河东节度,则势自分矣。"上从之。已草制而不发,更遣中使辅璆琳以珍果赐禄山,潜察其变。璆琳受禄山厚赂,还,盛言禄山无二心。上谓国忠等曰:"朕推心待之,必无异志。朕自保之,卿等勿忧也!"事遂寝。

纲 哥舒翰入朝。

纲 秋七月,安禄山表请献马,遣中使谕止之。

纲 冬十月,帝如华清宫①。

————————

① 华清宫:在今陕西西安市临潼区城南。

〔安史之乱开始〕

纲　十一月,安禄山反,遣封常清如东京募兵以御之。

目　禄山专制三道①,阴蓄异志,殆将十年,以上待之厚,欲俟上晏驾然后
作乱。会杨国忠屡言禄山且反,数以事激之,欲其速反以取信于上。
禄山由是决意遽反。会有奏事官自京师还,禄山诈为敕书,示诸将
曰:"有密旨,令禄山将兵入朝讨杨国忠。"众愕然相顾,莫敢异言。于
是发所部兵及奚、契丹凡十五万,反于范阳。命贾循守范阳,吕知诲
守平卢,高秀岩守大同②。大阅誓众,引兵而南。时承平久,百姓不识
兵革,河北州县望风瓦解。

　　上闻禄山已反,乃召宰相谋之。杨国忠扬扬有得色,曰:"今反者独禄
山耳,将士皆不欲也。不过旬日,必传首诣行在。"上以为然。安西节度
使封常清入朝,上问以讨贼方略,常清大言:"请诣东京,开府库,募骁
勇,挑马棰度河,计日取禄山之首献阙下!"上悦,以为范阳、平卢节度
使。乘驿诣东京募兵,旬日,得六万人。乃断河阳桥③,为守御之备。

〔郭子仪是平定安史之乱的重要武将〕

纲　帝还京师,安庆宗伏诛④,以郭子仪为朔方节度使。

纲　十二月,以高仙芝为副元帅,统诸军屯陕。

---

① 三道:指范阳、平卢、河东三镇。
② 大同:大同军,治今山西大同市。
③ 河阳桥:河阳黄河浮桥,在今河南孟州市南。
④ 安庆宗:安禄山子。

目以荣王琬为元帅,高仙芝副之,统诸军东征。仙芝以五万人发京师,
　遣宦者边令诚监其军,屯于陕。

纲禄山陷荥阳,杀其太守崔无诐。

〔安禄山陷洛阳〕

纲封常清与贼战于武牢①,败绩,禄山遂陷东京。留守李憕(chéng)、御
　史中丞卢奕死之。

纲高仙芝退保潼关,河南多陷。

纲制太子监国。

目上议亲征,制太子监国。谓宰相曰:"逆贼横发,朕当亲征,且使太子
　监国。事平之日,朕将高枕无为矣。"杨国忠大惧,退谓三夫人曰:"太
　子素恶吾家,若一旦得天下,吾与姊妹并命在旦暮矣!"使说贵妃,衔
　土请命于上,事遂寝。

纲平原太守颜真卿起兵讨贼②。

目初,真卿知禄山且反,因霖雨,完城浚壕,料丁壮,实仓廪。禄山以其
　书生,易之。及反,檄真卿将兵防河津,真卿遣平原司兵李平间道奏
　之。上始闻河北郡县皆从贼,叹曰:"二十四郡,曾无一人义士邪!"及
　平至,大喜曰:"朕不识颜真卿作何状,乃能如是!"真卿使亲客密怀购
　贼檄诣诸郡,由是诸郡多应者。召募勇士,旬日至万余人,谕以举兵

————————

① 武牢:即虎牢关,在今河南荥阳市。
② 平原:郡名,即德州,治今山东德州市。

讨禄山,继以涕泣,士皆感愤。

饶阳太守卢全诚据城不受代①。禄山使张献诚将兵万人围饶阳。

纲　杀高仙芝、封常清,以哥舒翰为副元帅。

目　边令诚数以事干仙芝,仙芝不从。令诚入奏事,遂言:"常清以贼摇众,而仙芝弃陕地数百里,又盗减粮赐。"上大怒,遣令诚赍敕即军中斩仙芝及常清。上以哥舒翰有威名,且素与禄山不协,召见,拜兵马副元帅,将兵八万以讨禄山。

纲　禄山遣兵寇振武②,郭子仪使兵马使李光弼、仆固怀恩击破之。进围云中③,拔马邑④。

纲　常山太守颜杲卿起兵讨贼⑤,河北诸郡皆应之。

目　禄山之至藁(gǎo)城也⑥,常山太守颜杲卿力不能拒,与长史袁履谦往迎之。禄山辄赐杲卿金紫⑦,质其子弟,使仍守常山。又使其将李钦凑将数千人守井陉(xíng)口⑧,以备西军。杲卿归途中,指其衣谓履谦曰:"何为着此?"履谦悟其意,乃阴与杲卿谋起兵讨禄山。至是,将起兵,会从弟真卿自平原遣甥卢逖潜告杲卿,欲连兵断禄山归路,以缓其西入之谋。杲卿以禄山命召李钦凑,使帅众受犒。醉而斩之,悉散

① 饶阳:郡名,即深州,治今河北献县。
② 振武军:治单于都护府,今内蒙古和林格尔县西北土城子。
③ 云中:郡名,治今山西大同市。
④ 马邑:郡名,即朔州,治今山西朔州市。
⑤ 常山:郡名,即恒州,治今河北正定县。
⑥ 藁城:县名,今河北石家庄市藁城区。
⑦ 金紫:金鱼袋和紫衣,三品以上官员服饰。
⑧ 井陉口:要隘名,又名土门关,在今河北井陉县井陉山上。

井陉之众。贼将高邈、何千年适至,皆擒之。杲卿用千年策,张献诚解围遁去。杲卿乃使人入饶阳城,慰劳将士。于是河北诸郡响应,凡十七郡皆归朝廷,兵合二十余万。其附禄山者,惟范阳①、卢龙②、密云③、渔阳④、汲⑤、邺六郡而已⑥。

杲卿又密使人入渔阳招贾循,郏(jiá)城人马燧说循曰⑦:"禄山负恩悖逆,终归夷灭。公若以范阳归国,倾其根柢(dǐ),此不世之功也。"循然之,犹豫不时发。别将牛润容知之,以告禄山,禄山召循,杀之。马燧亡入西山⑧,隐者徐遇匿之,得免。

禄山欲攻潼关,至新安⑨,闻河北有变而还。

[安禄山于洛阳建燕称帝]

纲 丙申,十五载(756),春正月,安禄山僭号。

目 禄山自称大燕皇帝,改元圣武,以达奚珣为侍中,张通儒为中书令,高尚、严庄为中书侍郎。

纲 以李随为河南节度使⑩,许远为睢(suī)阳太守⑪。

————————

① 范阳:郡名,治今北京市。
② 卢龙:郡名,治今河北卢龙县。
③ 密云:郡名,治今北京市密云区。
④ 渔阳:郡名,治今北京市密云区西南。
⑤ 汲:郡名,治今河南卫辉市。
⑥ 邺:郡名,治今河南安阳市。
⑦ 郏城:今河南郏县。
⑧ 西山:在今北京市境。
⑨ 新安:县名,今河南新安县。
⑩ 河南:藩镇名,治陈留郡,今河南开封市。
⑪ 睢阳:郡名,治今河南商丘市。

〔颜杲卿起兵讨贼，事虽无成，大义凛千载〕

纲 贼将史思明陷常山，颜杲卿死之。复陷九郡，进围饶阳。

目 杲卿起兵才八日，守备未完，史思明、蔡希德引兵皆至城下。杲卿告急于太原尹王承业，承业拥兵不救。杲卿昼夜拒战，粮尽矢竭，城遂陷。贼执杲卿及袁履谦等送洛阳。杲卿至洛阳，禄山数之曰："我奏汝为判官，不数年超至太守，何负于汝而反？"杲卿骂曰："汝本营州牧羊羯奴，天子擢汝为三道节度使，恩幸无比，何负于汝而反？我世为唐臣，禄位皆唐有，虽为汝所奏，岂从汝反邪！我为国讨贼，恨不斩汝，何谓反也？臊羯狗，何不速杀我！"禄山大怒，并履谦缚而剐之。二人比死，骂不绝口。颜氏死者三十余人。

思明既克常山，引兵击诸郡之不从者，于是邺、广平①、巨鹿②、赵③、上谷④、博陵⑤、文安⑥、魏⑦、信都等郡复为贼守⑧。卢全诚独不从，思明等围之。

纲 以李光弼为河东节度使。

目 上命郭子仪罢围云中，还朔方，益发兵进取东京。选良将分兵先出井

---

① 广平：郡名，即洺州，治今河北邯郸市永年区。
② 巨鹿：郡名，即邢州，治今河北邢台市。
③ 赵：郡名，即赵州，治今河北赵县。
④ 上谷：郡名，即易州，治今河北易县。
⑤ 博陵：郡名，即定州，治今河北定州市。
⑥ 文安：郡名，即莫州，治今河北任丘市。
⑦ 魏：郡名，即魏州。
⑧ 信都：郡名，即冀州。

陉,以定河北。郭子仪荐光弼以为河东节度使,分朔方兵万人与之。

纲 二月,李光弼入常山,执贼将安思义。遂与史思明战,大破之。

纲 真源令张巡起兵雍丘讨贼①。

目 先是,谯郡太守杨万石以郡降安禄山②,逼真源令张巡为长史,使西迎贼。巡至真源,帅吏民哭于玄元皇帝庙,起兵讨贼,乐从者数千人。巡选精兵千人西至雍丘,与贾贲(bēn)合。初,雍丘令令狐潮以县降贼,引精兵攻雍丘。贲出战,败死。巡力战却贼,因兼领贲众。潮复与贼将李怀仙等四万余众奄至城下。巡使千人乘城,自帅千人,分数队,开门突出。巡身先士卒,直冲贼陈,人马辟易③,贼遂退。明日,复进,蚁附攻城,巡束蒿灌脂,焚而投之,贼不得上。积六十余日,大小三百余战,带甲而食,裹疮复战,贼遂败走,军声大振。

纲 以李光弼为河北节度使。

纲 加颜真卿河北采访使。真卿击魏郡,拔之。

目 先是,清河客李萼④,年二十余,为郡人乞师于真卿曰:“公首唱大义,河北诸郡恃公以为长城。今清河,公之西邻,国家平日聚江、淮、河南钱帛于彼以赡北军。昔讨默啜,兵甲皆贮其库。窃计财足以三平原之富,兵足以倍平原之强。公诚资以士卒,抚而有之,以二郡为腹心,则余郡如四支,无不随所使矣。”真卿曰:“吾兵新集未练,何暇及邻!

---

① 真源:县名,今河南鹿邑县。雍丘:县名,今河南杞县。
② 谯郡:即亳州,治今安徽亳州市。
③ 辟易:受惊后退开。
④ 清河:郡名,即贝州,治今河北清河县。

然子之请兵,欲何为乎?"萼曰:"清河非力不足,而借公之师也,亦以观大贤之名义耳。今仰瞻高意,未有决辞定色,仆何敢遽言所为乎!"真卿奇之,欲与之兵。众以为萼年少轻虑,必无所成,真卿不得已辞之。

萼就馆,复为书说真卿曰:"清河去逆效顺,奉粟帛器械以资军,公乃不纳而疑之。仆回辕之后,清河不能孤立,必有所系托,将为公西面之强敌,公能无悔乎?"真卿大惊,遽诣其馆,以兵六千借之。送至境,执手别。因问之曰:"兵已行矣,可以言子之所为乎?"萼曰:"闻朝廷遣程千里将兵十万出崞(guō)口①,贼据险拒之,不得前。今当引兵先击魏郡,执其守将。分兵开崞口,以出千里之师,因讨汲、邺以北,至于幽陵②。然后帅诸同盟,合兵十万,南临孟津,分兵循河,据守要害,制其北走之路。计官军东讨者不下二十万,河南义兵西向者亦不减十万。公但当表朝廷坚壁勿战,不过月余,贼必有内溃相图之变矣。"真卿曰:"善!"命参军李择交等将其兵,会清河、博平兵五千人军于堂邑③。禄山所署魏郡太守袁知泰逆战,大败,遂克魏郡,军声大振。

纲 以贺兰进明为河北招讨使。

目 时北海太守贺兰进明亦起兵,真卿以书召之并力,进明将步骑五千渡河,真卿陈兵逆之,相揖,哭于马上,哀动行伍。进明屯平原城南,真卿每事咨之,由是军权稍移于进明,真卿不以为嫌,复以堂邑之功让之。敕加进明河北招讨使。

────────────

① 崞口:崞山之口,在今河南安阳市西。
② 幽陵:幽州。
③ 博平:郡名,即博州,治今山东聊城市东北。堂邑:县名,在今山东聊城市西北。

纲 夏四月,郭子仪、李光弼与史思明战于九门①,败之,进拔赵郡。

纲 五月,郭子仪、李光弼与史思明战于嘉山,大破之,复河北十余郡。

目 郭子仪、李光弼还常山,史思明收散卒数万蹑其后。子仪选骁骑更战,三日,贼疲,乃退。禄山复使蔡希德将步骑二万人北就思明,又使牛廷玠发范阳等郡兵,合五万余人。子仪至恒阳②,深沟高垒以待之。贼来则守,去则追之,昼则耀兵,夜斫其营,贼不得休息。数日,子仪、光弼议曰:"贼倦矣,可以出战。"战于嘉山③,大破之,斩首四万级,捕虏千余人。思明奔博陵,光弼就围之,军声大振。于是河北十余郡皆杀贼守将而降。渔阳路再绝,贼往来者,多为官军所获,贼众家在渔阳者,无不摇心。禄山大惧,召高尚、严庄诟之曰:"汝教我反,以为万全。今守潼关,数月不能进,北路已绝,诸军四合,万全何在?"尚、庄惧,数日不敢见。田乾真说禄山曰:"自古帝王经营大业,皆有胜败,岂能一举而成! 尚、庄皆佐命元勋,一旦绝之,诸将谁不内惧!"禄山即置酒酣宴,待之如初。遂议弃洛阳走归范阳,计未决。

〔哥舒翰灵宝之败,叛军直逼长安〕

纲 六月,哥舒翰与贼战于灵宝,大败,贼遂入关。

目 是时,天下以杨国忠召乱,莫不切齿。王思礼密说哥舒翰使抗表请诛国忠,翰曰:"如此,乃翰反,非禄山也。"或说国忠:"朝廷重兵尽在翰

---

① 九门:县名,在今河北石家庄市藁城区西北。
② 恒阳:县名,在今河北定州市西北。
③ 嘉山:在今河北定州市城西。

手,翰若援旗西指,于公岂不危哉!"国忠大惧,募万人屯灞上①,令所亲杜乾运将之,名为御贼,实备翰也。翰闻之,亦恐为国忠所图,乃表请灞上军隶潼关,召乾运斩之,国忠益惧。

会有告贼将崔乾祐在陕,兵不满四千,皆羸弱无备,上遣使趣翰进兵复陕、洛。翰奏曰:"禄山久习用兵,岂肯无备!是必羸师以诱我,若往,正堕其计中。且贼远来,利在速战。官军据险,利在坚守。况贼势日蹙,将有内变。因而乘之,可不战擒也。要在成功,何必务速!今诸道征兵尚多未集,请且待之。"国忠疑翰谋己,言于上,以贼方无备而翰逗留,将失机会。上以为然,续遣中使趣之,项背相望。翰不得已,抚膺恸哭,引兵出关,遇贼于灵宝西原②。乾祐先据险,南薄山③,北阻河,隘道七十里。翰使王思礼等将精兵五万居前,庞忠等将余兵十万继之,翰以兵三万登河北阜望之,鸣鼓以助其势。乾祐所出兵不过万人,兵既交,贼偃旗如欲遁者,官军懈,不为备。贼乘高下木石,击杀士卒甚众。道隘,乾祐遣精骑自后击之,官军大败。后军自溃,河北军望之亦溃。独翰与麾下百余骑走入关。乾祐进攻潼关,克之。蕃将火拔归仁等执翰,降贼,俱送洛阳。禄山问翰曰:"汝常轻我,今定何如?"翰伏地对曰:"臣肉眼不识圣人。"禄山以翰为司空。谓归仁不忠,斩之。于是河东④、华阴⑤、冯翊(píng yì)⑥、上洛防御使皆弃郡走⑦。

---

① 灞上:在今陕西西安市东。
② 灵宝:县名,今河南灵宝市。
③ 薄:迫近。
④ 河东:郡名,治今山西永济市。
⑤ 华阴:郡名,即华州,治今陕西渭南市华州区。
⑥ 冯翊:郡名,即同州,治今陕西大荔县。
⑦ 上洛:郡名,即商州,治今陕西商洛市商州区。

〔玄宗奔蜀〕

纲帝出奔蜀。

目哥舒翰麾下来告急，上始惧，召宰相谋之。杨国忠首唱幸蜀之策，上然之，以崔光远为西京留守。既夕，命龙武大将军陈玄礼整比六军。黎明，上独与贵妃姊妹、皇子、妃、主、皇孙及亲近宦官、宫人出延秋门①，妃、主、皇孙之在外者皆委之而去。

上至咸阳望贤宫，日向中，上犹未食，民献粝(h)饭②，杂以麦豆。皇孙辈争以手掬食之，须臾而尽。

有父老郭从谨进言曰："禄山包藏祸心，固非一日。有告其谋者，陛下往往诛之，使得逞其奸逆，致陛下播越。是以先王务延访忠良以广聪明，盖为此也。臣犹记宋璟为相，数进直言，天下赖以安。自顷以来，在廷之臣以言为讳，阙门之外陛下皆不得知。草野之臣，必知有今日久矣，但九重严邃，区区之心无路上达。事不至此，臣何由得睹陛下之面而诉之乎！"上曰："朕之不明，悔无所及！"慰谕而遣之。命军士散诣村落求食。夜将半，乃至金城县③。

〔马嵬驿之变〕

纲次于马嵬(wéi)④，杨国忠及贵妃杨氏伏诛。

————————

① 延秋门：长安禁苑西门。
② 粝饭：糙米饭。
③ 金城县：今陕西兴平市。
④ 马嵬：驿名，在今陕西兴平市西。

目 明日,至马嵬驿,将士饥疲,皆愤怒。陈玄礼以祸由杨国忠,欲诛之,因李辅国以告太子,未决。会吐蕃使者二十余人遮国忠马,诉以无食,军士呼曰:"国忠与胡虏谋反!"追杀之,以枪揭其首于驿门外,并杀韩国、秦国夫人。上闻喧哗,出门慰劳,令收队,军士不应。上使高力士问之,玄礼对曰:"国忠谋反,贵妃不宜供奉,愿陛下割恩正法。"上曰:"朕当自处之。"入门,倚杖倾头而立。久之,京兆司录韦谔前言曰①:"今众怒难犯,安危在晷刻②,愿陛下速决!"因叩头流血。上曰:"贵妃常居深宫,安知国忠反谋?"高力士曰:"贵妃诚无罪,然将士已杀国忠,而贵妃在陛下左右,岂敢自安! 愿陛下审思之,将士安则陛下安矣。"上乃命力士引贵妃于佛堂缢杀之。舆尸真驿庭,召玄礼等入观之。玄礼等乃免胄释甲,顿首谢罪,军士皆呼万岁,于是始整部伍为行计。国忠妻子及虢国夫人走陈仓③,县令薛景仙诛之。

纲 发马嵬,留太子东讨贼。

目 明日,将发马嵬,朝臣惟韦见素一人,乃以韦谔为御史中丞,充置顿使。将士皆曰:"国忠将吏皆在蜀,不可往。"谔曰:"不如且至扶风④,徐图去就。"众以为然,上乃从之。父老遮道请留,上命太子宣慰之。父老曰:"至尊既不肯留,某等愿帅子弟从殿下东破贼,取长安。若殿下与至尊皆入蜀,使中原百姓谁为之主?"须臾聚至数千人。太子不

---

① 韦谔:韦见素之子。

② 晷刻:片刻。

③ 陈仓:县名,在今陕西宝鸡市东。

④ 扶风:即岐州,治今陕西宝鸡市凤翔区南。

可,涕泣,跋马欲西①。建宁王倓(tán)与李辅国执鞚谏曰:"逆胡犯阙,四海分崩,不因人情,何以兴复! 殿下不如收西北边之兵,召郭、李举河北,与之并力东讨逆贼,克复二京,削平四海,使社稷危而复安,宗庙毁而更存,扫除宫禁以迎至尊,岂非孝之大者。何必区区温清为儿女之恋乎!"广平王俶(chù)亦劝太子留②。父老共拥太子马,不得行。太子乃使俶驰白上。上曰:"天也!"命分后军二千人及飞龙厩马从太子,谕之曰:"太子仁孝,可奉宗庙,汝曹善辅佐之。"又使谕太子曰:"汝勉之,勿以吾为念。西北诸胡,吾抚之素厚,汝必得其用。"且宣旨欲传位太子,太子不受。

纲　帝至扶风。

目　上至扶风,士卒流言不逊,陈玄礼不能制。会成都贡春綵十余万匹至,上命陈之于庭,召将士谕之曰:"朕昏耄(mào)③,托任失人,致逆胡乱常,须远避其锋。卿等仓猝从朕,不得别父母妻子,茇涉至此④,劳苦至矣,朕甚愧之。蜀路阻长,郡县褊(biǎn)小⑤,人马众多,或不能供,今听卿等各还家,朕独与子孙、中官前行入蜀,亦足自达。今日与卿等诀别,可共分此綵以备资粮。若归,见父母及长安父老,为朕致意,各好自爱也!"因泣下沾襟。众皆哭曰:"臣等死生从陛下,不敢有贰!"上良久曰:"去留听卿。"自是流言始息。

---

① 跋马:勒马回转。

② 广平王俶:肃宗长子,即代宗李豫。

③ 昏耄:衰老年迈。

④ 茇:同"跋"。

⑤ 褊小:狭小。

纲太子至平凉①。

纲帝至河池②，以崔圆同平章事。

纲陈仓令薛景仙杀贼将，克扶风而守之。

纲贼将孙孝哲陷长安。

目禄山不意上遽西幸，止崔乾祐兵留潼关，凡十日，遣孙孝哲将兵入长安，杀妃、主、皇孙数十人，王、侯、将、相扈从车驾家留长安者，诛及婴孩。陈希烈以晚节失恩，怨上，与张均、张垍等皆降于贼。禄山以希烈、垍为相，自余朝士皆授以官。于是贼势大炽。既陷长安，贼将日夜纵酒，专以声色宝贿为事，无复西出之意，故上得安行入蜀，太子北行亦无追迫之患。

纲郭子仪、李光弼引兵入井陉。刘正臣袭范阳，不克。

目郭子仪、李光弼闻潼关不守，引兵入井陉，留王俌（fǔ）守常山。刘正臣将袭范阳，未至，史思明击败之。

纲帝至普安③，以房琯（guǎn）同平章事。

目上之发长安也，群臣多不知，至咸阳，谓高力士曰："朝臣谁当来，谁不来？"对曰："张均、张垍受恩最深，且连戚里，是必先来。时论皆谓房琯宜为相，陛下不用，又禄山尝荐之，恐或不来。"上曰："事未可知。"

---

① 平凉：郡名，即原州，治今宁夏固原市原州区。
② 河池：即凤州，治今陕西凤县东北。
③ 普安：县名，今四川剑阁县。

及瑄至,上问均兄弟,对曰:"臣帅与偕来,逗留不进。观其意,似有所蓄而不能言也。"上顾力士曰:"朕固知之矣。"即日以瑄为相。陈希烈罢相,上许以垍代之,垍拜谢。既而不用,故垍怀怏怏。

〔太子于灵武即位,是为肃宗〕

纲 秋七月,太子即位于灵武,尊帝为上皇天帝,以裴冕同平章事。

目 初,太子至平凉,朔方留后杜鸿渐①、水陆运使魏少游、判官崔漪、卢简、李涵相与谋曰:"平凉散地,非屯兵之所,灵武兵食完富,若迎太子至此,北收诸城兵,西发河陇劲骑②,南向以定中原,此万世一时也。"乃使涵奉笺于太子。会河西司马裴冕至平凉,亦劝太子之朔方。鸿渐自迎太子于平凉北境,说以兴复之计。少游盛治宫室,帏帐皆仿禁中,饮膳备水陆。太子至,悉命撤之。至是,冕、鸿渐等上太子笺,请遵马嵬之命,不许。笺五上,太子乃许之。是日,即位于灵武,尊帝为上皇天帝,大赦,改元。以杜鸿渐、崔漪并知中书舍人事,裴冕为中书侍郎、同平章事。

时文武官不满三十人,披草莱,立朝廷,制度草创,武人骄慢。大将管崇嗣在朝堂,背阙而坐,言笑自若,监察御史李勉奏弹之,系于有司。上特原之,叹曰:"吾有李勉,朝廷始尊。"

纲 上皇制:"以太子充天下兵马元帅,诸王分总天下节制。"

---

① 留后:节度使不在位时临时代理其职。
② 河陇:河西和陇右。

纲 上皇至巴西①。以崔涣同平章事,韦见素为左相。

[李泌随肃宗至灵武,得重用为相]

纲 李泌至灵武。

目 初,京兆李泌,幼以才敏著闻。玄宗欲官之,不可,使与太子为布衣
交。杨国忠恶之,奏徙蕲(qí)春②,后隐居颍阳③。上自马嵬遣使召
之,谒见于灵武。上大喜,出则联辔,寝则对榻,如为太子时,事无大
小皆咨之,言无不从。上欲以泌为右相,泌固辞曰:"陛下待以宾友,
则贵于宰相矣,何必屈其志!"上乃止。

纲 上皇至成都。

[张巡、许远守睢阳]

纲 令狐潮围雍丘,张巡击走之。

目 令狐潮攻雍丘。潮与张巡有旧,于城下相劳苦如平生。潮因说巡曰:
"天下事去矣,足下坚守危城,欲谁为乎?"巡曰:"足下平生以忠义自
许,今日之举,忠义何在!"潮惭而退。围守四十余日,朝廷声问不通。
潮闻上皇已幸蜀,复以书招巡。大将六人,白巡以兵势不敌,且上存
亡不可知,不如降贼。巡阳许诺。明日,堂上设天子画像,帅将士朝
之,人人皆泣。引六将于前,责以大义,斩之。士心益劝。

---

① 巴西:郡名,即绵州,治今四川绵阳市东涪江东岸。
② 蕲春:郡名,治今湖北蕲春县。
③ 颍阳:县名,今河南登封市西南。

城中矢尽，巡缚藁为人千余，被以黑衣，夜缒（zhuì）城下①，潮兵争射之，得矢数十万。其后复夜缒人，贼笑，不设备，乃以死士五百斫潮营。潮军大乱，焚垒而遁，追奔十余里。潮益兵围之。巡使郎将雷万春于城上与潮相闻，语未绝，贼弩射之，面中六矢而不动。潮疑其木人，使谍问之，乃大惊，遥谓巡曰："向见雷将军，方知足下军令矣，然其如天道何！"巡谓之曰："君未识人伦，焉知天道！"未几，出战，擒贼将十四人，斩首百余级。贼乃夜遁。自是，数击破贼军。分别其众，凡胡兵悉斩之，胁从者皆令归业。旬日间，民去贼来归者万余户。

纲 以颜真卿为工部尚书。

目 初，真卿闻李光弼下井陉，即敛军还平原。及闻郭、李西入，始复区处河北军事，以蜡丸达表于灵武。以真卿为工部尚书，兼御史大夫，领使如故，并致赦书，亦以蜡丸达之。真卿颁下诸郡，又遣人颁于河南、江、淮。由是诸道始知上即位于灵武，徇国之心益坚矣。

纲 八月，以郭子仪为灵武长史，李光弼为北都留守，并同平章事。

目 子仪等将兵五万，自河北至灵武，灵武军威始盛，人有兴复之望矣。光弼以景城、河间兵五千赴太原②。其后上谓李泌曰："今子仪、光弼已为宰相，若克两京，平四海，则无官以赏之，奈何？"对曰："古者有功，则锡以茅土③，传之子孙。太宗欲复古制，大臣议论不同而止，由是赏功以官。夫以官赏功有二害，非才则废事，权重则难制。向使禄

---

① 缒：绳索，此处指系在绳子上放下去。
② 景城：县名，在今河北沧州市西。河间：县名，今河北河间市。
③ 锡：通"赐"。茅土：封地。

山有百里之国,亦惜之以遗子孙而不反矣。为今计,莫若疏爵土以赏功臣①,则虽大国不过二三百里,可比今之小郡,岂难制哉!"上曰:"善。"

纲 回纥、吐蕃遣使请助讨贼。

纲 上皇以第五琦为江、淮租庸使。

目 贺兰进明遣参军第五琦入蜀奏事,琦言:"今方用兵,财赋为急。财赋所产,江、淮居多。乞假臣一职,可使军无乏用。"上皇以为租庸使。

〔玄宗遣使奉册宝赴灵武传位〕

纲 上皇遣使奉册宝如灵武。

目 灵武使者至蜀,上皇喜曰:"吾儿应天顺人,吾复何忧!"制:"自今改制敕为诰,表疏称太上皇。军国事皆先取皇帝进止,仍奏朕知。俟克复上京,朕不复预事。"命韦见素、房琯、崔涣奉传国宝及玉册诣灵武传位。

纲 禄山取长安乐工、犀、象诣洛阳。

目 初,上皇每酺宴,先设太常雅乐,继以鼓吹、胡乐、散乐、杂戏。又出宫人舞《霓裳羽衣》。又教舞马百匹,衔杯上寿。又引犀象入场,或拜,或舞。安禄山见而悦之,至是,命搜捕送洛阳。宴其群臣于凝碧池,盛奏众乐。梨园弟子往往歔欷泣下,贼皆露刃睨(nì)之②。乐工雷海

① 疏:分封。
② 睨:斜着眼睛看。

清不胜悲愤,掷乐器于地,西向恸哭。禄山怒,支解之。

〔安禄山大索长安〕

禄山闻向日百姓乘乱多盗库物,既得长安,命大索三日,并其私财尽掠之。民间骚然,益思唐室。民间相传太子北收兵来取长安,日夜望之,或时相惊曰:"太子大军至矣!"则皆走,市里为空。贼望见北方尘起,辄惊欲走。京畿豪杰,往往杀贼官吏,遥应官军。诛而复起,相继不绝,贼不能制。至是,四门之外率为敌垒,贼兵力所及者,南不出武关①,北不过云阳②,西不过武功③。江、淮奏请贡献之蜀、之灵武者,皆自襄阳取上津路抵扶风④,道路无壅,皆薛景仙之功也。

〔广平王李俶为元帅〕

纲 九月,以广平王俶为天下兵马元帅,李泌为侍谋军国元帅长史。

目 建宁王倓,英果有才略,上欲以为元帅。李泌曰:"建宁诚元帅才。然广平,兄也。若建宁功成,岂可使广平为吴太伯乎!"上曰:"广平,冢嗣也,何必以元帅为重!"泌曰:"广平未正位东宫。今天下艰难,众心所属,在于元帅,若建宁大功既成,陛下虽欲不以为储副,同立功者岂可已乎! 太宗、上皇,即其事也。"乃以广平王俶为元帅,诸将皆属。倓闻之,谢泌曰:"此固倓之心也!"

---

① 武关:在今陕西洛阳市商州区东。
② 云阳:县名,今陕西三原县西南。
③ 武功:县名,今陕西武功县西北。
④ 上津:县名,今湖北十堰市郧阳区西北。

上与泌出行军,军士指之,窃言曰:"衣黄者,圣人也。衣白者,山人也。"上闻之,以告泌,曰:"艰难之际,不敢相屈以官,且衣紫袍以绝群疑。"泌不得已,受之。上笑曰:"既服此,岂可无名称!"出怀中敕,以泌为侍谋军国元帅府行军长史。泌固辞,上曰:"朕非敢相臣,以济艰难耳。俟贼平,任行高志。"泌乃受。

纲 同罗叛①,遣郭子仪发兵讨破之。

纲 遣使征兵回纥。

纲 帝如彭原②。

目 李泌劝上"且幸彭原,俟西北兵将至,进幸扶风以应之。于时庸调亦集,可以赡军。"上从之。

至彭原,廨(xiè)舍隘狭③,上与张良娣博打子④,声闻于外。李泌言诸军奏报停壅,上乃潜令刻干树鸡为子⑤,不欲有声。良娣以是怨泌。

纲 宝册至自成都。

目 韦见素等至自成都,奉上宝册,上不肯受,曰:"比以中原未靖⑥,权总百官,岂敢乘危,遽为传袭!"群臣固请,上不许,置于别殿,朝夕事之,如定省之礼。

上以见素本附杨国忠,意薄之。素闻房琯名,虚心待之。琯见上言时

---

① 同罗:敕勒部之一,在薛延陀北。
② 彭原:县名,今甘肃庆城县南。
③ 廨舍:官署。
④ 博打子:一种游戏,子为材质不限的小物件。
⑤ 树鸡:大木耳。
⑥ 靖:安定。

事,辞情慷慨,上为改容,由是军国事多谋于瑄。瑄亦以天下为己任,知无不为,诸将拱手避之。

上皇赐张良娣七宝鞍,李泌曰:“今四海分崩,当以俭约示人,良娣不宜乘此。请撤其珠玉付库吏,以赏战功。”上遽从之。建宁王倓泣于廊下,上惊,问之,对曰:“臣比忧祸乱未已,今陛下从谏如流,不日当见陛下迎上皇还长安,是以喜极而悲耳。”

上又谓泌曰:“良娣,上皇所念。朕欲使正位中宫,何如?”对曰:“陛下在灵武,以群臣望尺寸之功,故践大位,非私己也。至于家事,宜待上皇之命,不过晚岁月之间耳。”良娣由是恶泌及倓。

上尝从容与泌语及李林甫,欲敕诸将克长安日,发其冢,焚骨扬灰。泌曰:“陛下方定天下,奈何仇死者! 彼枯骨何知,徒示圣德之不弘耳。且方今从贼者,皆陛下之仇也,若闻此举,恐阻其自新之心。”上不悦,曰:“此贼昔日百方危朕,奈何矜之!”对曰:“臣岂不知此! 顾以上皇春秋高,闻陛下此敕,必以为用韦妃之故。万一感愤成疾,是陛下以天下之大,不能安君亲也。”言未毕,上流涕被面曰:“朕不及此。”

纲 制谏官言事勿白宰相。

纲 冬十月朔,日食既。

纲 加第五琦山南等道度支使。

目 琦作榷盐法①,用以饶。

————————————

① 榷盐:政府对盐的专卖与课税。

纲 以房琯为招讨节度等使,与贼战于陈涛斜①,败绩。

目 房琯喜宾客,好谈论,多引拔知名之士,而轻鄙庸俗,人多怨之。北海
太守贺兰进明诣行在,上命琯以为御史大夫,琯以为摄御史大夫。进
明入谢,上怪之,进明因言与琯有隙,且曰:"晋用王衍为三公,祖尚浮
虚,致中原板荡。今房琯专为迂阔大言以立虚名,所引用皆浮华之
党,真王衍之比也!陛下用为宰相,恐非社稷之福。"上由是疏之。

琯请自将兵复两京,上许之。琯请以李揖为司马,刘秩为参谋,悉以
戎务委之。曰:"贼曳落河虽多②,安能当我刘秩!"二人皆书生,不闲
军旅③。遇贼将安守忠于咸阳之陈涛斜。琯效古法,用车战,以牛车
二千乘,马步夹之。贼顺风鼓噪,牛皆震骇。纵火焚之,人畜大乱,死
伤四万余人。上大怒。李泌为之营救,上乃宥之,待琯如初。

纲 史思明攻陷河北诸郡,饶阳裨将张兴死之。

目 史思明陷河间、景城,又使其将攻平原,颜真卿力不敌,弃郡走。思明
攻清河、博平,皆陷之。进围信都,乌承恩以城降。

饶阳裨将张兴,力举千钧,性复明辨。贼攻饶阳,弥年不能下。及诸
郡皆陷,思明并力围之,外救俱绝,城陷。擒兴,谓曰:"将军真壮士,
能与我共富贵乎?"兴曰:"兴,唐之忠臣,固无降理。今数刻之人耳,
愿一言而死。"思明曰:"试言之。"兴曰:"主上待禄山,恩如父子,群
臣莫及,不知报德,乃兴兵指阙,涂炭生人。大丈夫不能剪除凶逆,乃

① 陈涛斜:在今陕西咸阳市东。
② 曳落河:胡语,壮士。
③ 不闲:不娴熟。

北面为之臣乎！且足下所以从贼，求富贵耳，譬如燕巢于幕，岂能久安！何如乘间取贼，转祸为福，长享富贵，不亦美乎！"思明怒，锯杀之，骂不绝口，以至于死。思明还博陵。

纲 回纥遣葛逻支将兵入援。十一月，与郭子仪合击同罗，破之。

纲 十二月，安禄山遣兵陷颍川①，执太守薛愿、长史庞坚，杀之。

目 上问李泌："今敌强如此，何时事定？"对曰："以臣料之，不过二年，天下无寇矣。"上曰："何故？"对曰："贼之骁将不过史思明、安守忠、田乾真、张忠志、阿史那承庆等数人而已。今若令李光弼自太原出井陉，郭子仪自冯翊入河东，则思明、忠志不敢离范阳、常山，守忠、乾真不敢离长安，是以两军絷(zhí)其四将也②，从禄山者独承庆耳。愿敕子仪勿取华阴，使两京之道常通，陛下军于扶风，与子仪、光弼互出击之，彼救首则击其尾，救尾则击其首，使贼往来数千里，疲于奔命，我常以逸待劳，贼至则避其锋，去则乘其弊，不攻城，不遏路。来春复命建宁为范阳节度大使，并塞北出，与光弼南北犄角以取范阳，覆其巢穴。贼退则无所归，留则不获安，然后大军四合而攻之，必成擒矣。"上悦。

张良娣与李辅国相表里，皆恶泌。建宁王倓谓泌曰："先生举倓于上，得展臣子之效，无以报德，请为先生除害。"泌曰："何也？"倓以良娣为言。泌曰："此非人子所言，愿王置之。"倓不从。

---

① 颍川：许州，治今河南许昌市。
② 絷：束缚、牵制。

纲 张巡移军宁陵①,与贼将杨朝宗战,大破之。

纲 于阗王胜将兵入援。

目 胜闻乱,使弟曜摄国事,自将兵五千入援。上嘉之,以为殿中监。

蒲宣伊　评注

黄正建　审定

---

① 宁陵:县名,在今河南宁陵县南。

纲鉴易知录卷五一

卷首语：本卷起唐肃宗至德二载（757），止唐代宗宝应元年（762），所记为肃宗、代宗朝六年史事。安禄山被杀，叛军内部不稳。唐廷乘机收复两京，但在邺城之战中战败。击败唐军的史思明取代安庆绪成为新的叛军首领，后又被其子所杀。内政方面，宦官势强，权力愈重，鱼朝恩、李辅国擅权。后发生宫廷政变，肃宗病逝，张皇后被杀，唐代宗即位。

唐　纪

肃宗皇帝

纲 丁酉，二载（至德二载，757），春正月，上皇以李麟同平章事，命崔圆赴
彭原。

〔安庆绪杀安禄山〕

纲 安庆绪杀禄山。

目 禄山自起兵以来，目渐昏，至是不复睹物。又病疽（jū）①，性益躁暴，
左右使令，小不如意，动加箠挞，或时杀之。严庄虽贵用事，亦不免箠
挞，阉竖李猪儿被挞尤多，左右人不自保。既而嬖妾生子庆恩，欲以
代庆绪。庆绪惧，庄谓之曰：“事有不得已者，时不可失。”庆绪从之。
又谓猪儿曰：“汝不行大事，死无日矣！”猪儿亦许诺。庄与庆绪夜持
兵立帐外，猪儿执刀直入帐中，斫禄山腹，遂死。庄宣言禄山疾亟，立
庆绪为太子，袭伪号，然后发丧。

〔李辅国、张良娣相互勾结，构陷李倓，致其被肃宗下诏赐死〕

纲 杀建宁王倓。

----

① 疽：毒疮。

目李辅国本飞龙小儿①,粗闲书计,上委信之。辅国外恭谨而内狡险,见张良娣有宠,阴附之。建宁王倓数于上前诋讦二人罪恶②,二人潜之曰:"倓恨不得为元帅,谋害广平王。"上怒,赐倓死。于是广平王俶内惧,谋去辅国及良娣。李泌曰:"王不见建宁之祸乎? 但尽人子之孝。良娣妇人,委曲顺之,亦何能为!"

纲帝如保定③。

纲贼将尹子奇寇睢阳。张巡入睢阳,与许远拒却之。

目安庆绪以子奇为河南节度使。子奇以兵十三万趣睢阳,许远告急于张巡,巡自宁陵引兵入睢阳。巡有兵三千人,与远兵合,合六千八百人。贼悉众逼城,巡督励将士,昼夜苦战,一日或二十合。凡十六日,擒贼将六十余人,杀士卒二万余,众气自倍。远谓巡曰:"远懦不习兵,公智勇兼济。远请为公守,公请为远战。"自是之后,远但调军粮,修战具,居中应接而已,战斗筹画,一出于巡,贼遂夜遁。

纲郭子仪平河东,贼将崔乾祐败走。

纲二月,帝至凤翔。

目上至凤翔旬日,陇右、河西、安西、西域兵皆会,江、淮庸调亦至。长安人闻车驾至,从贼中自拔而来者,日夜不绝。李泌请如前策,遣安西、

---

① 飞龙:飞龙厩,主要负责驯养良马。
② 诋讦:诋毁攻击。
③ 保定:县名,今甘肃泾川县。

西域之众并塞东北,取范阳。上曰:"朕切于晨昏之恋①,不能待此决矣。"

纲 庆绪使史思明守范阳。

目 庆绪以史思明为范阳节度使。先是,安禄山得两京珍货,悉输范阳。思明拥强兵,据富资,益骄横,浸不用庆绪之命。庆绪不能制。

纲 三月,韦见素、裴冕罢,征苗晋卿为左相。

纲 上皇遣中使祭始兴文献公张九龄。

目 上皇思张九龄之先见②,为之流涕,遣中使至曲江祭之,厚恤其家。

纲 尹子奇复寇睢阳,张巡击走之。

目 尹子奇复引兵攻睢阳。张巡谓将士曰:"吾受国恩,所守,正死耳。但念诸君捐躯力战而赏不酬勋,以此痛心耳。"将士皆激励请奋。巡乃椎牛飨士,尽军出战。贼望见兵少,笑之。巡执旗,帅诸将直冲贼阵,贼乃大溃。明日,贼又合军至城下,巡出战,昼夜数十合,屡摧其锋,而贼攻围益急,巡于城中夜鸣鼓严队,若将出击者。贼闻之,达旦儆备。既明,巡乃寝兵绝鼓。贼以飞楼瞰城中,无所见,遂解甲休息。巡与南霁云、雷万春等十余将各将五十骑开门突出,直冲贼营,斩贼将五十余人,杀士卒五千余人。巡欲射子奇而不识,剡(yǎn)蒿为矢③,中者喜,谓巡矢尽,走白子奇,乃得其状。使霁云射之,中其左

① 晨昏:朝夕奉侍。此处指肃宗急欲收复两京,迎回玄宗。
② 先见:指张九龄曾向玄宗谏言安禄山有反相。
③ 剡:削。

目,几获之,子奇乃走。

纲 夏四月,以郭子仪为司空、天下兵马副元帅,与贼战于清渠①,败绩。

目 初,关内节度使王思礼军武功,贼安守忠等攻之。兵马使郭英乂战不利,思礼退军扶风,贼游兵至大和关,去凤翔五十里,凤翔大骇。上以子仪为司空、副元帅。子仪将兵赴凤翔,贼李归仁以铁骑五千邀之。子仪使其将仆固怀恩等伏兵击之,杀伤略尽。安守忠伪遁,子仪悉师逐之。贼以骁骑九千为长蛇阵,官军击之,首尾为两翼,夹击,官军大溃。子仪退保武功。

是时,府库无蓄积,朝廷专以官爵赏功,诸将出征,皆给空名告身②。听临事注名,有至开府、特进、异姓王者。诸军但以职任相统摄,不复计官爵高下。及是,复以官爵收散卒,由是官爵轻而货重,大将军告身一通,才易一醉。凡应募入军者,一切衣金紫,名器之滥,至是而极焉。

纲 房琯罢,以张镐同平章事。

目 琯性高简,时国家多难,而琯不以职事为意,日与刘秩、李揖高谈释、老,或听门客董庭兰鼓琴,庭兰因是大招权利。御史劾之,罢为太子少师。以镐同平章事。上常使僧数百人为道场于内,镐谏曰:"帝王当修德以弭乱,未闻饭僧可致太平也!"上然之。

纲 贬郭子仪为左仆射。

---

① 清渠:在今陕西咸阳市东。
② 空名告身:未填姓名的授官凭证。

目子仪诣阙请自贬,以为左仆射。

纲秋七月,尹子奇复寇睢阳。

目子奇复征兵数万,攻睢阳。城中食尽,将士人廪米日一合①,杂以茶纸、树皮为食。士卒消耗至千六百人,皆饥病不堪斗,遂为贼所围。时许叔冀在谯郡,尚衡在彭城②,贺兰进明在临淮,皆拥兵不救。城中日蹙,巡乃令南霁云犯围而出,告急于临淮。进明爱霁云勇壮,具食延之,霁云泣曰:"睢阳之人不食月余矣!霁云虽欲独食,且不下咽。大夫坐拥强兵,曾无分灾救患之意,岂忠臣义士之所为乎!"因啮落一指,以示进明曰:"霁云既不能达主将之意,请留一指以示信归报。"座中皆为泣下。霁云去至宁陵,与城使廉坦同将步骑三千人,且战且行,至城下,大战,坏贼营,死伤之外,仅得千人入城。城中将吏知无救,皆恸哭。贼围益急。

初,房琯为相,恶进明,以为河南节度使,而以许叔冀为之都知兵马使,俱兼御史大夫,叔冀遂不受其节制。故进明不敢分兵,非惟疾巡、远功名,亦惧为叔冀所袭也。

〔唐收复西京〕

纲九月,广平王俶、郭子仪收复西京。

目上劳飨诸将,遣攻长安,谓郭子仪曰:"事之济否,在此行也!"对曰:"此行不捷,臣必死之。"回纥怀仁可汗遣其子叶护等将精兵四千余人

---

① 廪米:官府发放的粮食。
② 彭城:郡名,治今江苏徐州市。

来至凤翔,广平王俶将朔方等军及回纥、西域之众十五万,发凤翔。俶见叶护,约为兄弟,叶护大喜,谓俶为兄。至长安城西,陈于香积寺北沣水之东。李嗣业为前军,郭子仪为中军,王思礼为后军。贼将十万陈于其北,李归仁出挑战,官军逐之,逼于其陈。贼军齐进,官军却。李嗣业帅前军各执长刀,如墙而进,身先士卒,所向摧靡。贼伏精骑于陈东,欲袭官军之后,侦者知之,仆固怀恩引回纥就击,尽杀之。李嗣业又与回纥出贼陈后,与大军夹击,自午至酉,斩首六万级,贼遂大溃。安守忠、李归仁与张通儒、田乾真等皆遁。大军入西京。初,上欲速得京师,与回纥约曰:"克城之日,土地、士庶归唐,金帛、子女归回纥。"至是,叶护欲如约。广平王俶拜于叶护马前曰:"今始得西京,若遽俘掠,则东京之人皆为贼固守,不可复取矣,愿至东京乃如约。"叶护惊跃下马答拜,曰:"当为殿下径取东京。"即与仆固怀恩引回纥、西域之兵自城南过,营于浐水之东。军、民、胡虏见俶拜者皆泣曰:"广平王真华、夷之主!"上闻之喜曰:"朕不及也!"俶整众入城,百姓老幼夹道欢呼悲泣。俶留长安,镇抚三日,引大军东出。

纲 遣使请上皇还京师。

目 捷书至凤翔,上即日遣中使啖庭瑶奏上皇。召李泌曰:"朕已表请上皇东归,朕当还东宫,复修人子之职。"泌曰:"上皇不来矣。"上惊,问故。泌曰:"理势自然。"上曰:"为之奈何?"泌曰:"今请更为群臣贺表,言自马嵬请留,灵武劝进,及今成功,圣上思恋晨昏,请速还京师就孝养之意,则可矣。"上即使泌草表。立命中使奉以入蜀,因就泌饮酒,同榻而寝。泌曰:"臣今报德足矣,复为闲人,何乐如之!"上曰:"朕与先生久同忧虑,今方同乐,奈何遽去!"泌曰:"臣有五不可留,

愿陛下听臣去,免臣于死。"上曰:"何谓也?"对曰:"臣遇陛下太早,
陛下任臣太重,宠臣太深,臣功太高,亦太奇。此其所以不可留也。"
上曰:"且眠矣,异日议之。"对曰:"陛下不听臣去,是杀臣也。"上曰:
"不意卿疑朕如此,岂朕而办杀卿邪!"对曰:"陛下不办杀臣,故臣求
归;若其既办,臣安得复言!且杀臣者,非陛下也,乃'五不可'也。陛
下向日待臣如此,臣于事犹有不敢言者,况天下既安,臣敢言乎!"上
良久曰:"卿以朕不从卿北伐之谋乎!"对曰:"非也,乃建宁耳。"曰:
"建宁为小人所教,欲害其兄,图继嗣,朕以社稷大计,不得已而除之,
卿不知邪?"对曰:"若有此心,广平当怨之。广平每与臣言其冤,辄流
涕呜咽。且陛下昔欲用建宁为元帅,臣请用广平。建宁若有此心,当
深憾臣,而以臣为忠,益相亲善,陛下以此可察其心矣。"上乃泣下曰:
"先生言是也。然既往不咎,朕不欲闻之。"泌曰:"臣非咎既往,乃欲
陛下慎将来耳。昔天后有四子①,长曰太子弘,天后方图称制,恶其
聪明,酖杀之,立次子贤。贤内忧惧,作《黄台瓜辞》,冀以感悟天后。
天后不听,贤亦废死。其辞曰:'种瓜黄台下,瓜熟子离离。一摘使瓜
好,再摘使瓜稀,三摘犹为可,四摘抱蔓归!'今陛下已一摘矣,慎无再
摘!"上愕然曰:"安有是哉!朕当书绅②。"对曰:"陛下但识之于心,
何必形于外也!"是时广平王有大功,良娣忌而谮之,故泌言及之。泌
复固请归山,上曰:"俟将发此议之。"其后成都使还,言上皇初得上
表,彷徨不能食,欲不归。及群臣表至,乃大喜,命食作乐,下诰定行
日。上召李泌告之曰:"皆卿力也。"

———

① 天后:武则天。
② 书绅:写在束腰大带上,喻指牢记他人话语。

〔张巡、许远困守睢阳,殊死阻止叛军侵占江淮,力竭被俘,以身许国〕

纲 冬十月,尹子奇陷睢阳,张巡、许远死之。

目 尹子奇久围睢阳,城中食尽,议弃城东走。张巡、许远谋曰:"睢阳,江、淮之保障,若弃之去,贼必乘胜长驱,是无江、淮也。且我众饥羸,走必不达。古者战国诸侯,尚相救恤,况密迩群帅乎!不如坚守以待之。"茶纸既尽,遂食马;马尽,罗雀掘鼠;雀鼠又尽,巡出爱妾,杀以食士。城中知必死,莫有叛者,所余才四百人。贼登城,将士病,不能战。巡西向再拜曰:"臣力竭矣,生既无以报陛下,死当为厉鬼以杀贼!"城遂陷,巡、远俱被执。子奇问曰:"闻君每战眦裂齿碎,何也?"巡曰:"吾志吞逆贼,但力不能耳。"子奇以刀抉视之,所余才三四。并南霁云、雷万春等三十六人皆被杀。巡且死,颜色不乱。生致许远于洛阳。

巡初守睢阳时,卒仅万人,城中居人亦且数万,巡一见问姓名,其后无不识者。前后大小战凡四百余,杀贼卒十二万人。巡行兵不依古法,教战陈①,令本将各以其意教之。人或问其故,巡曰:"今与胡虏战,云合鸟散,变态不恒,数步之间,势有同异。临期应猝,在于呼吸之间,而动询大将,事不相及,非知兵之变者也。故吾使兵识将意,将识士情,投之而往,如手之使指。兵将相习,人自为战,不亦可乎!"器械、甲仗皆取之于敌,未尝自修。推诚待人,无所疑虑;临危应变,出奇无穷;号令明,赏罚信,与众共甘苦寒暑,故下争致死力。

①　陈:通"阵"。

张镐闻睢阳围急,倍道亟进,且檄谯郡太守闾丘晓救之,晓不受命。镐至睢阳,城已陷三日矣。镐召晓,杖杀之。

〔唐收复东京〕

纲 广平王俶、郭子仪等收复东京。

目 张通儒等收余众走保陕①,安庆绪悉发洛阳兵,使严庄将之,就通儒以拒官军。子仪等与贼遇于新店②,贼依山而陈,子仪等初与之战,不利。回纥自南山袭其背,于黄埃中发十余矢。贼惊顾曰:"回纥至矣!"遂溃。官军与回纥夹击之,贼大败走。仆固怀恩等分道追之。庆绪帅其党走河北,杀所获唐将哥舒翰、程千里等三十余人而去。许远死于偃师。

广平王俶入东京。回纥纵兵大掠,意犹未厌,俶患之。父老请率罗锦万匹以赂回纥,回纥乃止。

纲 李泌归衡山。

目 泌求归山不已,上固留之,不能得,乃听归衡山。敕郡县为筑室于山中,给三品料。

纲 帝发凤翔,遣韦见素奉迎上皇。

纲 严庄来降,以为司农卿。

纲 陈留人杀尹子奇,举城降。

---

① 陕:即陕州。
② 新店:在今河南三门峡市陕州区西。

纲 帝入西京。上皇发蜀郡。

纲 安庆绪走保邺郡。

纲 以甄济为秘书郎,苏源明知制诰。

目 初,汲郡甄济有操行,隐居青岩山,安禄山为采访使,奏掌书记。济察禄山有异志,诈得风疾,舁归家。禄山反,使蔡希德引行刑者二人,封刀召之,济引首待刃。希德以实病白禄山,乃免。后庆绪亦使强舁至洛阳,会官军平东京,济起,诣军门上谒。俶遣诣京师,上命馆之于三司,令受贼官爵者列拜以愧其心,以济为秘书郎。

国子司业苏源明亦称病不受禄山官,上擢为考功郎中、知制诰。

〔玄宗还西京〕

纲 十二月,上皇还西京。

目 上皇至凤翔,命悉以兵甲输郡库。上发精骑三千奉迎。

上皇至咸阳,上备法驾迎于望贤宫。上皇发行宫,上乘马前引,不敢当驰道。上皇入御含元殿①,慰抚百官。乃诣长乐殿谢九庙主,恸哭久之。即日出居兴庆宫②。上累表请避位还东宫,上皇不许。

纲 立广平王俶为楚王。加郭子仪司徒,李光弼司空,功臣进阶赐爵有差。

纲 追赐死节之士。

目 李憕、卢奕、颜杲卿、袁履谦、许远、张巡、张介然、蒋清、庞坚等皆加追

① 含元殿:长安大明宫正殿。
② 兴庆宫:玄宗为藩王时府邸所改。

赠官,其子孙、战亡之家,给复三载。

议者或罪张巡以守睢阳不去,与其食人,曷(hé)若全人。其友人李翰为之作传,表上之,曰:"巡以寡击众,以弱制强,保江、淮以待陛下之师,其功大矣。且巡所以固守者,以待诸军之救也。救不至而食尽,既尽而及人,岂其素志哉!设使守城之初已有食人之计,损数百人以全天下,臣犹曰功过相掩,况非其素志乎!"众议由是始息。

纲复郡名、官名。

纲以良娣张氏为淑妃。

纲史思明、高秀岩各以所部来降。

目安庆绪忌思明之强,遣阿史那承庆、安守忠往征兵,因密图之。承庆、守忠以五千劲骑自随,至范阳,思明引入内厅乐饮,别遣人收其甲兵。囚承庆等,遣其将窦子昂奉表以所部十三郡及兵八万来降,河东节度使高秀岩亦以所部来降①。上大喜,以思明为归义王、范阳节度使,遣内侍李思敬与乌承恩往宣慰,使将所部兵讨庆绪。承恩所至,宣布诏旨,沧②、瀛、安③、深、德、棣(dì)等州皆降④,虽相州未下,河北率为唐有矣。

纲制陷贼官以六等定罪。

目诸陷贼官以六等定罪,重者刑之于市,次赐自尽,次杖一百,次三等

---

① 河东:藩镇名,治晋阳郡,今山西太原市。
② 沧:州名,治今河北沧州市东南。
③ 安:唐河北道无安州,疑为文安郡,即莫州。
④ 棣:州名,治今山东惠民县。

流、贬。斩达奚珣等十八人,陈希烈等七人赐自尽。上欲免张均、张
垍死,上皇不可,上叩头流涕曰:"臣非张说父子,无有今日。若不能
活均、垍死,何面目见说于九泉。"上皇曰:"垍,为汝长流岭南。均为
贼毁吾家事,决不可活。"上泣而从命。

纲 戊戌,乾元元年(758),春正月,上皇加帝尊号,帝复上上皇尊号。

纲 二月,以李辅国兼太仆卿。

目 辅国依附张淑妃,势倾朝野。

纲 贼将能元皓举所部来降。

纲 大赦,改元。

目 尽免百姓今载租、庸,复以载为年。

纲 三月,徙楚王俶为成王。立淑妃张氏为皇后。

〔设观察使〕

纲 夏五月,停采访使,改黜陟使为观察使。

纲 张镐罢。

目 镐闻史思明请降,上言:"思明凶险,因乱窃位,人面兽心,难以德怀,
愿勿假以威权。"又言:"滑州防御使许叔冀,狡猾多诈,临难必变,请
征入宿卫。"上以镐为不切事机,罢为荆州防御使。

纲 立成王俶为皇太子,更名豫。

目 张后生兴王佋(shào),才数岁,欲以为嗣,上疑未决,从容谓知制诰李

揆(kuí)曰："成王长,且有功,朕欲立为太子,卿意如何?"揆再拜贺曰:"此社稷之福,臣不胜大庆。"上意始决。

纲 崔圆、李麟罢,以王玙同平章事。

纲 赠颜杲卿太子太保,谥曰忠节。

纲 六月,立太一坛。

〔史思明复叛〕

纲 史思明反,杀范阳副使乌承恩。

目 李光弼以史思明终当叛乱,而乌承恩为思明所亲信,阴使图之。又劝上以承恩为范阳节度副使,赐阿史那承庆铁券,令共图思明。上从之。承恩多以私财募部曲,又数衣妇人服诣诸将说诱之,思明闻而疑之。会承恩入京师,上使内侍李思敬与俱宣慰范阳。谋泄,思明执承恩,索其装囊,得铁券及光弼牒,思明遂杀承恩,因思敬表言之。上遣中使慰谕思明曰:"此非朝廷与光弼之意,皆承恩所为,杀之甚善。"思明表求诛光弼。

纲 秋七月,初铸大钱。

目 铸当十大钱,文曰"乾元重宝"。

纲 郭子仪、李光弼入朝。八月,以子仪为中书令,光弼为侍中。

〔九节度使攻邺,而以宦官为观军容使〕

纲 命郭子仪等九节度讨安庆绪,以宦官鱼朝恩为观军容使。

目 安庆绪之初至邺也,犹据七郡,兵粮丰备,专以缮台沼、酣饮为事。上命朔方郭子仪及淮西鲁炅①,兴平李奂②,滑濮许叔冀③,镇西④、北庭李嗣业,郑蔡季广琛⑤,河南崔光远七节度使讨之。又命河东李光弼、泽潞王思礼二节度使⑥,将所部兵助之。上以子仪、光弼皆元帅,难相统属,故不置元帅,但以宦官鱼朝恩为观军容宣慰处置使。观军容之名自此始。

纲 冬十月,郭子仪等拔卫州⑦,遂围邺城。

纲 以侯希逸为平卢节度副使。

〔节度使始由军士废立〕

目 平卢节度使王玄志卒,上遣中使往抚慰将士,因就察军中所欲立者,授以旄节。高丽人李怀玉为裨将,杀玄志之子,推侯希逸为军使。朝廷因以希逸为节度副使。节度使由军士废立自此始。

〔史思明自称燕王〕

纲 己亥,二年(759),春正月,史思明自称燕王。

纲 镇西节度使李嗣业卒于军。

———————————————

① 淮西:藩镇名,治寿州,今安徽寿县。
② 兴平:藩镇名,治上洛,今陕西商州市。
③ 滑濮:藩镇名,治滑州,今河南滑县。
④ 镇西:藩镇名,即安西。
⑤ 郑蔡:藩镇名,治郑州,今河南郑州市。
⑥ 泽潞:藩镇名,治潞州,今山西长治市。
⑦ 卫州:治今河南卫辉市。

纲 二月，月食既。

目 先是，百官请加皇后尊号，上以问中书舍人李揆，对曰："自古皇后无尊号，惟韦后有之，岂足为法！"上惊曰："庸人几误我！"会月食，事遂寝。后与李辅国相表里，干预政事，上颇不悦，而无如之何。

纲 三月，九节度之兵溃于相州。

目 郭子仪等九节度围邺城，庆绪坚守以待思明。而官军无统御，进退无所禀。城久不下，上下解体。思明引大军直抵城下，刻日决战。官军步骑六十万陈于安阳河北，李光弼、王思礼、许叔冀、鲁炅先战，杀伤相半。郭子仪承其后，未及布阵，大风忽起，吹沙拔木，天地昼晦，咫尺不辨，两军大惊，官军溃而南，贼溃而北，子仪断河阳桥，保东京。战马万匹，惟有三千。甲仗十万，遗弃殆尽。诸道兵溃归。

纲 史思明杀安庆绪，还范阳。

纲 苗晋卿、王玙罢，以李岘、李揆、吕諲(yīn)、第五琦同平章事。

纲 以郭子仪为东畿等道元帅①。

纲 夏四月，史思明僭号。

纲 制停口敕处分。

目 初，李辅国自上在灵武，侍直帷幄，宣传诏命。及还京师，制敕必经辅国押署，然后施行，宰相百司皆因辅国关白，口为制敕，付外施行。御

---

① 东畿：指洛阳。

史台、大理寺重囚,或推断未毕,辅国一时纵之,莫敢违者。李揆见之,执子弟礼,谓之"五父"。及李岘为相,于上前叩头,论制敕应出中书,具陈辅国专权乱政之状,上感悟,制:"停口敕处分,诸务各归有司。或有追摄,须经台府。"辅国由是忌岘。

纲 五月,贬李岘为蜀州刺史。

纲 秋七月,召郭子仪还京师,以李光弼为朔方节度使、兵马元帅。

〔李光弼代郭子仪〕

目 鱼朝恩恶郭子仪,因其败,短之于上。上召子仪还京师,以李光弼代之。士卒涕泣,遮中使请留子仪。子仪绐之曰:"我饯中使耳,未行也。"因跃马而去。光弼以骑五百驰赴东都,夜,入其军。光弼治军严整,始至,号令一施,士卒、壁垒、旌旗、精彩皆变。是时朔方将士乐子仪之宽,惮光弼之严。

纲 以王思礼为河东节度使。

纲 赐仆固怀恩爵太宁郡王。

目 怀恩从郭子仪为前锋,勇冠三军,前后战功居多,故赏之。

纲 八月,更铸大钱。

〔李光弼河阳之捷〕

纲 冬十月,李光弼与史思明战于河阳①,大败之。

————————

① 河阳:县名,在今河南孟州市南。

目 史思明至汴州,节度使许叔冀与战不胜,遂降之。思明乘胜西攻郑州,李光弼至洛阳,牒河南尹帅吏民避贼,而帅军士诣河阳。光弼夜至河阳,按阅守备,部分士卒,无不严办。

思明入洛阳,城空,无所得。遂引兵攻河阳,使骑将刘龙仙挑战,慢骂光弼。光弼顾诸将曰:"谁能取彼?"仆固怀恩请行。光弼曰:"此非大将所为。"裨将白孝德请挺身取之。光弼壮其志,因问所须。对曰:"愿选五十骑为后继,而请大军鼓噪以增气。"光弼抚其背而遣之。孝德挟二矛,策马乱流而进。半涉,怀恩贺曰:"克矣。"光弼曰:"何以知之?"对曰:"观其揽辔安闲,是以知之。"龙仙易之,慢骂如初。孝德瞋目大呼,运矛跃马搏之。城上鼓噪,五十骑继进。龙仙走堤上。孝德追及,斩之以归。

思明有良马千余匹,每日出于河南渚浴之,循环不休。光弼命索军中牝马,得五百匹,絷其驹而出之,思明马见之,悉浮渡河,尽驱入城。

思明屯兵于河清,欲绝光弼粮道,光弼军于野水渡以备之。既夕,还河阳,留兵千人,使将雍希颢守其栅,曰:"贼将高庭晖、李日越皆万人敌也,至勿与之战。降,则与之俱来。"诸将莫谕其意,皆窃笑之。既而思明果谓日越曰:"李光弼长于凭城,今出在野,汝以铁骑宵济①,为我取之。不得,则勿返。"日越将五百骑晨至栅下,问曰:"司空在乎?"希颢曰:"夜去矣。"日越曰:"失光弼而得希颢,吾死必矣。"遂请降。希颢与之俱见光弼,光弼厚待之,任以心腹。高庭晖闻之,亦降。或问光弼:"降二将,何易也?"光弼曰:"思明常恨不得野战,闻我在外,以为必可取。日越不获我,势不敢归。庭晖才勇过于日越,闻日

————————

① 宵济:夜间渡水。

越被宠任,必思夺之矣。"

〔李光弼中潬之战〕

思明复攻河阳,时光弼屯中潬(tān)①。贼将周挚攻之,光弼以短刀置靴中,曰:"战,危事。吾,国之三公,不可死贼手,万一不利,诸君死敌,我自刭,不令诸君独死也。"郝廷玉、仆固怀恩更前决战,诸将齐进致死,呼声动天地,贼众大溃,思明及挚皆遁去。

纲庚子,上元元年(760),春正月,以李光弼为太尉兼中书令。

纲夏闰四月,以王思礼为司空。

纲五月,以苗晋卿行侍中。

目晋卿练达吏事,而谨身固位,时人比之胡广②。

纲以刘晏为户部侍郎,充度支、铸钱、盐铁等使。

纲六月,敕小钱一当十,其重轮者当三十。

〔三钱并行,民间物价飙升〕

目三品钱行浸久③,属岁荒,米斗至钱七千,人相食。乃敕开元钱与乾元小钱皆当十,其重轮者当三十。

---

① 中潬:城名,河阳三城之一,在今河南孟州市南。
② 胡广:东汉重臣,熟悉典章,中庸谦恭。
③ 三品钱:开元通宝、乾元重宝、乾元重宝重轮钱。

纲 秋七月,李辅国迁太上皇于西内①。

目 上皇爱兴庆宫,自蜀归即居之。陈玄礼、高力士侍卫。上皇多御长庆
　楼,父老过者往往瞻拜,呼万岁,上皇常于楼下置酒食赐之,又尝召将
　军郭英义等上楼赐宴。李辅国言于上曰:"上皇居兴庆宫,日与外人
　交通,玄礼、力士谋不利于陛下。臣不敢不以闻。"上泣曰:"圣皇慈
　仁,岂容有此!"对曰:"上皇固无此意,其如群小何! 陛下当为社稷大
　计,消乱于未萌,岂得徇匹夫之孝! 且兴庆浅露,非至尊所宜居。大
　内深严,奉迎居之,有何不可。"上泣不应。会上不豫,辅国矫称上语,
　迎上皇游西内,辅国将射生五百骑②,露刃遮道,奏曰:"皇帝以兴庆
　宫湫(qiū)隘③,迎上皇迁居西内。"上皇惊,几坠马。遂如西内。刑部
　尚书颜真卿首帅百寮上表,请问上皇起居。辅国恶之,奏贬蓬州长
　史④。高力士流巫州⑤,陈玄礼勒致仕。上皇日以不怿⑥,因不茹荤,
　辟谷⑦,浸以成疾。其后上稍悔寤,恶辅国,欲诛之,畏其握兵,竟不
　能决。

纲 命郭子仪出镇邠(bīn)州⑧。

纲 制:"郭子仪统诸道兵取范阳,定河北。"不果行。

----

① 西内:太极宫。
② 射生:即射生军,唐代禁军。
③ 湫隘:低洼狭小。
④ 蓬州:治今四川仪陇县东南。
⑤ 巫州:治今湖南洪江市。
⑥ 不怿:不悦。
⑦ 辟谷:不吃五谷。
⑧ 邠州:即豳州。开元十三年改豳为邠。

目　制下旬日，为鱼朝恩所沮，事竟不行。

纲　辛丑，二年（761），春二月，李光弼与史思明战于邙山①，败绩。河阳、怀州皆陷。

目　或言："洛中将士皆燕人，久戍思归，上下离心，急击之，可破也。"鱼朝恩以为信然，屡言之，上敕李光弼等进取东京。光弼奏："贼锋尚锐，未可轻进。"仆固怀恩勇而愎，麾下皆蕃、汉劲卒，恃功，多不法。光弼一裁之以法，怀恩不悦，乃附朝恩，言东都可取。由是中使相继督光弼出师，光弼不得已，将兵会朝恩等攻洛阳。陈于邙山，光弼命依险而陈，怀恩陈于平原，光弼曰："依险则可进可退。若陈平原，战而不利则尽矣。思明不可忽也。"命移于险，怀恩复止之。史思明乘其未定，薄之，官军大败。走保闻喜②，河阳、怀州皆没于贼。朝廷闻之，大惧，益兵屯陕。

纲　贬李揆为袁州长史③，以萧华同平章事。

纲　三月，史朝义杀史思明。

目　史思明猜忍好杀，群下人不自保。朝义，其长子也，无宠。爱少子朝清，使守范阳。常欲杀朝义立朝清为后。既破李光弼，欲乘胜西入关，使朝义袭陕，自将大军继之。朝义数进兵，皆败。思明诟怒，欲斩之。朝义忧惧，召思明宿卫将曹将军者与之谋，遂以兵入，射思明，杀之。朝义即伪位，使人至范阳杀朝清。

① 邙山：北邙山，在今河南洛阳市北。
② 闻喜：县名，今山西闻喜县。
③ 袁州：治今江西宜春市。

纲 贬李光弼为开府仪同三司。

纲 夏四月,复以李光弼为太尉,统八道行营,镇临淮。

纲 秋七月朔,日食既,大星皆见。

纲 八月,加李辅国兵部尚书。

目 辅国求为宰相,上曰:“以卿之功,何官不可为,其如朝望未孚何!”辅
　　国乃讽仆射裴冕等使荐己。冕曰:“吾臂可断,宰相不可得!”上大悦,
　　辅国衔之。

纲 九月,置道场于三殿。

目 上以天成地平节①,于三殿置道场,以宫人为佛菩萨,北门武士为金刚
　　神王,召大臣膜拜围绕。

纲 制去尊号及年号,以建子月为岁首。

纲 制除五品以上官,令举一人自代。

纲 冬建子月,受朝贺,如正旦仪。

纲 以元载为度支、盐铁、转运等使。

纲 上朝太上皇于西内。

目 先是,山人李唐见上,上方抱幼女,谓唐曰:“朕念之,卿勿怪也。”对
　　曰:“太上皇思见陛下,计亦如陛下之念公主也。”上泫然泣下,然畏张

———————————

① 天成地平节:唐肃宗诞节,在九月三日。

后,不敢诣西内,至是始往朝。

纲　壬寅,宝应元年(762),春建卯月,河东军乱,杀其节度使邓景山。

目　初,管崇嗣代王思礼为河东节度使,为政宽弛。上以邓景山代之。有裨将抵罪当死,诸将请之,不许。其弟请代之,亦不许。请入一马以赎罪,乃许之。诸将怒曰:"我辈曾不及一马乎!"遂杀景山。上以景山抚御失所,以致乱,遣使慰谕以安之。诸将请以兵马使辛云京为节度使,从之。

纲　行营兵杀都统李国贞、节度使荔非元礼。

目　绛州粮赐不充,朔方行营都统李国贞屡以状闻。朝廷未报,军中咨怨。又以国贞治军严,突将王元振因谋作乱,帅众执国贞,杀之。镇西、北庭行营兵亦杀其节度使荔非元礼,推裨将白孝德为帅,朝廷因而授之。

纲　建辰月,赐郭子仪爵汾阳王,知诸道行营。

目　绛州诸军剽掠不已,朝廷忧其与太原乱军合,非新进诸将所能镇服,以郭子仪为汾阳王,知诸道行营,发京师粟帛数万以给绛军。时上不豫,群臣莫得进见。子仪请曰:"老臣受命,将死于外,不见陛下,目不瞑矣。"上召入卧内,谓曰:"河东之事,一以委卿。"

子仪至军,王元振自以为功。子仪曰:"吾为宰相,岂受一卒之私邪!"收元振及其党四十人,皆杀之。辛云京闻之,亦按诛杀邓景山者数十人。由是河东诸镇率皆奉法。

纲　萧华罢,以元载同平章事,领度支、转运使如故。

纲 夏建巳月,楚州得宝玉十三枚。

〔玄宗去世〕

纲 太上皇崩。

目 太上皇崩,年七十八。上自仲春寝疾,闻上皇登遐,疾转剧,乃命太子监国。

纲 复以建寅为正月。

〔肃宗去世,唐代宗即位〕

纲 帝崩,李辅国杀皇后张氏。

目 初,张后与辅国相表里,专权用事,晚更有隙。内射生使程元振党于辅国。上疾笃,后召太子谓曰:"辅国久典禁兵,阴与程元振谋作乱,不可不诛。"太子泣曰:"陛下疾甚危,不告而诛,必致震惊,恐不能堪也。"太子出,后召越王系,选宦官授甲,以诛辅国。元振知其谋,密告辅国。以兵送太子于飞龙厩,勒兵收系,迁后于别殿。明日,上崩。辅国等杀后并系及兖王僴(xiàn)。

纲 太子即位。

目 辅国引太子素服与宰相见,遂即位。辅国恃功益横,明谓上曰:"大家但居禁中①,外事听老奴处分。"上内不平,以其方握禁兵,外尊礼之。号为"尚父"而不名,事无大小皆咨之,群臣出入皆先诣辅国,辅国亦

---

① 大家:亲近侍从官、后妃对皇帝的称呼。

晏然处之。

纲以李辅国为司空，兼中书令。

纲敕大小钱皆当一。

纲六月，进李辅国爵博陆王。

纲秋七月，郭子仪入朝。

目时程元振用事，忌子仪功高任重，数谮之。子仪不自安，奏请解副元帅、节度使。遂留京师。

纲以程元振为骠骑大将军。

纲九月，以来瑱（zhèn）同平章事。

纲贬裴冕为施州刺史①。

〔唐收复东京〕

纲回纥举兵入援。冬十月，以雍王适为天下兵马元帅，讨史朝义。大败之，取东京及河阳，贼将薛嵩、张忠志以州降。

目上遣中使刘清潭使回纥，修旧好，且征兵讨史朝义。回纥登里可汗起兵至三城②，见州县皆为丘墟，有轻唐之志，乃困辱清潭。清潭遣使言状，京师大骇。初，肃宗以仆固怀恩女妻登里。上令怀恩往见之，为言唐家恩信不可负。可汗悦，自陕州大阳津渡河，与诸道俱进。制以

---

① 施州：治今湖北恩施州。
② 三城：指河阳三城，即北中城、中潭城、南城，在今河南孟州市南。

雍王适为天下兵马元帅,会诸道节度使及回纥于陕州,进讨史朝义。上欲以郭子仪为适副,程元振、鱼朝恩等沮之而止。加仆固怀恩同平章事,领诸军节度行营以副适。

诸军发陕州,仆固怀恩与回纥为前锋,郭英义、鱼朝恩为殿,李抱玉自河阳入。李光弼自陈留入,会于洛阳,陈于横水。怀恩遣骁骑及回纥并(bàng)南山出贼栅东北①,表里合击,大破之。朝义悉其精兵十万救之,官军击之不动。镇西节度使马璘单骑奋击,大军乘之而入,贼众大败。朝义将轻骑数百东走。怀恩进克东京及河阳城,获伪中书令许叔冀。怀恩留回纥营河阳,使其子玚帅步骑万余逐朝义,至郑州,再战皆捷。汴州降。

回纥入东京,肆行杀掠。朝义自濮州北渡河,怀恩追败之于卫州。贼将田承嗣等将兵四万与朝义合,复来拒战,仆固玚击破之。于是朝义邺郡节度使薛嵩以四州降于李抱玉,恒阳节度使张忠志以五州降辛云京②。怀恩皆令复位。由是抱玉、云京各表怀恩有贰心,朝廷宜密为备。

纲 盗杀李辅国。

目 上在东宫,以李辅国专权,心甚不平。及嗣位,以辅国有杀张后之功,不欲显诛之,夜遣盗入其室,窃辅国首及一臂而去。敕有司捕盗,遣中使存问其家,仍赠太傅。

纲 十一月,以张忠志为成德军节度使③,赐姓名李宝臣。

————————

① 并:通"傍",依傍。
② 恒阳:藩镇名,史朝义置,治恒州。
③ 成德军节度使:即原恒阳节度使。

纲以仆固怀恩为河北副元帅。

纲诸军围史朝义于莫州。

蒲宣伊　评注

黄正建　审定

纲鉴易知录卷五二

卷首语：本卷起唐代宗广德元年（763），止大历十三年（778），所记为代宗朝十六年史事。安史之乱结束，唐廷并未彻底消灭安史叛军，而是令安史旧将为藩镇节帅，形成河北藩镇割据局面。与此同时，吐蕃、回纥成为唐廷边防大患。为应对内忧外患，代宗起用刘晏等人进行财政改革，改善了国家财政状况。

唐　纪

代宗皇帝

纲 癸卯,代宗皇帝广德元年(763),春正月,以刘晏同平章事,度支等使如故①。

纲 流来瑱于播州,杀之。

目 初,来瑱在襄阳,程元振有所请托,不从。及为相,元振谮瑱言涉不顺,与贼合谋。坐削官爵,流播州,赐死。由是藩镇皆切齿于元振。

〔李怀仙杀史朝义,历八年、三帝的安史之乱平定〕

纲 贼将田承嗣以莫州降,李怀仙杀史朝义,传首京师。

目 史朝义屡出战,皆败。田承嗣说朝义令往幽州发兵,朝义从之,承嗣即以城降。时朝义范阳节度使李怀仙已请降,朝义至,不得入。独与胡骑数百东奔,欲入奚、契丹,怀仙遣兵追及之。朝义穷蹙,缢于林中,怀仙取其首以献。仆固怀恩与诸军皆还。

评安史之乱:

　　安史之乱爆发的原因,主要在于玄宗实行募兵制和节度使制度失当,节度使不仅拥兵,且专职久任,造成边疆拥兵远重于中央的局面。除

————————————

① 度支使:唐中后期负责掌管全国财政的使职。

此之外,玄宗后期怠政,在用人纳谏上存在严重问题,任用李林甫、杨国忠,放任安禄山等与之互相倾轧,导致了安史之乱的爆发。安史之乱是唐朝由盛转衰的节点。战乱对北方破坏极大,人口锐减,民生凋敝,税收减少,经济发展重心进一步南移。同时,朝廷为对抗安、史,长期大量用兵,致使边防空虚,对周边地区掌控能力变弱,吐蕃借机几次入犯,边疆不稳。更为严重的是,地方由此出现了藩镇割据。虽然仅为河朔等个别地区,但为唐末普遍的藩镇割据局势留下隐患。而在中央,由于宦官在平叛中作用增大、权力膨胀,唐中后期的宦官问题初现端倪。

〔以安史旧将节制河北诸镇〕

纲 以薛嵩、田承嗣、李怀仙为河北诸镇节度使。

目 以史朝义降将薛嵩为相、卫、邢、洺、贝、磁六州节度使①,田承嗣为魏、博、德、沧、瀛五州都防御使,李怀仙仍故地为卢龙节度使②。时河北诸州皆已降,嵩等迎仆固怀恩拜于马首,乞行间自效。怀恩恐贼平宠衰,故奏留嵩等及李宝臣分帅河北,自为党援。朝廷亦厌苦兵革,苟冀无事,因而授之。

纲 回纥归国。

纲 以梁崇义为山南东道节度留后。

---

① 磁州:治今河北磁县。
② 卢龙:藩镇名,治幽州,今北京市。

纲 三月,葬泰陵①、乔陵②。

纲 夏四月,敕议举孝廉。

目 礼部侍郎杨绾(wǎn)上疏曰:"古之选士必取行实。自隋炀帝始置进士科,犹试策而已。至高宗时,考功员外郎刘思立始奏进士加杂文,明经加帖括从此成俗③。公卿以此待士,长老以此训子,其明经则诵帖括以侥幸,又令举人投牒自应。如此,欲其返淳朴,崇廉让,何可得也!"请置孝廉科,令县令取行著乡间、学知经术者,荐之于州。刺史考试,升之于省。任占一经,问经义二十条,对策三道,上第注官,中第出身,下第罢归。其道举亦非理国所资④,望与明经、进士并停。"上命诸司通议,或以为:"明经进士,行之已久,不可遽改。"事虽不行,识者是之。

纲 秋九月,遣使征仆固怀恩入朝,不至。

目 初,仆固怀恩受诏,与回纥可汗相见于太原。河东节度使辛云京恐其合谋袭军府,闭城自守,亦不犒师。怀恩怒,具表其状,不报。中使骆奉仙至太原,云京厚结之,使言怀恩反状已露。怀恩亦奏请诛云京、奉仙,诏和解之。

怀恩自以兵兴已来,所在力战,一门死王事者四十六人,女嫁绝域,说喻回纥,再收两京,平定河南、北,功无与比。而为人构陷,愤怨殊深,

---

① 泰陵:唐玄宗陵,在今陕西省蒲城县。
② 乔陵:《资治通鉴》作"建陵"。建陵,唐肃宗陵,在今陕西礼泉县昭陵镇凉马村。
③ 帖括:将经文部分内容隐去令应试者作答,类似现代的填空题。
④ 道举:科举常科之一,试《老子》《庄子》《文子》《列子》。

上书自讼曰:"臣罪有六:昔同罗叛乱,臣为先帝扫清河曲,一也;男玢(bīn)陷虏亡归,臣斩之以令众士,二也;二女远嫁,为国和亲,三也;身与男场,为国效命,四也;河北新附,抚安反侧,五也;说喻回纥,使赴急难,六也。臣既负六罪,诚合万诛。思得一奉天颜,又以来瑱之死,深畏中官谗口,虚受陛下诛夷。臣奏奉仙,非不撼实,陛下竟无处置,宠任弥深。窃闻四方遣人奏事,陛下皆云与骠骑议之①,远近无不疑阻。傥不纳愚恳,臣实不敢保家,陛下岂能安国!惟陛下图之。"上遣裴遵庆诣怀恩谕旨,讽令入朝。怀恩竟不奉诏。

〔吐蕃北入长安,郭子仪退吐蕃〕

纲 冬十月,吐蕃入寇。上如陕州。吐蕃入长安,关内副元帅郭子仪击之,吐蕃遁去。

目 自安禄山反,边兵精锐者皆征发入援,谓之行营。留兵单弱,数年之间,胡虏蚕食,自凤翔以西,邠州以北,皆为左衽矣。至是,吐蕃入大震关②,尽取河西、陇右之地。边将告急,程元振皆不以闻。十月,虏至奉天、武功③,京师震骇。诏以雍王适为关内元帅,郭子仪副之,出镇咸阳以御之。

子仪闲废日久,部曲离散,至是召募,得二千骑而行,至咸阳,吐蕃帅吐谷浑、党项、氐(dī)、羌三十余万众渡渭。子仪使判官王延昌入奏,

---

① 骠骑:骠骑大将军,指程元振。
② 大震关:即陇关,在今陕西陇县西。
③ 奉天:县名,今陕西乾县。

请益兵,程元振遏之,竟不召见。吐蕃渡便桥①,上仓猝不知所为,出幸陕州,官吏六军逃散。子仪遽自咸阳归长安。吐蕃入长安,纵兵焚掠,长安中萧然一空。子仪引三十骑,自御宿川循山而东②。谓王延昌曰:"六军逃溃,多在商州,速往收之。"延昌迳入商州抚谕之。诸将方纵兵暴掠,闻子仪至,皆大喜听命。得四千人,军势稍振。子仪乃泣谕将士以共雪国耻,取长安,皆感激受约束。子仪使羽林大将军长孙全绪将二百骑出蓝田,全绪至韩公堆,昼则击鼓张旗帜,夜则多然火以疑吐蕃。吐蕃惧,百姓又绐之曰:"郭令公自商州将大军至矣③!"吐蕃惶骇,悉众遁去。诏以子仪为西京留守。

綱 十一月,削程元振官爵,放归田里。

目 骠骑大将军程元振专权自恣,人畏之甚于李辅国。诸将有大功者,元振皆忌嫉欲害之。吐蕃入寇,元振不以时奏,致上狼狈出幸。上发诏征诸道兵,李光弼等皆忌元振,莫有至者,中外切齿,莫敢言。

太常博士柳伉上疏曰:"犬戎犯阙度陇④,不血刃而入京师,劫宫闱,焚陵寝,武士无一人力战者,此将帅叛陛下也;陛下疏元功,委近习,日引月长,以成大祸,群臣在庭,无一人犯颜回虑者,此公卿叛陛下也;陛下始出都,百姓填然,夺府库,相杀戮,此三辅叛陛下也;自十月朔召诸道兵,尽四十日,无只轮入关,此四方叛陛下也。陛下必欲存宗庙,安社稷,独斩程元振首,驰告天下,然后削尊号,下诏引咎。如

---

① 便桥:即西渭桥,在今陕西西安市西北长安故城便门外。
② 御宿川:在今陕西西安市西北。
③ 郭令公:郭子仪。
④ 陇:此处指陇关。

此,而兵不至,人不感,天下不服,臣请阖门寸斩以谢陛下。"上犹以元振尝有保护功,削官爵,放归田里。

纲 十二月,上还长安。

目 车驾发陕州,左丞颜真卿请上先谒陵庙,然后还宫,元载不从,真卿怒曰:"朝廷岂堪相公再坏邪!"载由是衔之。上至长安,郭子仪帅百官诸军奉迎,伏地待罪。上劳之曰:"用卿不早,故及于此。"

纲 以鱼朝恩为天下观军容宣慰处置使,总禁兵。

纲 苗晋卿、裴遵庆罢,以李岘同平章事。

纲 甲辰,二年(764),春正月,流程元振于溱(zhēn)州①。

纲 立雍王适为皇太子。

纲 以魏博为天雄军。

[仆固怀恩叛]

纲 仆固怀恩反,寇太原。

目 怀恩谋取太原。辛云京觉之,乘城设备。怀恩使其子玚攻之,大败而还。

纲 以郭子仪为河中节度等使。

目 上谓子仪曰:"怀恩父子负罪实深。闻朔方将士思公如枯旱之望雨,公为朕镇抚河东,汾上之师必不为变。"乃以子仪为关内、河东副元

_____

① 溱州:治今重庆市綦江区。

帅、河中节度等使。怀恩将士闻之,皆曰:"吾辈从怀恩为不义,何面目见汾阳王①。"

纲 仆固玚为其下所杀。怀恩走云州。

[仆固怀恩母讲大义]

目 仆固玚围榆次②,其将焦晖、白玉攻杀之。怀恩闻之,入告其母。母曰:"吾语汝勿反,国家待汝不薄,今众心既变,祸必及我,将如之何!"怀恩不对而出。母提刀逐之曰:"吾为国家杀此贼,取其心以谢三军。"怀恩疾走,得免,遂与麾下三百渡河,北走云州。都虞候张维岳闻怀恩去,乘传至汾州,抚定其众,杀焦晖、白玉而窃其功,以告子仪。子仪奏维岳杀玚,传首诣阙。群臣入贺,上惨然不悦,曰:"朕信不及人,致勋臣颠越,深用为愧,又何贺焉!"命辇怀恩母至长安,给待优厚,月余,以寿终。以礼葬之,功臣皆感叹。子仪如汾州,怀恩之众数万悉归之,咸鼓舞涕泣,喜其来而悲其晚也。

纲 刘晏、李岘罢。以王缙、杜鸿渐同平章事。

[刘晏掌漕运]

纲 三月,以刘晏为河南、江、淮转运使。

目 自丧乱以来,汴水堙(yīn)废③,漕运者自江、汉抵梁、洋④,迂险劳费。

――――――――――

① 汾阳王:郭子仪。
② 榆次:县名,今山西晋中市榆次区。
③ 汴水:指大运河的通济渠段,漕运要道。
④ 梁:州名,治今陕西汉中市。洋:州名,治今陕西西乡县。

兵火之后,中外艰食,关中米斗千钱,百姓捋穗以给禁军,官厨无兼时之积。晏乃疏浚汴水①,遗元载书,具陈漕运利害,令中外相应。自是每岁运米数十万石以给关中。唐世称漕运之能者,推晏为首,后来者皆遵其法度云。

〔设青苗钱,以亩定税,开两税法先河〕

纲 秋七月,税青苗钱,给百官俸②。

纲 临淮武穆王李光弼卒。

目 上之幸陕也,李光弼竟迁延不至。上恐遂成嫌隙,以其母在河中,数遣中使存问之。吐蕃退,除光弼东都留守。光弼辞以就江、淮粮运,引兵归徐州。上迎其母至长安,厚加供给,使其弟光进掌禁兵,遇之加厚。光弼治军严整,指顾号令,诸将莫敢仰视,谋定而后战,能以少制众,与郭子仪齐名。及在徐州,拥兵不朝,诸将田神功等不复禀畏,光弼愧恨成疾而卒。诏以王缙都统诸道行营。

纲 仆固怀恩引回纥、吐蕃入寇,诏郭子仪出镇奉天。

目 怀恩至灵武,收合散亡,其众复振。上厚抚其家。下诏曰:"怀恩勋劳,著于帝室。疑隙之端,起自群小;君臣之义,情实如初。但当诣阙,更勿有疑。"怀恩竟不从,遂引回纥、吐蕃十万众入寇,京师震骇。会郭子仪自河中入朝,诏子仪出镇奉天。召问方略,对曰:"怀恩勇而

① 疏浚:疏通淤塞的河道。
② 青苗钱:租庸调制破坏后,代宗开始以亩定税,在夏、秋征收,后因国家财力不足,不待夏秋,在农户所种粮食尚为青苗时征收,故称青苗钱。

少恩,士心不附,所以能入寇者,因思归之士耳。怀恩本臣偏裨,其麾下皆臣部曲,必不忍以锋刃相向,无能为也。"

纲 冬十月,怀恩逼奉天。郭子仪出兵,怀恩退。

目 怀恩与回纥、吐蕃进逼奉天,诸将请战,子仪曰:"虏深入,利速战,吾坚壁以待之,彼必以吾为怯而不戒,乃可破也。若遽战而不利,则众心离矣。敢言战者斩!"既而夜出,陈于乾陵之南,虏始以子仪为无备,欲袭之,忽见大军,惊愕,遂不战而退。

纲 十二月,加郭子仪尚书令,不受。

目 子仪以太宗为此官,近皇太子亦为之,不敢当。遂不受,还镇河中。

纲 乙巳,永泰元年(765),春正月,以李抱真为泽潞节度副使。

目 抱真以山东有变,上党为兵冲,而荒乱之余,土瘠民困,无以赡军,乃籍民每三丁选一壮者,免其租、徭,给弓矢,使农隙习射,岁暮都试,行其赏罚。比二年,得精兵二万,既不费廪给,府库充实,遂雄视山东,步兵为诸道最。

纲 三月,命文武之臣十三人于集贤殿待制。

纲 旱。

纲 夏四月,以裴谞(xū)为左司郎中。

目 河东租庸使裴谞入奏事,上问:"榷酤(gū)之利①,岁入几何?"谞不

---

① 榷酤:政府垄断酒的专卖。

对。复问,对曰:"臣自河东来,所过见菽(shū)粟未种①,农夫怨愁,臣以为陛下见臣,必先问人之疾苦,乃责臣以营利,臣是以未敢对也。"上谢之,拜左司郎中。

纲 剑南节度使严武卒。

目 武三镇剑南,厚赋敛,穷奢侈,专杀戮,母数戒之,武不从。及死,母曰:"吾今始免为官婢矣!"然吐蕃畏之,不敢犯其境。

纲 畿内麦稔。

〔第五琦请田十亩税一〕

目 京兆尹第五琦请税百姓田,十亩收其一,曰:"此古什一之法也。"上从之。

纲 平卢将李怀玉逐其节度使侯希逸,诏以怀玉为留后,赐名正己。

〔自此河北等节度使相互勾连,渐成割据之势〕

目 平卢节度使侯希逸,好游畋,营塔寺。兵马使李怀玉得众心,希逸忌之,因事解其军职。希逸宿于城外,军士闭门,奉怀玉为帅。希逸奔滑州,召还京师。以郑王邈为节度使,怀玉知留后,赐名正己。时成德李宝臣、魏博田承嗣、相卫薛嵩②、卢龙李怀仙收安、史余党,各拥劲卒数万,治兵完城,自署将吏,不供贡赋,与山南东道梁崇义及正己

---

① 菽粟:豆和小米,泛指粮食。
② 相卫:藩镇名,治相州,治今河南安阳市。

皆结为婚姻,互相表里。朝廷专事姑息,不能复制。

纲 秋九月,置百高座,讲《仁王经》。

目 内出《仁王经》二宝舆①,以人为菩萨、鬼神之状,导以音乐卤簿②,百官迎,从至资圣、西明寺讲之。

纲 仆固怀恩诱回纥、吐蕃杂虏入寇,怀恩道死。召郭子仪屯泾阳③。冬十月,回纥受盟而还,吐蕃夜遁。

目 仆固怀恩诱回纥、吐蕃、吐谷浑、党项、奴剌数十万众俱入寇,令吐蕃趣奉天,党项趣同州,吐谷浑、奴剌趣盩厔,回纥继吐蕃之后,怀恩又以朔方兵继之。

子仪奏:"请使诸道节度各出兵以扼其冲要。"上从之。诸道多不时出兵,淮西李忠臣得诏,亟命治行。诸将请择日,忠臣怒曰:"父母有急,岂可择日而后救邪!"即日就道。

怀恩中涂遇暴疾死,大将范志诚领其众。怀恩拒命三年,再引胡寇,为国大患,上犹为之隐,曰:"怀恩不反,为左右所误耳!"

吐蕃十万至奉天,京师闻之,始罢百高座讲。召郭子仪屯泾阳。会大雨旬日,虏不能进,大掠而去。十月,复讲经。

[郭子仪单骑说退回纥]

吐蕃退至邠州,遇回纥,复相与入寇,合兵围泾阳,子仪严备不战。时

① 宝舆:以佛教七宝装饰的车舆。
② 卤簿:天子出行的仪卫。
③ 泾阳:县名,今陕西三原县西南。

二虏闻怀恩死,已争长,不相睦。子仪使牙将李光瓒说回纥,欲与共击吐蕃。回纥不信,曰:"郭公在此,可得见乎?"光瓒还报,子仪曰:"今众寡不敌,难以力胜。昔与回纥契约甚厚,不若挺身说之,可不战而下也。"诸将请选铁骑五百卫从,子仪曰:"此适足为害耳。"郭晞扣马谏曰①:"大人,国之元帅,奈何以身为虏饵!"子仪曰:"今战,则父子俱死而国家危。往以至诚与之言,或幸而见从,则四海之福也!不然,则身没而家全。"以鞭击其手曰:"去!"遂与数骑出,使人传呼曰:"令公来!"回纥大惊。大帅药葛罗执弓注矢立于陈前②。子仪免胄释甲投枪而进,诸酋长相顾曰:"是也!"皆下马罗拜。子仪亦下马,前执药葛罗手,让之曰:"汝回纥有大功于唐,唐之报汝亦不薄,奈何负约,深入吾地,弃前功,结后怨,背恩德而助叛臣乎!且怀恩叛君弃母,于汝何有!今吾挺身而来,听汝杀之,我之将士必致死与汝战矣。"药葛罗曰:"怀恩欺我,言天可汗已晏驾,令公亦捐馆③,中国无主,我是以来。今皆不然,怀恩又为天所杀,我曹岂肯与令公战乎!"子仪因说之曰:"吐蕃无道,所掠之财不可胜载,马牛杂畜长数百里,此天之赐汝也。全师而继好,破敌以取富,为汝之计,孰便于此?不可失也。"药葛罗曰:"吾为怀恩所误,负公诚深,今请为公尽力以谢过。然怀恩之子,可敦兄弟也④,愿勿杀之。"子仪许之。回纥观者为两翼,稍前,子仪麾下亦进,子仪挥手却之,因取酒与其酋长共饮。药

---

① 郭晞:郭子仪之子。
② 药葛罗:回纥可汗弟。
③ 捐馆:去世。
④ 可敦:可汗正妻,此指仆固怀恩之女。

葛罗使子仪先执酒为誓,子仪酹(lèi)地曰①:"大唐天子万岁! 回纥可汗亦万岁! 两国将相亦万岁! 有负约者,身陨陈前,家族灭绝。"杯至药葛罗,亦酹地曰:"如令公誓!"于是诸酋长大喜曰:"军中巫言,此行安稳,不与唐战,见一大人而还,今果然矣。"遂与定约而还。吐蕃闻之,夜遁。

纲 闰月,郭子仪还河中。

目 子仪在河中,以军食常乏,乃自耕百亩,将校以是为差。于是士卒皆不劝而耕,野无旷土,军有余粮。

纲 丙午,大历元年(766),春正月,敕复补国子学生。

目 自安、史之乱,国子监室堂颓坏,军士多借居之。祭酒萧昕上言:"学校不可遂废。"故有是诏。

纲 二月,贬颜真卿为峡州别驾②。

〔颜真卿谏论事白宰相〕

目 元载专权,恐奏事者攻讦其私,乃请:"百官论事,皆先白宰相,然后奏闻。"真卿上疏曰:"谏官、御史,陛下之耳目。今使论事者先白宰相,是自掩其耳目也。太宗著《司门式》云:'其无门籍人③,有急奏者,皆令门司与仗家引奏④,无得关碍。'所以防壅蔽也。李林甫为相,深疾

---

① 酹地:把酒洒在地上祭祀或起誓。
② 峡州:治今湖北宜昌市。
③ 门籍:记录可进入宫禁者的名簿,凡无记录者不可入宫禁。
④ 门司:掌管门禁的官吏。仗家:宫廷仪卫。

言者,下情不通,卒成幸蜀之祸,陵夷至于今日①,其所从来者渐矣。夫人主大开不讳之路②,群臣犹莫敢尽言,况今宰相大臣裁而抑之,则陛下所闻见者不过三数人耳,天下之士从此钳口结舌。陛下见无复言者,以为天下无事可论,是林甫复起于今日也!陛下傥不早寤,渐成孤立,后虽悔之,亦无及矣!"载以为诽谤,贬之。

纲 以马璘兼邠宁节度使③。

目 以四镇、北庭行营节度使马璘兼领邠宁。璘以段秀实为都虞候。卒有能引弓重二百四十斤者,犯盗当死,璘欲生之,秀实曰:"将有爱憎而法不一,虽韩、彭不能为理。"璘善其议,竟杀之。璘处事或不中理,秀实争之。璘或怒甚,秀实曰:"秀实罪若可杀,何以怒为!无罪杀人,恐涉非道。"璘摄衣起,良久,置酒召秀实谢之。自是事皆咨秀实而后行,声称甚美。

纲 秋八月,以鱼朝恩判国子监事。

目 命鱼朝恩判国子监。中书舍人常衮言:"成均之任④,当用名儒,不宜以宦者领之。"不听,命宰相百官送上。朝恩执《易》升高座,讲"鼎折足"⑤,以讥宰相。王缙怒,元载怡然。朝恩曰:"怒者常情,笑者不可测也。"

---

① 陵夷:由盛到衰。
② 不讳:进谏不须避讳。
③ 邠宁:藩镇名,治邠州,治今陕西彬州市。
④ 成均:此处指国子监。
⑤ 鼎折足:鼎足因难承重荷而断折,喻无法胜任,必至败事。

纲 冬十月,上生日,诸道节度使上寿。

目 上生日,诸道节度使献金帛、器服、珍玩、骏马为寿,共直缗钱二十四万。常衮上言:"节度使非能男耕女织,必取之于人。敛怨求媚,不可长也。请却之。"上不听。

纲 丁未,二年(767),春二月,郭子仪入朝。

〔不痴不聋,不为家翁〕

目 上礼重子仪,常谓之大臣而不名。其子暖尚升平公主,尝与争言,暖曰:"汝倚乃父为天子邪? 我父薄天子不为!"公主恚,奔车奏之。上曰:"此非汝所知。彼诚如是,彼欲为天子,天下岂汝家所有邪!"慰谕令归。子仪闻之,囚暖,入待罪。上曰:"鄙谚有之:'不痴不聋,不为家翁。'儿女子闺房之言,何足听也!"子仪归,杖暖数十。

纲 秋七月,鱼朝恩作章敬寺。

目 鱼朝恩以赐庄为章敬寺,以资太后冥福,穷壮极丽,奏毁曲江及华清宫馆以给之。卫州进士高郢上书曰:"先太后圣德,不必以一寺增辉;国家永图,无宁以百姓为本。舍人就寺,何福之为! 且古之明主,积善以致福,不费财以求福;修德以消祸,不劳人以禳祸。今徇左右之过计,伤皇王之大猷,臣窃为陛下惜之!"不报。

纲 冬十二月,郭子仪入朝。

目 时盗发子仪父冢,捕之,不获。人以鱼朝恩素恶子仪,疑其使之。子仪入朝,朝廷疑其为变。及见上,上语及之,子仪流涕曰:"臣久

将兵,不能禁暴,军士多发人冢。今日及此,乃天谴,非人事也。"朝
廷乃安。

子仪禁无故军中走马。南阳夫人乳母之子犯禁①,都虞候杖杀之。诸
子泣诉,子仪叱遣之。明日,以事语僚佐而叹息曰:"子仪诸子,皆奴
材也。不赏父之都虞候,而惜母之乳母子,非奴材而何?"

纲 戊申,三年(768),春正月,上幸章敬寺,度僧尼千人。

纲 夏四月,征李泌于衡山。

目 泌既至,复赐金紫,为之作书院于蓬莱殿侧。上时过之,除拜方镇、
给、舍以上②,军国大事皆与之议。欲以泌为相,泌固辞。

纲 秋七月,内出盂兰盆③,赐章敬寺。

目 内出盂兰盆,赐章敬寺。设七庙神座,书尊号于旛上,百官迎谒于光
顺门。自是岁以为常。

纲 八月,以王缙领河东节度使。

纲 冬十二月,以马璘为泾原节度使④。

纲 己酉,四年(769),春正月,郭子仪入朝。

目 子仪入朝,鱼朝恩邀之游章敬寺。元载恐其相结,密使告子仪曰:"朝
恩谋不利于公。"子仪不听。将士请束甲以从者三百人,子仪曰:"我

---

① 南阳夫人:郭子仪妻。
② 方镇:节度使、观察使、经略使之类。给、舍:给事中、中书舍人。
③ 盂兰盆:即救倒悬盆,佛典以为用此盆盛百味供养,可救母难。
④ 泾原:藩镇名,治泾州,在今甘肃泾川县。

国之大臣,彼无天子之命,安敢害我! 若受命而来,汝曹欲何为!"乃从家僮数人而往。朝恩惊问其故。子仪以所闻告,且曰:"恐烦公经营耳。"朝恩抚膺流涕曰:"非公长者,能无疑乎!"

纲 夏五月,以仆固怀恩女嫁回纥。

纲 六月,郭子仪徙镇邠州。

目 子仪迁邠州,其精兵皆自随,余兵使裨将将之,分守河中。

纲 冬十月,杜鸿渐卒。

目 鸿渐病甚,令僧削发,遗令为塔以葬。

纲 以裴冕同平章事,十二月卒。

目 元载以冕老病,易制,故举以为相。受命之际,蹈舞仆地,未几而卒。

纲 庚戌,五年(770),春三月,鱼朝恩伏诛。

目 朝恩专典禁兵,势倾朝野,陵侮宰相。每奏事,以必允为期。朝廷政事有不预者,辄怒曰:"天下事,有不由我者邪!"上闻之,不怿。元载乘间奏朝恩专恣不轨,请除之。上令载为方略。朝恩入朝,常使射生将周皓将百人自卫,又使陕州节度使皇甫温握兵于外以为援,载皆以重赂结之。徙温为凤翔节度使,外重其权,实内温以自助也。温至京师,载留之,因与温、皓密谋诛朝恩。既定计,白上。上曰:"善图之,勿反受祸!"上以寒食宴贵近于禁中①。宴罢,朝恩将出,上责其异图,皓与左右缢杀之,以尸还其家,赐钱以葬。

---

① 寒食:在清明节前三日。

|纲|以杨绾为国子祭酒,徐浩为吏部侍郎。

|目|元载既诛鱼朝恩,上宠任益厚,载遂志气骄溢。自谓有文武才略,弄权舞智,政以贿成。吏部侍郎杨绾典选平允,性介直,不附载。岭南节度使徐浩贪佞,倾南方珍货以赂载。载以绾为国子祭酒,引浩代之。

〔元载威权〕

载有丈人来从载求官,但赠河北一书而遣之。丈人不悦,行至幽州,私发书视之,无一言,惟署名而已。丈人不得已试谒,判官闻有载书,大惊,立白节度使,遣大校以箱受书①,馆之上舍,赠绢千匹。其威权动人如此。

|纲|秋七月,以李泌为江西观察判官。

|目|上悉知元载所为,以其任政日久,欲全始终,因独见,深戒之。载犹不悛(quān)②,上由是稍恶之。载以李泌有宠于上,忌之。会江西观察使魏少游求参佐,上谓泌曰:"元载不容卿,朕今匿卿于魏少游所,俟朕决意除载,当有信报卿,可束装来。"乃以泌为江西判官,且属少游使善待之。

|纲|辛亥,六年(771),秋八月,以李栖筠为御史大夫。

|目|元载所拟官多非法,恐为有司所驳,奏:凡别敕除六品以下官,乞令吏部、兵部无得检勘。上亦从之,然益厌其所为,思得士大夫之不阿附

———————

① 大校:泛指地位仅次于将军的将领。

② 不悛:不悔改。

者为腹心,渐收载权。内出制书,以栖筠为御史大夫,宰相不知,载由是稍绌。

纲 壬子,七年(772),秋七月,卢龙将吏杀其节度使朱希彩。冬十月,诏以朱泚代之。

纲 癸丑,八年(773),秋九月,召郇(xún)模入见。

目 晋州男子郇模,以麻辫发,持竹筐苇席,哭于东市。人问其故,对曰:"愿献三十字,一字为一事。若言无所取,请以席裹尸,贮筐中,弃于野。"京兆以闻。上召见,赐新衣,馆于客省。其言"团"者,请罢诸州团练使也;"监"者,请罢诸道监军使也。

纲 冬十月,吐蕃寇泾、邠,郭子仪遣浑瑊拒却之。

目 吐蕃寇泾、邠,浑瑊将步骑五千战于宜禄①。宿将史抗等不用命,官军大败。马璘亦败,为虏所隔。段秀实发城中兵出,陈东原,吐蕃稍却,璘乃得还。郭子仪谓诸将曰:"败军之罪在我,不在诸将,然朔方兵精闻天下,今为虏败,何以雪耻?"浑瑊曰:"今日之事,惟理瑊罪,不则,再见任。"子仪赦其罪,使将兵趣朝那②。虏欲掠汧(qiān)、陇③。盐州刺史李国臣曰④:"虏乘胜必犯郊畿,我掎其后⑤,虏必返顾。"乃引兵趣秦原⑥,鸣

---

① 宜禄:县名,今陕西长武县。
② 朝那:今甘肃平凉市西北。
③ 汧:县名,在今陕西陇县东南。
④ 盐州:治今宁夏盐池县。
⑤ 掎:牵拖。
⑥ 秦原:今甘肃清水县东北。

鼓而西。虏闻之,至百城①,返,浑瑊邀之于隘,尽复得其所掠。马璘亦出精兵袭虏辎重,杀数千人,虏遂遁去。

纲 元载奏请城原州。

目 初,元载尝为西州刺史,知河西、陇右山川形势。言于上曰:"四镇、北庭既治泾州,无险要可守。陇山高峻,南连秦岭,北抵大河。今国家西境尽潘原②,而吐蕃戍摧沙堡③,原州居其中间,当陇山之口,其西皆监牧故地,草肥水美,平凉在其东,独耕一县,可给军食,故垒尚存,吐蕃弃而不居。每岁夏,吐蕃畜牧青海,去塞甚远,若乘间筑之,二旬可毕。移京西军戍原州,移郭子仪军戍泾州,为之根本,分兵守石门、木峡④,渐开陇右,进达安西,据吐蕃腹心,则朝廷可高枕矣。"并图地形献之。会田神功入朝,上问之,对曰:"行军料敌,宿将所难,陛下奈何用一书生语,欲举国从之乎!"载寻得罪,事遂寝。

纲 甲寅,九年(774),春二月,郭子仪入朝。

纲 秋九月,卢龙节度使朱泚入朝。

目 初,朱泚遣弟滔奉表请入朝。上喜,为筑第京师以待之。泚至蔚州⑤,有疾,诸将请还,泚曰:"死则舆尸而前!"至京师,宴犒甚盛。泚请留阙下,以弟滔知留后。许之。

---

① 百城:城名,今甘肃庆城县西南。
② 潘原:县名,在今甘肃平凉市东。
③ 摧沙堡:在今宁夏固原市原州区一带。
④ 石门、木峡:关名,皆为陇山口,在今宁夏固原市西。
⑤ 蔚州:治今河北蔚县。

〔田承嗣反,河北三镇反叛肇端于此〕

纲乙卯,十年(775),春正月,田承嗣反,陷相州。

纲郭子仪入朝。

目子仪尝奏除州县官一人,不报,僚佐以为言。子仪谓曰:"兵兴以来,方镇跋扈,凡有所求,朝廷必委曲从之,盖疑之也。今子仪所奏,朝廷以其不可行而置之,是不以武臣相待而亲厚之也。诸君可贺矣,又何怪焉!"闻者皆服。

纲田承嗣陷洛、卫州。

纲夏四月,敕贬田承嗣,发诸道兵讨之。

目初,李宝臣、李正己皆为田承嗣所轻。及承嗣拒命,宝臣、正己皆表讨之。于是贬承嗣永州刺史,命诸道进兵讨之。时朱滔方恭顺,与宝臣及河东节度使薛兼训攻其北,正己与淮西节度使李忠臣等攻其南。承嗣以诸道兵四合,惧,请束身归朝。宝臣与朱滔攻沧州,不克。承嗣将卢子期攻磁州,城几陷。宝臣与昭义节度使李承昭共击①,擒子期送京师,斩之。

纲冬十月,李正己按兵不进。李宝臣袭卢龙军。

目初,李正己遣使至魏州,田承嗣囚之,至是,礼而遣之,籍境内户口、甲兵、谷帛之数以与正己,曰:"承嗣老矣,溘(kè)死无日②,诸子不肖,今

———————————

① 昭义:藩镇名,治潞州,今山西长治市。
② 溘死:忽然死去。

为公守耳,岂足以辱师乎!"正己遂按兵不进。于是诸道兵皆不敢进。上嘉李宝臣之功,遣中使马承倩赍诏劳之。宝臣遗之百缣,承倩诟詈(lì),掷出道中。王武俊说宝臣曰:"今公在军中新立功,竖子尚尔,况寇平之后,召归阙下,一匹夫耳,不如释承嗣以为己资。"宝臣遂有玩寇之志。

承嗣知范阳宝臣乡里,心常欲之,因刻石云:"二帝同功势万全,将田为侣入幽、燕,"密令瘗宝臣境内,使望气者言彼有王气,宝臣掘而得之。又令客说之曰:"公与朱滔共取沧州,得之,则地归国,非公所有。公能舍承嗣之罪,请以沧州归公,而从公取范阳以自效。"宝臣喜,谓事合符谶,遂与承嗣通谋。选精骑二千,夜袭卢龙军,滔不虞有变,战败,走免。承嗣闻之,引军南还,使谓宝臣曰:"河内有警,不暇从公,石上谶文,吾戏为之耳!"宝臣惭惧而退。

纲 十一月,田承嗣将吴希光以瀛州降。

纲 丙辰,十一年(776),冬十二月,泾原节度使马璘卒。

纲 丁巳,十二年(777),春三月,诛元载,贬王缙为括州刺史。

目 元载、王缙俱纳贿赂,又以政事委群吏。上欲诛之,独与元舅金吾大将军吴凑谋之。会有告载、缙夜醮(jiào)图不轨者①,上命凑收之。命吏部尚书刘晏与御史大夫李涵等同鞫之,皆伏罪,赐自尽。刘晏谓李涵曰:"故事,重刑覆奏,况大臣乎!且法有首从,宜更禀进止。"涵等从之。上乃诛载而贬缙。载妻子皆伏诛,有司籍载家财,胡椒至八百

① 醮:一种道教仪式。

石,他物称是。遣中使发载祖父墓,斫棺弃尸,毁其庙主。

纲夏四月,以杨绾、常衮同平章事。

目绾性清简俭素,制下之日,朝野相贺。郭子仪方宴客,闻之,减坐中声乐五分之四。京兆尹黎幹驺(zōu)从甚盛①,即日省之,止存十骑。中丞崔宽第舍宏侈,亟毁撤之。

初,元载以仕进者多乐京师,恶其逼己,乃薄其俸,于是京官不能自给,常从外官乞贷。至是,绾、衮乃奏增之。

开元中,诏宰相共食实封三百户,谓之堂封。及载、缙为相,日赐御馔可食十人,遂为故事。衮奏停之。又欲辞堂封,同列不可而止。时人讥衮,以为"朝廷厚禄,所以养贤。不能,当辞位,不当辞禄"。

纲秋七月,司徒、文简公杨绾卒。

目上方倚杨绾,使厘革弊政,会绾有疾,卒,上痛悼之甚,谓群臣曰:"天不欲朕致太平,何夺朕杨绾之速也!"

纲以颜真卿为刑部尚书。

纲九月,以段秀实为泾原节度使。

目秀实军令简约,有威惠,奉身清俭,室无姬妾,非公会,未尝饮酒听乐。

纲霖雨,度支奏河中有瑞盐。

[韩滉伪造瑞盐]

目先是,秋霖,河中府池盐多败。户部侍郎韩滉奏雨不害盐,仍有瑞盐。

---

① 驺从:出门随行的舆马、仆从。

上疑其不然,遣谏议大夫蒋镇往视之。京兆尹黎幹奏秋霖损稼,滉奏幹言不实。上命御史按视,还奏,"所损凡三万余顷"。渭南令刘澡附滉,称县境不损。御史赵计奏与澡同。上曰:"霖雨溥博,岂得渭南独无!"更命御史朱敫视之,损三千余顷。上叹息久之,曰:"县令,字人之官,不损犹应言损,乃不仁如是乎!"贬澡南浦尉①,计澧州司户②,而不问滉。蒋镇还奏"瑞盐如滉言",仍上表贺,请置神祠。上从之,赐号宝应灵庆池,时人丑之。

[敕毁白渠碾硙,促进农业生产]

纲 戊午,十三年(778),春正月,敕毁白渠碾硙③。

目 敕毁白渠支流碾硙以溉田。升平公主有二硙,请存之。上曰:"吾欲利苍生,汝识吾意,当为众先。"公主即日毁之。

纲 夏六月,陇右献猫鼠同乳。

目 陇右节度使朱泚献猫鼠同乳不相害者以为瑞,常衮帅百官贺。中书舍人崔祐甫不贺,曰:"物反常为妖。猫捕鼠,乃其职也,今同乳,妖也。何以贺为!宜戒法吏之不察奸、边吏之不御寇者,以承天意。"上嘉之。祐甫知选事,数以公事与常衮争,衮由是恶之。

纲 冬十二月,郭子仪入朝。

目 子仪入朝,命判官杜黄裳主留务。李怀光阴谋代子仪,矫为诏书,欲

---

① 南浦:县名,今重庆市万州区。
② 澧州:治今湖南澧县。
③ 白渠:汉武帝时期在关中修建的水利设施,历代沿用。

诛大将温儒雅等。黄裳察其诈,以诘怀光,怀光伏罪。于是诸将之难制者,黄裳矫子仪之命,皆出之于外,军府乃安。

子仪尝以副使张昙刚率轻己,孔目官吴曜因而构之。奏昙扇动军众,诛之。掌书记高郢力争,子仪不听,奏贬郢。既而僚佐多以病求去,子仪悔之,悉荐于朝,曰:"吴曜误我。"遂逐之。

纲 以路嗣恭为兵部尚书。

〔李泌说代宗不罪路嗣恭〕

目 上召李泌入见,语以元载事,曰:"与卿别八年,乃能除此贼。不然,几不见卿。"对曰:"陛下知群臣有不善,则去之。含容太过,故至于此。"上因言:"路嗣恭初平岭南,献琉璃盘,径九寸,朕以为至宝。及破载家,得嗣恭所遗载盘,径尺。当议罪之。"泌曰:"嗣恭为人小心,善事人,精勤吏事而不知大体。昔为县令,有能名。陛下未暇知之,而为载所用,故为之尽力。陛下诚知而用之,彼亦为陛下尽力矣。且嗣恭新立大功,陛下岂得以一琉璃盘罪之邪!"上意乃解,以嗣恭为兵部尚书。

蒲宣伊 评注

黄正建 审定

纲鉴易知录卷五三

卷首语：本卷起唐代宗大历十四年(779)，止唐德宗建中四年(783)，所记为代宗、德宗两朝五年史事。唐廷擢拔杨炎、第五琦理财，行两税法。刘晏被贬，终遭构陷而死。德宗初年于河南、河北行削藩之策，激起李纳、李惟岳、朱滔、田悦、李希烈等人的反叛。之后发生泾原之变，德宗逃奔奉天，陆贽为平叛和善后工作建言献策。

唐　纪

代宗皇帝

纲 己未,十四年(大历十四年,779),春正月,以李泌为澧州刺史。

目 常衮言于上曰:"陛下久欲用李泌,昔汉宣帝欲用人为公卿,必先试理人,请且以为刺史,使周知人间利病,俟报政而用之①。"

纲 二月,田承嗣卒。

目 以其侄悦为魏博留后。

纲 三月,淮西将李希烈逐其节度使李忠臣,诏以希烈为留后。

纲 夏五月,帝崩,太子即位。

目 上崩,遗诏以郭子仪摄冢宰。德宗即位,动遵礼法,食马齿羹②,不设盐、酪③。

纲 闰月,贬崔祐甫为河南少尹。

纲 贬常衮为潮州刺史,以崔祐甫同平章事。

目 时郭子仪、朱泚虽以军功为宰相,皆不预朝政,衮独居政事堂,代二人署名奏贬祐甫。既而二人表其非罪,上问:"卿向言可贬,何也?"

---

① 报政:地方官陈报政绩。
② 马齿:马齿苋。
③ 酪:乳浆。

二人对:"初不知。"上以衮为欺罔,贬为潮州刺史,而以祐甫代之,闻者震悚。时上居谅阴,委政祐甫,所言皆听。而群臣丧服,竟从衮议。

初,至德以后,天下用兵,官爵冗滥。元、王秉政①,贿赂公行。及衮为相,思革其弊,四方奏请,一切不与。而无所甄别,贤愚同滞。祐甫欲收时望,作相未二百日,除官八百人,前后相矫,终不得其适。上尝谓祐甫曰:"人或谤卿,所用多涉亲故,何也?"对曰:"臣为陛下选择百官,不敢不详慎。苟平生未之识,何以谙其才行而用之。"上以为然。

纲诏罢四方贡献,又罢梨园②。

[郭子仪在平定安史之乱的过程中功勋卓著,被唐德宗尊为尚父]

纲尊郭子仪为尚父,加太尉,兼中书令。

目上以山陵近③,禁屠宰。子仪之隶人犯禁,金吾将军裴谞奏之④。或谓曰:"君独不为郭公地乎⑤?"谞曰:"此乃所以为之地也。郭公勋高望重,上新即位,以为群臣附之者众,吾故发其小过,以明郭公之不足畏。上尊天子,下安大臣,不亦可乎!"

---

① 元、王:元载、王缙。
② 梨园:唐代训练乐工的机构,由唐玄宗设立。
③ 山陵:指帝王坟墓,此用来指代帝王葬期。
④ 金吾将军:分左、右,掌昼夜巡警,纠察不法。
⑤ 为郭公地:给郭公以措身之地。为郭公行方便之意。

〔德宗禁奏祥瑞〕

纲诏天下毋得奏祥瑞。纵驯象①,出宫女。

目泽州上庆云图②,上曰:"朕以时和年丰为嘉祥,以进贤显忠为良瑞,如卿云、灵芝、珍禽、奇兽、怪草、异木,何益于人!布告天下,自今有此,毋得上献。"

先是,外国屡献驯象,上曰:"象费豢养而违物性,将安用之!"命纵于荆山之阳③,及豹、貀(nà)、斗鸡、猎犬之类,悉纵之;又出宫女数百人。于是中外皆悦,淄青军士④,至投兵相顾曰⑤:"明主出矣,吾属犹反乎!"

纲以李希烈为淮西节度使。

目代宗优宠宦官,奉使四方者还,问所得颇少,则以为轻我命。由是中使所至⑥,公求赂遗,重载而归。上素知其弊,遣中使邵光超赐希烈旌节;希烈赠之仆、马及缣七百匹。上怒,杖光超而流之。于是中使之未归者,皆潜弃所得于山谷,虽与之莫敢受。

纲以马燧为河东节度使。

〔刘晏判度支,通过榷盐解决粮食运输问题〕

纲以刘晏判度支。

---

① 纵:放归。
② 泽州:治今山西晋城市。庆云:又称景云、卿云,指祥瑞的云气,属大瑞。
③ 荆山:在今陕西铜川市。
④ 淄青:指淄青平卢节度使,治郓州,今山东东平县。
⑤ 投兵:放下兵器。
⑥ 中使:宫中派出的使者,多指宦官。

目 初,第五琦始榷盐以佐军用,及刘晏代之,法益精密。初岁入钱六十万缗,末年所入逾十倍,而人不厌苦。计一岁征赋所入总一千二百万缗,而盐利居其大半。以盐为漕佣①,自江淮至渭桥②,率万斛,佣七千缗。自淮以北,列置巡院③,择能吏主之,不烦州县而集事④。

纲 六月,诏:"冤滞听诣三司使及挝登闻鼓⑤。"

纲 遣使慰劳淄青将士。

目 李正己畏上威名,表献钱三十万缗,上欲受之恐见欺,却之则无辞。崔祐甫请遣使慰劳淄青将士,因以赐之,使将士人人戴上恩,诸道知朝廷不重货财。上悦,从之。正己惭服,天下以为太平之治,庶几可望焉。

纲 秋七月,毁元载、马璘、刘忠翼之第。

目 安史乱后,法度堕弛,将相宦官竞治第舍,各穷其力而后止,时人谓之"木妖"。上素疾之,故毁其尤者。

纲 以张涉为右散骑常侍。

目 上之在东宫也,国子博士张涉为侍读,即位之夕,召入禁中,事皆咨之,明日,以为翰林学士⑥,亲重无比。至是,以为散骑常侍,学士如故。

---

① 漕佣:向京城运输粮食的雇佣费用。
② 渭桥:即东渭桥,在今西安东北灞水、泾水与渭水合流处东侧。唐代置渭桥仓于此,漕粮自东来,先聚于仓,再转运长安。
③ 巡院:盐铁、度支使下属机构,负责漕运、盐铁专卖、监察地方等。
④ 集事:成事。
⑤ 三司使:侍御史、中书舍人、给事中各一人。
⑥ 翰林学士:负责起草禁中文书,备皇帝顾问,常值宿内廷。

纲八月,以杨炎、乔琳同平章事。

目上方励精求治,不次用人,卜相于崔祐甫,祐甫荐炎器业①,上亦素闻其名,故自道州司马用之。琳,粗率喜诙谐,无他长,与张涉善,涉称其才可大用,上信而用之,闻者无不骇愕。既而祐甫病,不视事。

〔沈既济提出选拔官吏的建议〕

纲沈既济上选举议。

目议曰:"选举之法三科:曰德也,才也,劳也。然安行徐言,非德也;丽藻芳翰,非才也;累资积考,非劳也。今乃以此求天下之士,固未尽矣。臣谓五品以上及群司长官,宜令宰臣进叙,吏部、兵部得参议焉。其六品以下或僚佐之属,许州、府辟用;其或选用非公,则吏部、兵部察而举之,加以谴黜,则众才咸得,而官无不治矣。"

纲冬十月,吐蕃、南诏入寇,遣神策都将李晟(shèng)等击破之②。

纲葬元陵③。

纲十一月,乔琳罢。

目琳以衰老耳聋,论议疏阔,罢政事,上由是疏张涉。

纲十二月,立宣王诵为皇太子。

---

① 器业:才能学识。
② 神策都将:神策军为唐朝中后期中央北衙禁军的主力,出征时临时设置都将统领。
③ 元陵:唐代宗陵,在今陕西富平县。

纲　诏财赋皆归左藏。

〔杨炎论财赋不宜贮藏内库〕

目　旧制,天下金帛皆贮于左藏,太府四时上其数,比部覆其出入①。及第五琦为度支使,奏尽贮于大盈内库②,使宦官掌之,天子亦以取给为便。由是以天下公赋为人君私藏,有司不复得窥其多少,殆二十年。宦官蚕食其中,蟠结根据,牢不可动。杨炎顿首于上前曰:“财赋者,国之大本,生民之命,重轻安危,靡不由之,是以前世皆使重臣掌其事,犹或耗乱不集③。今独使中人出入盈虚④,大臣皆不得知,政之蠹弊莫甚于此。请出之以归有司。度宫中岁用,量数奉入。如此,然后可以为政。”上即日下诏,从之。炎以片言移人主意,议者称之。

纲　遣关播招抚湖南盗贼⑤。

目　湖南贼帅王国良阻山为盗,遣都官员外郎关播招抚之。播辞行,上问以为政之要,对曰:“为政之本,必求有道贤人与之为理。”上曰:“朕比已下诏求贤,又遣使搜访矣。”对曰:“此唯得文词干进之士耳,安有有道贤人肯随牒举选乎!”上悦。

---

① 比部:尚书省二十四司之一,属刑部,负责审核诸司经费、官员俸禄等。
② 大盈内库:皇家府库之一。
③ 耗乱:昏乱。
④ 中人:宦官。
⑤ 湖南:藩镇名,治潭州。

德宗皇帝

〔杨炎推行两税法〕

纲 庚申,德宗皇帝建中元年(780),春正月,始作两税法①。

目 唐初,赋敛之法曰租、庸、调,有田则有租,有身则有庸,有户则有调。玄宗之末,版籍浸坏,至德兵起,所在赋敛,迫趣取办②,无复常准。下户旬输月送,不胜困弊,率皆逃徙,其土著者百无四五。至是,杨炎建议作两税法。先计州县每岁所用及上供之数而赋于人,量出以制入。户无主、客③,以见居为簿④;人无丁、中,以贫富为差;为行商者,在所州县税三十之一。居人之税,秋夏两征之。其租、庸、调、杂徭悉省,皆总于度支。上用其言,仍诏两税外辄率一钱者,以枉法论。

评两税法:

　　安史之乱以后,唐廷内忧外患,面临严重的财政危机。杨炎倡议税法改革,废除施行已久、积弊已深、以身丁为本的租庸调制,推行以资产为宗的"两税法",以求省并税项、扩展税源,增加中央财赋收入。"两税法"的实行,为中国古代的税法改革提供了方向,具有重大影响。明清时期的一条鞭法、摊丁入亩,均是以土地等资产而非人丁数量作为征税的基础。

————————

① 两税法:唐中后期税法,以土地、资产为主要标准,每年夏秋两季征税。
② 趣:同"促",意为催促。
③ 主、客:主户、客户。主户指世代居住于本地的民户,客户指从外地迁移至本地的民户。
④ 见居为簿:以其当时居住地登记簿册。

〔刘晏被贬边州，杨炎独专朝政〕

纲 罢转运、租庸、盐铁等使，贬刘晏为忠州刺史。

纲 二月，命黜陟使十一人分巡天下①。

纲 以段秀实为司农卿。

目 崔祐甫有疾，多不视事，杨炎独任大政，专以复恩仇为事，奏用元载遗策城原州②。炎欲发两京、关内丁夫浚丰州陵阳渠③，以兴屯田。上遣中使访之泾原节度使段秀实④，秀实以为："边备尚虚，未宜兴事以召寇。"炎怒，以为沮己⑤，征秀实为司农卿。使李怀光兼泾原，既而渠竟不成。

纲 以朱泚为泾原节度使。

目 杨炎欲城原州，命李怀光居前督作，朱泚、崔宁各将万人翼其后。诏下泾州为城，其将士怒曰："吾属始居邠州，甫营耕桑，有地著之安⑥。徙屯泾州，披荆榛，立军府。坐席未暖，又投之塞外。吾属何罪而至此乎！"又以怀光严刻，皆惧。别驾刘文喜因众心不安，据泾州不受诏，复求段秀实或朱泚为帅。诏以泚代怀光。

---

① 黜陟使：负责官吏升降考核的使职。
② 原州：治今宁夏固原市原州区。
③ 丰州：治今内蒙古乌拉特前旗。陵阳渠：在丰州九原县，今内蒙古杭锦后旗西北。
④ 泾原：藩镇名，治泾州。
⑤ 沮：败坏、破坏。
⑥ 地著：久居其地而不迁徙。

纲 三月,张涉坐赃,放归田里。

纲 以韩洄判度支,杜佑权江淮转运使。

纲 夏四月,上生日,不受献。

纲 六月,门下侍郎同平章事崔祐甫卒。

纲 筑奉天城①。

目 术士桑道茂上言:"陛下不出数年,暂有离宫之厄,臣望奉天有天子气,宜高大其城,以备非常。"上命京兆发丁夫数千,杂六军之士筑奉天城。

纲 秋七月,杀忠州刺史刘晏。

目 荆南节度使庾准希杨炎指②,奏晏与朱泚书求营救,辞多怨望,炎证成之。上密遣中使缢杀之,天下冤之。

〔刘晏善理财〕

初,安史之乱,天下户口什亡八九,所在宿重兵,其费不赀,皆倚办于晏。晏有精力,多机智,变通有无,曲尽其妙。常以厚直募善走者,置递相望③,觇报四方物价,不数日皆达,食货轻重之权,悉制在掌握,国家获利而天下无甚贵甚贱之忧。

晏以为办集众务,在于得人,故必择通敏、精悍、廉勤之士而用之。常

---

① 奉天城:在今陕西乾县境。
② 荆南:藩镇名,治江陵府,今湖北荆州市。希:迎合。
③ 递:驿传。

言："士陷赃贿,则沦弃于时,名重于利,故士多清修;吏虽洁廉,终无显荣,利重于名,故吏多贪污。"其勾检簿书①,出纳钱谷,事虽至细,必委之士类,吏惟书符牒②,不得轻出一言。

晏又以为户口滋多,则赋税自广,故其理财常以养民为先。诸道各置知院官,每旬月具雨雪丰歉之状以告,丰则贵籴,歉则贱粜,或以谷易杂货供官用,而于丰处卖之。知院官始见不稔之端,先申至,某月须如干蠲免③,某月须如干救助,及期,晏不俟州、县申请,即奏行之,不待困弊、流殍,然后赈之也,由是户口蕃息。始为转运使,时天下见户不过二百万,其季年乃三百余万,非晏所统亦不增也。其初财赋岁入不过四百万缗,季年乃千余万缗。

晏专用榷盐法充军国之用。晏以为,官多则民扰,故但于出盐之乡置官收盐,转鬻于商人,任其所之,其去盐乡远者,转官盐于彼贮之。或商绝盐贵,则减价鬻之,谓之常平盐,官获其利而民不乏盐。其始江淮盐利不过四十万缗,季年乃六百余万缗,由是国用充足而民不困弊。

先是,运关东谷入长安者,以河流湍悍④,率一斛得八斗至者,则为成劳,受优赏。晏以为江、汴、河、渭,水力不同,各随便宜,造运船,教漕卒,缘水置仓⑤,转相受给。自是每岁运谷或至百余万斛,无斗升沉

① 勾检:审核。
② 符牒:泛指唐代的官方文书。
③ 如干:若干。
④ 河流:黄河水流。
⑤ 缘水置仓:沿着河道设置仓库。

覆者。船十艘为一纲,使军将领之,十运无失,授优劳官①。于扬子置场造船,艘给千缗。或言:"用不及半,请损之。"晏曰:"不然,论大计者不可惜小费,凡事必为永久之虑。今始置船场,执事者多,当先使之私用无窘,则官物坚完矣。若遽与之屑屑较计,安能久行乎!异日必有减之者;减半以下犹可也,过此则不能运矣。"后五十年,有司果减其半。及咸通中,有司计费而给之,无复羡余,船益脆薄,漕运遂废。

[刘晏行政效率高,事必一日中决]

晏为人勤力,事无闲剧②,必于一日中决之。后来言财利者,皆莫能及。

纲 冬十月,贬薛邕为连山尉③。

目 大历以前,赋敛、出纳、俸给皆无法,长吏得专之;重以元、王秉政,货赂公行,天下不按赃吏者殆二十年。上以宣歙(shè)观察使薛邕文雅旧臣④,征为左丞;邕去宣州,盗隐官物以巨万计,殿中侍御史员寓发之,贬连山尉。于是州县始畏朝典。上初即位,疏斥宦官,亲任朝士,而张涉、薛邕继以赃败,宦官、武将皆曰:"南牙文臣,赃至巨万,而谓我曹浊乱天下,岂非欺罔邪!"于是上心始疑,不知所倚仗矣。

---

① 授优劳官:授予嘉奖其勋劳的官职。
② 剧:繁难复杂。
③ 连山:县名,今广东连山县。
④ 宣歙:藩镇名,治宣州。

纲辛酉,二年(781),春正月,成德节度使李宝臣卒,子惟岳自称留后。

〔李惟岳自为成德留后,河北藩镇问题初显〕

目李宝臣欲以军府传其子惟岳,以其年少闇弱,豫诛诸将之难制者数十人。及卒,孔目官胡震①、家僮王他奴劝惟岳匿丧,诈为宝臣表,请继袭,不许,乃发丧,自称留后。使将佐共奏求旌节,又不许。初,宝臣与李正己、田承嗣、梁崇义相结,期以土地传子孙,故承嗣之死,宝臣力为悦请继袭。至是,悦屡为惟岳请,上亦不许。或曰:"不与必为乱。"上曰:"贼本无资以为乱,皆藉我土地,假我位号,以聚其众耳。向日因其所欲而命之多矣②,而乱益滋,是爵命不足以已乱而适足以长乱也。"竟不许。

田悦乃与李正己各遣使诣惟岳,潜谋勒兵拒命。正己发兵万人屯曹州③,悦亦完聚,与崇义、惟岳相应,河南士民骚然惊骇。诏以永平节度使李勉为都统④,备之。

纲以杨炎、卢杞同平章事。

〔郭子仪屏退姬妾以见卢杞〕

目杞貌丑,色如蓝,有口辩,上悦之。郭子仪每见宾客,姬妾不离侧。杞

---

① 孔目官:低级文职僚佐。
② 向日:从前、往日。
③ 曹州:治今山东曹县。
④ 永平:藩镇名,治滑州。都统:唐朝中后期临时设置,掌征伐,总领诸道兵马,兵罢则省。

尝往问候,子仪悉屏侍妾。或问其故,子仪曰:"杞貌陋而心险,妇人见之必笑,他日杞得志,吾族无类矣!"

杨炎既杀刘晏,朝野侧目,李正己累表请晏罪。炎惧,遣腹心分诣诸道,密谕以"晏昔尝请立独孤后,上自杀之"。上闻而恶之,由是有诛炎之志,擢杞为相,不专任炎矣。炎素轻杞无学,多托疾不与会食①;杞亦恨之。

杞阴狡,欲起势立威,小不附者必欲置之死地,引裴延龄为集贤直学士②,亲任之。

纲 发京西兵戍关东。

目 发京西防秋兵万二千戍关东。上御望春楼宴劳之,神策将士独不饮,上使诘之,其将杨惠元对曰:"臣等发奉天,军帅张巨济戒之曰:'此行大建功名,凯旋之日,相与为欢。苟未捷,毋饮酒。'故不敢奉诏。"及行,有司缘道设酒食,独惠元所部瓶罂(yīng)不发③。上深叹美,赐书劳之。

〔田悦举兵,进攻邢、洺〕

纲 夏五月,田悦举兵寇邢、洺。

目 田悦、李正己、李惟岳定计,连兵拒命。悦欲阻山为境,曰:"邢、洺如两眼,在吾腹中,不可不取。"乃遣兵马使康愔将兵八千人围邢州,自

---

① 会食:相聚用餐。唐代尚书省工作惯例,奏事完毕,宰相百僚会食都堂。
② 集贤直学士:唐开元十三年设集贤殿直学士,以六品以下官为之,掌刊辑经书,地位次于学士。
③ 瓶罂:指酒器。

将兵数万围临洺①。邢州刺史李共、临洺将张伾坚壁拒守。

纲 六月，以韩滉为镇海军节度使②。梁崇义拒命，诏淮西节度使李希烈督诸道兵讨之。

纲 尚父、太尉、中书令、汾阳忠武王郭子仪卒。

目 子仪为上将，拥强兵，程元振、鱼朝恩谗谤百端，诏书一纸征之，无不即日就道，由是谗谤不行。尝遣使至田承嗣所，承嗣西望拜之曰："此膝不屈于人若干年矣！"李灵曜据汴州，公私物过汴者皆留之，惟子仪物不敢近，遣兵卫送出境。校中书令考凡二十四③，家人三千人，八子、七婿皆为显官；诸孙数十人，每问安，不能尽辨，颔之而已。仆固怀恩、李怀光、浑瑊辈皆出麾下，虽贵为王公，尝颐指役使，趋走于前，家人亦以仆隶视之。天下以其身为安危者殆三十年，功盖天下而主不疑，位极人臣而众不疾，穷奢极欲而人不非之，年八十五而终。其将佐为名臣者甚众。

纲 秋七月，杨炎罢，以张镒(yì)同平章事。

纲 诏马燧、李抱真、李晟讨田悦，战于临洺，大破之。

目 田悦攻临洺，累月不拔，城中食且尽。张伾(pī)饰其爱女，使出拜将士曰："诸军守战甚苦，伾家无他物，请鬻此女为将士一日之费。"众皆哭曰："愿尽死力，不敢言赏。"李抱真告急于朝，诏马燧及神策兵马使李

① 临洺：县名，今河北邯郸市永年区。
② 镇海军：藩镇名，治润州。
③ 考：唐制一岁一考。

晟将兵讨悦,又诏朱滔讨惟岳。燧等军至临洺,悦悉众力战,悦兵大败,悦夜遁,邢州围亦解。

綱 平卢节度使李正己卒,子纳自领军务,与李惟岳遣兵救田悦。

綱 八月,李希烈与梁崇义战,大破之,崇义死,传首京师。

綱 九月,以张孝忠为成德军节度使。

綱 加李希烈同平章事,以李承为山南东道节度使①。

目 初,希烈请讨梁崇义,上亟称其忠。黜陟使李承自淮西还,言于上曰:"希烈必立微功,但恐有功之后,更烦朝廷用兵耳!"上不以为然。希烈既得襄阳,遂据之。上乃思承言,以为山南东道节度使。承单骑赴镇,至襄阳,希烈迫胁万方,承不屈,希烈乃大掠而去。

綱 冬十月,杀左仆射杨炎。

目 初,萧嵩家庙临曲江②,玄宗以娱游之地,非神灵所宅,命徙之。杨炎为相,立庙复直其地。炎恶京兆尹严郢,卢杞欲陷炎,引以为御史大夫。先是,炎有宅在东都,卖以为官廨,郢按之,以为有羡利。吏议以为:"监主自盗,当绞。"杞因言:"嵩庙地有王气,故玄宗徙之,炎有异志,故取以建庙。"遂贬崖州司马,遣中使护送,缢杀之。

綱 徐州刺史李洧(wěi)以州降。

目 徐州刺史李洧,正己之从父兄也。举州归国,遣巡官崔程奉表诣阙,

---

① 山南东道:藩镇名,治襄州,今湖北襄阳市。
② 曲江:曲江池,唐时长安的游赏盛地,在今西安市东南。

乞领徐海沂(yí)观察使①,且曰:"今海、沂皆为李纳所有。洧与其刺史王涉、马万通有约,苟得朝廷诏书,必能成功。"程先白张镒。卢杞怒,不从其请。以洧为招谕使。

纲 十一月,刘洽、唐朝臣等大破青、魏兵于徐州。

纲 壬戌,三年(782),春正月,马燧等大破田悦等于洹(huán)水②,博、洺州降。

〔王武俊杀李惟岳,由于朝廷处置不当,之前未能凝聚的河北诸镇势力合流〕

纲 朱滔、张孝忠与李惟岳战,大败之,赵州降。成德兵马使王武俊杀惟岳,传首京师。

纲 二月,以张孝忠为易定沧州节度使③,王武俊为恒冀团练使④,康日知为深赵团练使⑤,以德、棣隶幽州⑥。

目 时河北略定,惟魏州未下。李纳势日蹙。朝廷谓天下不日可平,以孝忠为易定沧州节度使,武俊、日知为恒冀、深赵团练使,以德、棣二州隶朱滔,令还镇。滔固请深州,不许,由是怨望,留屯深州。武俊自以不得为节度使,又失赵、定,不悦。复有诏令武俊以粮三千石给朱滔,马五百匹给马燧。武俊以为魏博既下,朝廷必取恒冀,故分其粮马以

---

① 海沂:海州、沂州。海州治今江苏连云港市,沂州治今山东临沂市。
② 洹水:县名,在今河北魏县西南市。
③ 易定沧州:易州、定州、沧州,治同今地名。
④ 恒冀团练使:治恒州。团练使,唐代中期以后设立,掌该区各州军事。
⑤ 深赵团练使:治赵州,今河北赵县。
⑥ 棣州:治今山东惠民县。

弱之，疑，未肯奉诏。田悦闻之，遣判官王侑(yòu)说朱滔救魏博。滔大喜，即遣侑归报。又遣王郅说王武俊共救田悦，武俊亦喜，许诺，相与刻日举兵南向。

纲 三月，以李洧兼徐、海、沂观察使。

目 刘洽攻李纳于濮州，克其外城。纳于城上涕泣求自新，李勉又遣人说之，纳遣判官房说入见。会中使宋凤朝称纳势穷蹙，不可舍，上乃囚说等，纳遂归郓(yùn)州①，复与田悦等合。朝廷以纳势未衰，始以洧兼徐、海、沂观察使，而海、沂已为纳所据，洧竟无所得。

纲 夏四月，朱滔、王武俊反，发兵救田悦，寇赵州。诏李怀光讨之。

纲 括富商钱。

〔杜佑为解决军费问题，在长安城中大肆搜刮，致使民力耗竭〕

目 时两河用兵，月费百余万缗，府库不支数月。太常博士韦都宾、陈京建议，"请括富商钱，出万缗者，借其余以供军"。上从之。判度支杜佑大索长安中，长安嚣然，如被寇盗，计所得才八十余万缗。又括僦柜质钱②，凡蓄积钱帛粟麦者，皆借四分之一，封其柜窖，百姓为之罢市。计并借商所得，才二百万缗，人已竭矣。

纲 洺州刺史田昂入朝。

目 李抱真、马燧数以事相恨望，怨隙遂深，不复相见。由是诸军逗挠，久

---

① 郓州：治今山东东平县。
② 括：榨取、搜求。僦柜：唐代以收费代人保管金银及贵重物品为业的柜房。质：抵押。

无成功,上遣中使和解之。及王武俊逼赵州,抱真分麾下二千人戍邢州,燧大怒,欲引兵归。李晟说燧曰:"李尚书以邢、赵连壤,分兵守之,诚未有害。今公遽自引去,众谓公何!"燧悦,乃单骑造抱真垒,相与释憾结欢。会田昂请入朝,燧奏以洺州隶抱真。李晟军先隶抱真,又请兼隶燧,以示协和。

纲 召朱泚入朝,以张镒兼凤翔节度使①。

目 朱滔遣人以蜡书遗朱泚,欲与同反,马燧获之,并使者送长安,泚不之知。上驿召泚至,示之,泚顿首请罪。上曰:"相去千里,初不同谋,非卿之罪也。"因留之长安,赐赉甚厚,以安其意。

上以幽州兵在凤翔,思得重臣代之。卢杞忌张镒忠直,为上所重,欲出之,乃对曰:"凤翔将校皆高班②,非宰相无以镇抚,臣请自行。"上俯首未言,杞遽曰:"陛下必以臣貌寝③,不为三军所伏,固惟陛下神算。"上乃顾镒曰:"无以易卿。"镒知为杞所排而无辞以免,因再拜受命。

上初即位,崔祐甫为相,务崇宽大,当时以为有贞观之风;及杞为相,知上性多忌,因以疑似离间群臣,始劝上以严刻御下,中外失望。

纲 六月,李怀光击朱滔、王武俊于惬山④,败绩。

目 朱滔、王武俊军至魏州,田悦具牛酒出迎。滔营于惬山,李怀光军亦至,马燧等盛军容迎之。滔以为袭己,遽出陈,怀光欲乘其营垒未就

---

① 凤翔:藩镇名,治凤翔府,今陕西宝鸡市。
② 高班:高官。
③ 貌寝:貌丑。
④ 惬山:在今河北大名县东南。

击之。燧请且休士观衅①,怀光曰:"时不可失。"遂击滔,滔军崩沮,怀光按辔观之,有喜色。武俊引骑横冲之,怀光军分为二,滔引兵继之,官军大败,溺死者不可胜数。燧等与诸军涉水而西,保魏县以拒滔②。滔等亦引兵营魏县东南,与官军隔水相拒。

纲 冬十月,以曹王皋为江西节度使③。

纲 以关播同平章事。

目 卢杞知上必更立相,恐其分己权,荐播儒厚,可镇风俗,遂以为相。政事皆决于杞,播但敛衽无所可否④。上尝从容与宰相论事,播欲有所言,杞目之而止。出谓之曰:"以足下端悫(què)少言⑤,故相引至此,向者奈何发口欲言邪!"播自是不敢复言。

纲 十一月,朱滔、田悦、王武俊、李纳皆自称王。

纲 十二月,李希烈自称天下都元帅。

纲 癸亥,四年(783),春正月,李希烈陷汝州,诏遣颜真卿宣慰之。

目 李元平者,薄有才艺,性疏傲,敢大言,好论兵;关播奇之,荐于上,以为将相之器,以汝州近许,擢元平为别驾,知州事。元平至,即募工徒治城;希烈阴使壮士数百人往应募,继遣其将李克诚将数百骑突至城下,应募者应之于内,缚元平驰去。元平见希烈恐惧,便液污地。希

---

① 休士观衅:使士卒休息,窥伺敌人的破绽和漏洞以便行动。
② 魏县:今河北魏县。
③ 江西:即江南西道,藩镇名,治洪州,今江西南昌市。
④ 敛衽:收紧衣襟,表示恭敬。
⑤ 端悫:正直诚谨。

烈骂之曰:"盲宰相以汝当我,何相轻也!"遣别将取尉氏①,围郑州,东都震骇。

[颜真卿大义凛然、光耀千载]

初,卢杞恶太子太师颜真卿,欲出之。真卿谓曰:"先中丞传首至平原,真卿以舌舐面血②。今相公忍不相容乎!"杞矍然起拜,而恨之益深。至是,上问计于杞,杞对曰:"诚得儒雅重臣,为陈祸福,可不劳军旅而服。颜真卿三朝旧臣,忠直刚决,名重海内,人所信服,真其人也!"上以为然。遣真卿宣慰希烈。诏下,举朝失色。

真卿乘驿至东都,留守郑叔则曰:"往必不免,宜少留,须后命。"真卿曰:"君命也,将焉避之!"遂行。至许,欲宣诏旨,希烈使其养子千余环绕慢骂,拔刃拟之③;真卿色不变。遂留不遣。

朱滔等各遣使诣希烈劝进,希烈召真卿示之曰:"四王见推④,不谋而同,岂吾独为朝廷所忌无所自容邪!"真卿曰:"此乃四凶,何谓四王!相公不自保功业,为唐忠臣,乃与乱臣贼子相从,求与之同覆灭邪!"希烈不悦。他日,又与四使同宴,四使曰:"都统将称大号,而太师适至,是天以宰相赐都统也。"真卿叱之曰:"汝知有骂安禄山而死者颜杲卿乎?乃吾兄也。吾年八十,知守节而死耳,岂受汝曹诱胁乎!"希烈掘坎于庭,云欲坑之,真卿怡然,见希烈曰:"死生已定,何必多端!亟以一剑相与,岂不快公心事耶!"希烈乃谢之。

---

① 尉氏:县名,今河南尉氏县。
② 先中丞:指卢杞父亲御史中臣卢奕。
③ 拟:比划。
④ 四王:指当时河北河南叛乱的冀王朱滔、魏王田悦、赵王王武俊、齐王李纳。

[德宗为进一步筹集军费，征收间架税，施行陌钱法]

纲 夏四月，初税间架①、除陌钱法②。

目 旧制，诸道军出境，则仰给度支。上优恤士卒，每出境，加给酒肉，本道粮仍给其家，一人兼三人之给，故将士利之。各出军才逾境而止，月费钱百三十余万缗，常赋不能供。判度支赵赞乃奏行二法：所谓税间架者，每屋两架为间，上屋税钱二千，中税千，下税五百。敢匿一间，杖六十，赏告者钱五十缗。所谓除陌钱者，公私给与及卖买，每缗官留五十钱，给他物及相贸易者，约钱为率。敢隐钱百者，杖六十，罚钱二千，赏告者钱十缗，赏钱皆出坐者。于是愁怨之声，盈于远近。

纲 秋八月，李希烈寇襄城③，诏发泾原等道兵救之。

[陆贽言为政得失]

目 初，上在东宫，闻监察御史陆贽(zhì)名，即位，召为翰林学士，数问以得失。贽曰："克敌之要，在乎将得其人；驭将之方，在乎操得其柄。将非其人者，兵虽众不足恃；操失其柄者，将虽材不为用。将不能使兵，国不能驭将，非止费财玩寇之弊④，亦有不戢自焚之灾⑤。"又曰：

---

① 税间架：按照房屋间数征收的资产税。
② 陌钱法：陌通作"百"，是一种"扣除百分之几"的计算法。
③ 襄城：县名，今河南襄城县。
④ 费财玩寇：浪费钱财，消极抗敌。
⑤ 戢：收敛。

"人者,邦之本。财者,人之心。心伤则其本伤,本伤则枝叶颠瘁(cuì)矣①。"

又论关中形势,以为:"王者蓄威以昭德,偏废则危;居重以驭轻,倒持则悖。王畿者,四方之本也。太宗列置府兵,分隶禁卫,诸府八百余所,而在关中者殆五百焉。举天下不敌关中,则居重驭轻之意明矣。承平渐久,武备寖微,故禄山窃倒持之柄,一举滔天。乾元之后,继有外虞,悉师东讨,故吐蕃乘虚深入,先帝避之东游②。是皆失居重驭轻之权,忘深根固柢之虑。追想及此,岂不寒心!今朔方、太原之众,远在山东;神策、六军之兵,继出关外。倘有贼臣啖寇,黠虏觑(qù)边③,未审陛下何以御之!立国之安危在势,任事之济否在人。势苟安,则异类同心;势苟危,则舟中敌国。陛下岂可不追鉴往事,惟新令图,修偏废之柄以靖人,复倒持之权以固国乎!今关辅之间,征发已甚,宫苑之中,备卫不全。万一将帅之中,又如朱滔、希烈,窃发郊畿,惊犯城阙,未审陛下复何以备之!臣愿追还神策六军、节将子弟,明敕泾、陇、邠、宁④,更不征发,仍罢间架等税,冀已输者弭怨⑤,见处者获宁,则人心不摇,而邦本固矣。"上不能用。

[泾原之变]

纲 冬十月,泾原兵过京师,作乱,上如奉天。朱泚反,据长安。

---

① 颠瘁:颠倒枯槁。
② 东游:指代宗东逃。
③ 黠虏觑边:狡猾的敌人窥伺边境。
④ 陇、邠、宁:陇州、邠州、宁州。
⑤ 弭:止。

目上发泾原等道兵救襄城。十月，节度使姚令言将兵五千至京城。军士冒雨，寒甚，多携子弟而来，冀得厚赐遗其家，既至，一无所赐。发至浐水①，诏京兆尹王翃犒师，惟粝食菜餤②；众怒，蹴（cù）而覆之，曰：“吾辈将死于敌，而食且不饱，安能以微命拒白刃邪！闻琼林、大盈二库，金帛盈溢，不如相与取之。”乃擐（huàn）甲张旗鼓噪③，还趣京城。上遽命赐帛，人二匹，众益怒，射中使，杀之。遂入城，百姓骇走。初，京城召募使白志贞募禁兵，东征死亡者皆不以闻，但受市井富儿赂而补之，名在军籍受给赐，而身居市廛（chán）为贩鬻④。至是，上召禁兵以御贼，竟无一人至者。乃与太子、诸王、公主自苑北门出，王贵妃以传国宝系衣中，宦官窦文场、霍仙鸣帅宦官左右仅百人以从，后宫诸王、公主不及从者什七八。翰林学士姜公辅叩马言曰：“朱泚尝为泾帅⑤，废处京师，心常怏怏，今乱兵若奉以为主，则难制矣，请召使从行。”上曰：“无及矣！”夜至咸阳，饭数匕而过⑥。群臣皆不知乘舆所之。卢杞、关播、白志贞、王翃、陆贽等追及于咸阳。

贼登含元殿，讙噪⑦，争入府库运金帛。姚令言曰：“今众无主，不能持久。朱太尉闲居私第，请相与奉之。”众许诺。乃遣骑迎朱泚入宫，居白华殿，自称权知六军。百官出见泚，或劝迎乘舆，泚不悦。源休以使回纥还，赏薄，怨朝廷，入见泚，为陈成败，引符命，劝之僭逆。

---

① 浐水：在今陕西西安市东北。
② 粝食：糙米饭。菜餤：饼餤，以面裹菜制成。
③ 擐：穿、贯。
④ 市廛：集市。
⑤ 泾帅：泾原节度使。
⑥ 匕：汤匙、勺子。
⑦ 讙噪：喧闹。

上思桑道茂之言,幸奉天。金吾大将军浑瑊继至。瑊素有威望,众心恃之,稍安。检校司空李忠臣、太仆卿张光晟皆郁郁不得志,至是,与工部侍郎蒋镇皆为泚用。

泚以司农卿段秀实久失兵柄,意其必怏怏,遣骑召之,不纳。骑士逾垣入,劫之。秀实乃谓子弟曰:"吾当以死徇社稷耳。"乃往见泚,说之曰:"犒师不丰,有司之过也,天子安得知之!公宜以此开谕将士,示以祸福,奉迎乘舆,此莫大之功也!"泚不悦。

上征近道兵入援。有上言"朱泚为乱兵所立,且来攻城,宜早修守备"。卢杞切齿言曰:"朱泚忠贞,群臣莫及,臣请以百口保其不反。"上亦以为然。又闻群臣劝泚奉迎,乃诏诸道援兵至者皆营于三十里外。姜公辅谏曰:"今宿卫军寡,有备无患。若泚奉迎,何惮兵多。"上乃悉召援兵入城。

纲 司农卿段秀实谋诛朱泚,不克,死之。

目 秀实与将军刘海滨、泾原将吏何明礼、岐灵岳谋诛朱泚,迎乘舆,未发。泚遣韩旻将锐兵三千,声言迎驾,实袭奉天。秀实谓灵岳曰:"事急矣!"使灵岳诈为姚令言符,令旻且还。窃其印未至,秀实倒用司农印印符,追之,旻得符而还。泚、令言大惊,灵岳独承其罪而死。泚召李忠臣、源休、姚令言及秀实等议称帝事。秀实勃然起,夺休象笏,前唾泚面,大骂曰:"狂贼!吾恨不斩汝万段,岂从汝反邪!"因以笏击泚,中其额,溅血洒地。海滨不敢进,而逸。忠臣前助泚,泚得脱走。秀实知事不成,谓泚党曰:"我不同汝反,何不杀我!"众争前杀之。海滨捕得,见杀。明礼从泚攻奉天,复谋杀泚,亦死。上闻秀实之死,恨委用不至,涕泗久之。

纲 凤翔将李楚琳杀节度使张镒,降于朱泚。

纲 朱泚僭号。

目 朱泚自称大秦皇帝,改元应天。以姚令言、李忠臣为侍中,源休同平章事,蒋镇、樊系、张光晟等拜官有差,立弟滔为皇太弟。休劝泚诛翦宗室以绝人望,杀凡七十七人。系为泚撰册文,既成,仰药而死。泚寻改国号汉。

纲 李希烈陷襄城。

纲 李怀光帅众赴长安。

纲 以萧复、刘从一、姜公辅同平章事。

纲 泚犯奉天,诏韩游瑰、浑瑊拒之。

目 泚自将逼奉天。邠宁留后韩游瑰将兵拒泚,遇于醴泉。遂引兵还,泚亦随至。浑瑊与游瑰血战竟日,贼乃退。造攻具,毁佛寺以为梯冲①。游瑰曰:"寺材皆干薪,但具火以待之。"

〔陆贽论治乱之策,对泾原之变的原因进行深刻反思〕

上与陆贽语及乱故,深自克责。贽曰:"致今日之患,皆群臣之罪也。"上曰:"此亦天命,非由人事。"贽退,上疏曰:"陛下志一区宇,四征不庭②,凶渠稽诛,逆将继乱,兵连祸结,行及三年。非常之虞,亿兆同虑,惟陛下独不得闻,至使凶卒鼓行,白昼犯阙。陛下有股肱之臣,有

————————

① 梯冲:云梯和冲车。
② 不庭:不臣。

耳目之任,有谏诤之列,有备御之司,见危不能竭其诚,临难不能效其死,所谓群臣之罪,岂徒言钦! 臣又闻之,天所视听,皆因于人。人事理而天命降乱者,未之有也;人事乱而天命降康者,亦未之有也。自顷征讨颇频,刑网稍密,物力竭耗,人心惊疑。上自朝列,下达蒸黎,日夕族党聚谋,咸忧必有变故,旋属泾原叛卒,果如众庶所虞。京师之人,动逾亿计,固非悉知算术,皆晓占书,则明致寇之由,未必尽关天命。臣闻理或生乱,乱或资理,有以无难而失守,有以多难而兴邦。今生乱失守之事,则既往不可复追矣;其资理兴邦之业,在陛下克励而谨修之而已。"

纲 将军高重捷及泚兵战,死。

目 将军高重捷与泚骁将李日月战于梁山①,破之;乘胜逐北,贼伏兵掩之,斩其首而去。上哭之尽哀,结蒲为首而葬之,泚见其首亦哭曰:"忠臣也!"束蒲为身而葬之。日月亦战死于城下,归其尸。其母不哭,骂曰:"奚奴②! 国家何负于汝而反? 死已晚矣!"及泚败,独日月之母不坐。

纲 十一月,李晟将兵入援。浑瑊击朱泚,破走之,奉天围解。

目 李晟闻上幸奉天,引兵出飞狐道③,昼夜兼行。诏以为行营节度使。泚围奉天经月,城中资粮俱尽。时供御才有粝米二斛,每伺贼间,夜缒人于城外,采芜菁根而进之。李怀光以兵五万入援,至蒲城④。李

---

① 梁山:在今陕西乾县西北。
② 奚:东北少数民族。
③ 飞狐道:在今河北蔚县东南。
④ 蒲城:县名,今陕西蒲城县。

晟亦自蒲津济①,军于东渭桥。马燧遣其司马王权及子汇将兵五千人屯中渭桥②。泚党所据,惟长安城。出战屡败,泚以为忧,乃急攻奉天,造云梯,高广数丈,上容壮士五百人,城中恟(xiōng)惧。浑瑊迎其所来,凿地道积薪蓄火以待之。时士卒冻馁,又乏甲胄,瑊抚谕之,激以忠义,皆鼓噪力战。瑊中流矢,进战不辍。会云梯辗地道,轮陷,不能前却,火从地出,须臾灰烬,贼乃引退。于是三门出兵,太子督战,贼徒大败。

李怀光引兵西,先遣兵马使张韶赍蜡表,间行至奉天,值贼方攻城,驱使填堑③,得间入城。上大喜,城中欢声如雷。怀光亦败泚兵于醴泉,泚遂遁归长安。众以为怀光复三日不至,则城不守矣。泚退,从臣皆贺。汴滑兵马使贾隐林进言曰:"陛下性太急,不能容物,若此性未改,虽朱泚败亡,忧未艾也④!"上甚称之。

纲 李怀光至奉天,诏引军还取长安。

目 李怀光来赴难,数与人言卢杞、赵赞、白志贞之奸佞,且曰:"天下之乱,皆此曹所为也! 吾见上,当请诛之。"杞闻之惧,言于上曰:"怀光勋业,社稷是赖,贼徒破胆,皆无守心,若使之乘胜取长安,则一举可以灭贼,此破竹之势也。今听入朝,留连累日,使贼得成备,恐难图矣!"上以为然。诏怀光直引军屯便桥,与李建徽、李晟、杨惠元共取长安。怀光自以数千里赴难,破泚解围,而咫尺不得见天子,意殊怏

---

① 蒲津:在今山西永济市,位于黄河东岸。
② 中渭桥:在今陕西咸阳市东,为从西北方向进入长安之战略要冲。
③ 堑:围绕城池的护城河或深沟。
④ 艾:停止。

快,曰:"吾今已为奸臣所排,事可知矣!"遂引兵行。

〔陆贽论当时急务〕

上问陆贽以当今切务。贽上疏曰:"当今急务,在于密察群情而已矣。群情之所甚欲者,陛下先行之,所甚恶者,陛下先去之。欲恶与天下同,而天下不归者,未之有也。理乱之本,系于人心,况当变故危疑之际乎!顷者中外意乖,君臣道隔,郡国之志不达于朝廷,朝廷之诚不升于轩陛①。上泽阙于下布,下情壅于上闻,实事不知,知事不实,此群情之所甚恶也。夫总天下之智以助聪明,顺天下之心以施教令,则君臣同志,何有不从!远迩归心,孰与为乱!"疏奏旬日,无所施行。

贽又上疏曰:"臣闻立国之本,在乎得众,得众之要,在乎见情。在《易》,乾下坤上曰泰,坤下乾上曰否,损上益下曰益,损下益上曰损。夫天在下而地处上,于位乖矣,而反谓之泰者,上下交故也。君在上而臣处下,于义顺矣,而反谓之否者,上下不交故也。上约己而裕于人,人必悦而奉上矣,岂不谓之益乎!上蔑人而肆诸己,人必怨而叛上矣,岂不谓之损乎!是以古先圣王之居人上也,必以其欲从天下之心,而不敢以天下之人从其欲。陛下以明威照临,以严法制断,故远者惊疑而阻命逃死之乱作,近者畏慑而偷容避罪之态生。人各隐情,以言为讳,至于变乱将起,亿兆同忧,独陛下恬然不知,方谓太平可致。陛下以今日之所睹,验往时之所闻,孰真孰虚?何得何失?则事之通塞备详之矣!人之情伪尽知之矣!"

上乃遣中使谕之曰:"朕本性甚好推诚,亦能纳谏。将谓君臣一体,全

---

① 轩陛:殿堂的台阶,此代指皇帝。

不堤防,缘推诚信不疑,所以反致患害。谏官论事,例自矜衒(xuàn)①,归过于朕以自取名。又多雷同,道听途说,试加质问,遽即辞穷。所以近来不多对人,非倦于接纳也。"赟以书对曰:"天不以地有恶木而废发生,天子不以时有小人而废听纳。且一不诚则心莫之保,一不信则言莫之行。陛下所谓失于诚信以致患害者,斯言过矣。夫驭之以智则人诈,示之以疑则人偷。上行之则下从,上施之则下报。若诚不尽于己而望尽于人,众必怠而不从矣。不诚于前而曰诚于后,众必疑而不信矣。是知诚信之道,不可斯须而去身。愿陛下慎守而力行之,非所以为悔也!夫仲虺(huǐ)赞扬成汤,不称其无过而称其改过;吉甫歌诵周宣,不美其无阙而美其补阙。是则圣贤唯以改过为能,不以无过为贵。盖以为智者改过而迁善,愚者耻过而遂非②;迁善则其德日新,遂非则其恶弥积也。谏官不密,信非忠厚,其于圣德固亦无亏。陛下若纳谏不违,则传之适足增美;陛下若违谏不纳,又安能禁之勿传!且陛下虽穷其辞而未穷其理,能服其口而未服其心也。夫上好胜必甘于佞辞,上耻过必忌于直谏;如是则下之谄谀者顺旨,而忠实之语不闻矣。上骋辩必剿说而折人以言③,上眩明必臆度而虞人以诈,如是则下之顾望者自便,而切磨之辞不尽矣。上厉威必不能降情以接物,上恣愎必不能引咎以受规,如是则下之畏懦者避辜,而情理之说不申矣。上情不通于下则人惑而不从其令;下情不通于上则君疑而不纳其诚。诚而不见纳则应之以悖,令而不见从则加之以刑;下

①　矜衒:夸耀。
②　遂非:掩饰错误。
③　剿说:指大臣进谏未完,即插话打断,伸明己见。

悖上刑,不败何待!故谏者多,表我之能好;谏者直,示我之能贤;谏者之狂诬,明我之能恕;谏者之漏泄,彰我之能从。有一于斯,皆为盛德。"上颇采用其言。

纲 十二月,贬卢杞、白志贞、赵赞为远州司马。

目 李怀光顿兵不进,上表暴扬杞等罪恶①;众论喧腾,亦咎杞等。上不得已,皆贬为司马。

纲 以陆贽为考功郎中②。

目 贽辞曰:"行罚先贵近而后卑远,则令不犯;行赏先卑远而后贵近,则功不遗。望先录大劳,次遍群品,则臣亦不敢独辞。"上不许。

谢一峰　评注

黄正建　审定

———————————————

① 暴:同"曝"。
② 考功郎中:吏部考功司长官,负责官员考课。

纲鉴易知录卷五四

卷首语:本卷起唐德宗兴元元年(784),止贞元三年(787),所记为德宗朝四年史事。德宗下诏罪己,平定李怀光之叛,收复长安,安抚功臣和其他藩镇,完成泾原之变的善后工作。陆贽在宫廷内库、民众授官等问题上多次向德宗进谏。唐廷试图与吐蕃会盟,但因其劫盟而失败。

唐　纪

德宗皇帝

纲 甲子,兴元元年(784),春正月,大赦。

目 陆贽言于上曰:"昔成汤以罪己勃兴,楚昭以善言复国。陛下诚能不吝改过,以谢天下,使书诏之辞无所避忌,则反侧之徒革心向化矣①。"上然之,故奉天所下书诏,虽骄将悍卒闻之,无不感激挥涕。

〔兴元赦文,德宗罪己〕

上又以中书所撰赦文示贽,贽言:"动人以言,所感已浅,言又不切,人谁肯怀! 今兹德音②,悔过之意不得不深,引咎之辞不得不尽,洗刷疵垢,宣畅郁堙(yīn)③,使人人各得所欲,则何有不从者乎! 然知过非难,改过为难;言善非难,行善为难。假使赦文至精,止于知过言善,犹愿圣虑更思所难。"上然之。乃下制曰:"致理兴化,必在推诚;忘己济人,不吝改过。小子长于深宫之中④,暗于经国之务,积习易溺,居安忘危,不知稼穑之艰难,不恤征戍之劳苦,泽靡下究⑤,情未

---

① 反侧之徒:不安分,不顺服之人。
② 德音:帝王诏书。
③ 郁堙:郁结、抑郁。
④ 小子:德宗皇帝自称。
⑤ 下究:下达。

上通,事既壅隔,人怀疑阻。由昧省己,遂用兴戎,远近骚然,众庶劳止。天谴于上而朕不悟,人怨于下而朕不知,驯致乱阶,变兴都邑,万品失序,九庙震惊①,上累祖宗,下负烝庶②,痛心靦(tiǎn)貌③,罪实在予,自今中外书奏,不得言'圣神文武'之号。李希烈、田悦、王武俊、李纳等,咸以勋旧,各守藩维,朕抚御乖方,致其疑惧。皆由上失其道,下罹其灾,朕实不君,人则何罪! 宜并所管将吏等一切待之如初。朱滔虽缘朱泚连坐,路远必不同谋,念其旧勋,务在弘贷④,如能效顺,亦与维新。朱泚反易天常,盗窃名器,暴犯陵寝,所不忍言,获罪祖宗,朕不敢赦。其胁从将吏百姓等,官军未到以前,并从赦例。赴奉天及收京城将士,并赐名奉天定难功臣⑤。其所加垫陌钱、税间架、竹、木、茶、漆、榷铁之类⑥,悉宜停罢。”赦下,四方人心大悦。后李抱真入朝,为上言:“山东宣布赦书,士卒皆感泣,臣见人情如此,知贼不足平也!”

[纲]王武俊、田悦、李纳上表谢罪。

[纲]李希烈僭号。

[目]李希烈自恃兵强,遂谋称帝,遣人问仪于颜真卿,真卿曰:“老夫尝为礼官,所记惟诸侯朝天子礼耳!”希烈遂称大楚皇帝,以其党郑贲、孙广、李缓、李元平为宰相。遣其将辛景臻谓颜真卿曰:“不能屈节,当

---

① 九庙:帝王宗庙。

② 烝庶:民众。

③ 靦:羞愧。

④ 弘贷:宽恕。

⑤ 功臣:即功臣号,唐代统治者经常赐予帮助匡正皇位的将士功臣号。

⑥ 垫陌钱:又称除陌钱、抽贯钱。

自焚!"积薪灌油于其庭。真卿趋赴火,景臻遽止之。

[天子当"散小储而成大储,损小宝而固大宝"]

纲 置琼林大盈库于行宫①。

目 上于行宫庑下贮诸道贡献之物②,榜曰琼林大盈库。陆贽谏曰:"天子与天同德,以四海为家,何必挠废公方,崇聚私货,效匹夫之藏,以诱奸聚怨乎!今者攻围已解,衣食已丰,而谣讟方兴③,军情稍阻,岂不以患难既与之同忧,而安乐不与之同利乎!诚能近想重围之殷忧④,追戒平居之专欲⑤,凡在一库货贿,尽令出赐有功,每获珍华,先给军赏,如此则乱必靖,贼必平,徐驾六龙⑥,旋复都邑。天子之贵,岂当忧贫!是乃散小储而成大储,损小宝而固大宝也。"上即命去其榜。

纲 以萧复为江、淮等道宣慰、安抚使⑦。

目 萧复尝言于上曰:"宦官为监军,恃恩纵横。此属但应掌宫掖之事,不宜委以兵权国政。"上不悦。又尝言:"陛下践祚之初,圣德光被,自用杨炎、卢杞黩乱朝政,以致今日。陛下诚能变更睿志,臣敢不竭力。

---

① 琼林大盈库:皇帝的私库之一。
② 庑:左右两侧廊屋。
③ 讟:怨谤。
④ 殷忧:深深的忧虑。
⑤ 平居:平日、平素。
⑥ 六龙:古代天子的车架为六马,马八尺为龙,因此以六龙为天子车架的代称。
⑦ 宣慰:即宣慰使由朝廷派遣,负责对地方加以慰问的官员。安抚使:唐代负责巡视战争之地或受灾地区的官员。

傥使臣依阿苟免,臣实不能!"又尝与卢杞同奏事,杞顺上旨,复正色曰:"卢杞言不正!"上愕然,退,谓左右曰:"萧复轻朕!"命复充山南、荆、湖、江、淮等道宣慰、安抚使,实疏之也①。

纲 二月,赠段秀实太尉,谥忠烈。

纲 李晟(shèng)还军东渭桥②。

目 李怀光有异志,又恶李晟独当一面,恐其成功。奏请与晟合军,诏许之。晟与怀光会于咸阳西。怀光密与朱泚通谋,事迹颇露,李晟屡奏,恐为所并,请移军东渭桥,上从之。

纲 加李怀光太尉,赐铁券。

目 李晟以为:"怀光反状已明,缓急宜有备,蜀、汉之路不可壅,请以裨将赵光铣等为洋、利、剑三州刺史③,各将兵以防未然。"上欲亲总禁兵幸咸阳,趣诸将进讨。或谓怀光曰:"此汉祖游云梦之策也④!"怀光大惧,反谋益甚。诏加怀光太尉,赐铁券,遣使谕旨。怀光对使者投铁券于地曰:"人臣反,赐铁券,怀光不反,今赐铁券,是使之反也!"辞气甚悖。

怀光潜与朱泚通谋,其养子石演芬遣客诣行在告之。事觉,怀光召演芬责之曰:"我以尔为子,奈何负我,死甘心乎?"演芬曰:"天子以太尉为股肱,太尉以演芬为心腹;太尉既负天子,演芬安得不负太尉乎!

① 山南:指山南东道。
② 东渭桥:在今陕西西安市东北,接临潼界,位于长安通往东北方向的交通要冲。
③ 利州:治今四川广元市。剑州:治今四川剑阁县。
④ 指汉高祖刘邦假借游云梦为借口,逮捕韩信之事。

演芬胡人，不能异心，惟知事一人。苟免贼名而死，死甘心矣！"怀光使左右脔(luán)食之①，皆曰："义士也！"以刀断其喉而去。

〔李怀光之叛〕

纲 李怀光反，帝奔梁州。

目 上以怀光附贼，将幸梁州，山南节度使严震遣大将张用诚将兵五千迎卫②。用诚为怀光所诱，阴与之通谋。会震继遣牙将马勋奉表③，上语之故。勋诣梁州，取震符召用诚，壮士自后擒之，送震杖杀之。

李怀光袭夺李建徽、杨惠元军，杀惠元，建徽走免。怀光又与韩游瓌书，约使为变，游瓌奏之。

怀光遣其将赵昇鸾入奉天，约为内应。昇鸾诣浑瑊自言，瑊遽以闻，且请决幸梁州。上遂出城，命戴休颜守奉天。休颜徇于军中曰："怀光已反！"遂乘城拒守。

怀光遣其将孟保、惠静寿、孙福达将精骑趣南山邀车驾，至盩厔，相谓曰："彼使我为不臣，我以追不及报之，不过不使我将耳。"帅众而东，纵之剽掠。由是百官从行者皆得入骆谷④。以追不及还报，怀光皆黜之。

纲 加神策行营节度使李晟同平章事。

目 李晟得除官制，拜哭受命，谓将佐曰："长安，宗庙所在，天下根本，若

① 脔：切成肉块。
② 山南：指山南西道。
③ 牙将：军中的低级武职。
④ 骆谷：古代关中与汉中之间的交通要道之一。

诸将皆从行,谁当灭贼者!"乃治城隍①,缮甲兵,为复京城之计。是时怀光、朱泚连兵,声势甚盛;晟以孤军处其间,内无资粮,外无救援,徒以忠义感激将士,故其众虽单弱而锐气不衰。

纲 三月,魏博兵马使田绪杀其节度使田悦②,权知军事。

目 田悦用兵数败,其下厌苦之。上以给事中孔巢父为魏博宣慰使。巢父,孔子三十七世孙也,性辩博,至魏州,对其众为陈逆顺祸福,悦及将士皆喜。兵马使田绪,承嗣之子也,凶险多过失,悦杖而拘之。悦以归国,撤警备,绪遂与左右杀悦,于是将士皆归绪。因请命于巢父,巢父命绪权知军府。朱滔遣人说绪,许以本道节度使。绪送款于滔。李抱真、王武俊又遣使诣绪,许以赴援。绪召将佐议之,幕僚曾穆、卢南史曰:"用兵虽尚威武,亦本仁义,然后有功。幽陵之兵恣行杀掠③,今虽盛强,其亡可立而待也。奈何以目前之急,欲从人为反逆乎!不若归命朝廷。天子方蒙尘于外,闻魏博使至必喜,官爵旋踵而至矣。"绪从之,遣使奉表诣行在。

纲 李怀光奔河中。

目 始,怀光方强,朱泚与书,以兄事之,约分帝关中。及怀光已反,其下多叛,泚乃赐以诏书,且征其兵。怀光惭怒,内忧麾下为变,外恐李晟袭之,遂烧营东走。至河中,或劝守将吕鸣岳焚桥拒之,鸣岳以兵少,恐不能支,遂纳之。

---

① 城隍:城墙。
② 兵马使:唐代藩镇部队的重要统兵官。
③ 幽陵:即幽州,代指朱滔。

纲 车驾至梁州。

[陆贽谏言阻止将官爵授予献瓜者]

目 上在道,民有献瓜果者,上欲以散试官授之,陆贽奏曰:"爵位恒宜慎惜,不可轻用。献瓜果者,赐之钱帛可也。"上曰:"试官虚名,无损于事。"贽曰:"当今所病,方在爵轻,设法贵之,犹恐不重,若又自弃,将何劝人! 今之员外、试官,虽则授无费禄,然而突铦锋、排患难、竭筋力、展勤效者,皆以是酬之;若献瓜果者亦以授之,则彼必相谓曰:'吾以忘躯命而获官,此以进瓜果而获官,是国家以吾之躯命同于瓜果矣。'视人如草木,谁复为用哉! 今陛下既未有实利以敦劝,又不重虚名而滥施,则后之立功者,将曷用为赏哉!"

上居艰难中,虽有宰相,小大之事,必与贽谋之,故当时谓之"内相"。然贽数直谏,忤上意。卢杞虽贬,上心庇之。贽极言杞奸邪致乱,上虽貌从,心颇不悦。车驾至梁州。山南地薄民贫,盗贼之余,户口减半。严震百方以聚财赋,民不至困穷,而供亿无乏。

纲 凤翔节度使李楚琳遣使诣行在。

目 初,奉天围解,李楚琳遣使入贡,上不得已除凤翔节度使,而心恶之。使者数辈至,上皆不引见。欲以浑瑊代之,陆贽奏曰:"楚琳之罪固大,必欲精求素行,追抉宿疵,则是改过不足以补愆,自新不足以赎罪。凡今将吏,岂尽无疵? 人皆省思,孰免疑畏? 又况阻命胁从之流,安敢归化哉!"上乃善待楚琳使者,优诏存慰之。

〔陆贽谏德宗六失〕

上又问贽："近有卑官自山北来者①,论说贼势,语多张皇,察其事情,颇似窥觇。若不追寻,恐成奸计。"贽上奏曰："以一人之听览而欲穷宇宙之变态,以一人之防虑而欲胜亿兆之奸欺,役智弥精,失道弥远。项籍纳秦降卒二十万,虑其怀诈而尽坑之,其于防虞,亦已甚矣。汉高豁达大度,天下之士至者,纳用不疑,其于备虑,可谓疏矣。然而项氏以灭,刘氏以昌,蓄疑之与推诚,其效固不同也。陛下智出庶物,有轻待人臣之心;思用万机,有独驭区寓之意②;谋吞众略,有过慎之防;明照群情,有先事之察;严束百辟③,有任刑致理之规;威制四方,有以力胜残之志。由是才能者怨于不任,忠荩(jìn)者忧于见疑④,著勋业者惧于不容,怀反侧者迫于及讨,驯致离叛,构成祸灾。愿陛下以覆辙为戒,天下幸甚。"

纲 夏四月,以韩游瑰为邠宁节度使。

纲 加李晟诸道副元帅。

目 晟家百口及神策军士家属皆在长安,朱泚善遇之。军中有言及家者,晟泣曰："天子何在,敢言家乎!"泚使晟亲近以家书遗晟曰:"公家无恙。"晟怒曰:"尔敢为贼为间!"立斩之。军士未授春衣,盛夏犹衣裘褐,终无叛志。

---

① 山北:指雍、岐等州,在秦岭之北。
② 区寓:广阔的区域,指天下。
③ 百辟:指百官。
④ 忠荩:尽忠国事。

纲 以田绪为魏博节度使。

纲 姜公辅罢为左庶子。

目 上长女唐安公主薨,上欲为造塔,厚葬之。姜公辅表谏,以为:"山南非久安之地,且宜俭薄,以副军须之急。"上谓陆贽曰:"造塔小费,非宰相所宜论。公辅正欲指朕过失,自求名耳。"贽上奏曰:"凡论事者当问理之是非,岂计事之大小! 故唐虞之际,主圣臣贤,而虑事之微,日至万数。然则微之不可不重也如此,陛下又安可忽而勿念乎! 若谓谏争为指过,则剖心之主,不宜见罪于哲王;以谏争为取名,则匪躬之臣①,不应垂训于圣典。"上意犹怒,罢公辅为左庶子。

纲 以贾耽为工部尚书。

目 先是,耽为山南东道节度使,使行军司马樊泽奏事行在②。泽既复命,方大宴,有急牒至,以泽代耽。耽内牒怀中,颜色不变,宴罢,召泽告之,且命将吏谒泽。牙将张献甫怒曰:"行军自图节钺③,事人不忠,请杀之。"耽曰:"天子所命,则为节度使矣!"即日离镇,以献甫自随,军府遂安。

纲 韩游瓌引兵会浑瑊于奉天。

纲 李抱真会王武俊于南宫④。

---

① 匪躬:形容忠心耿耿,不顾自身利害。
② 行军司马:为节度使的重要幕僚。
③ 节钺:符节与斧钺,代指节度使。
④ 南宫:县名,今河北南宫市。

〔李抱真收服王武俊〕

目 朱滔攻贝州百余日，马寔(shí)攻魏州亦逾四旬，皆不能下。贾林复为
李抱真说王武俊曰："朱滔志吞贝、魏，复值田悦被害，悦旬日不救，则
魏博皆为滔有矣。魏博既下，则张孝忠必为之臣。滔连三道之兵①，
进临常山，明公欲保其宗族，得乎！常山不守，则昭义退保西山，河朔
尽入于滔矣。不若乘贝、魏未下，与昭义合兵救之；滔既破亡，则朱泚
不日枭夷②，銮舆反正，诸将之功，孰居明公之右者哉！"武俊悦，从
之。军于南宫东南，抱真自临洺引兵会之③。两军尚相疑，抱真以数
骑诣武俊营。命行军司马卢玄卿勒兵以俟，曰："今日之举，系天下安
危，若其不还，领军事以听朝命亦惟子，励将士以雪仇耻亦惟子。"言
终，遂行。见武俊，叙国家祸难，天子播迁④，持武俊哭，流涕纵横。
武俊亦悲不自胜，左右莫能仰视。遂与武俊约为兄弟，誓同灭贼。抱
真退入武俊帐中，酣寝久之。武俊感激，待之益恭，指心仰天曰："此
身已许十兄死矣⑤！"遂连营而进。

纲 五月，韩滉遣使贡献。

目 山南地热，上以军士未有春服，亦自御夹衣。至是，盐铁判官王绍以
江、淮缯帛来至，上命先给将士，然后御衫。韩滉又遣幕僚何士干献

---

① 三道：即指幽州朱滔、易定张孝忠、魏博田绪。
② 枭夷：诛杀、平定。
③ 临洺：关名，在今河北邯郸市永年区。
④ 播迁：迁徙，流离。
⑤ 十兄：指李抱真。

绫罗四十担于行在,又运米百艘以饷李晟。时关中斗米五百,及滉米至,减五之四。滉为人强力严毅,自奉俭素,夫人常衣绢裙,破然后易。

纲 李抱真、王武俊大破朱滔于贝州。

纲 六月,李晟等收复京城。朱泚亡走,其将韩旻斩之以降。

〔李晟收复长安〕

目 李晟大陈兵,谕以收复京城。召诸将谓曰:"贼重兵皆聚苑中,自苑北攻之,溃其腹心,贼必奔亡。"乃牒浑瑊、骆元光、尚可孤,刻期集于城下。李晟移军于光泰门外①,方筑垒,泚兵大至。晟纵兵击之,贼败走。明日,晟使兵马使李演、王佖(bì)将骑兵,史万顷将步兵,直抵苑墙。晟先开墙二百余步,贼栅断之。万顷帅众拔栅而入,佖、演继之,贼众大溃,诸军分道并入,贼不能支,皆溃。张光晟劝泚出亡,泚乃与姚令言帅余众西走。光晟降。晟遣兵马使田子奇以骑兵追泚,令诸军曰:"晟赖将士之力,克清宫禁。长安士庶,久陷贼庭,若小有震惊,非吊民伐罪之意。晟与公等室家相见非晚,五日内无得通家信。"

〔朱泚逃奔吐蕃,泾原之乱平定〕

晟遣掌书记于公异作露布上行在②,曰:"臣已肃清宫禁,祗谒寝园③,

---

① 光泰门:唐代长安城苑门名,位于禁苑东垣偏南。
② 掌书记:节度使僚属,掌文翰书奏。露布:古者战胜后告示中外的报捷文书。
③ 祗谒:恭敬地进见。

钟簴(jù)不移①,庙貌如故。"上览之泣下,曰:"天生李晟,以为社稷,非为朕也。"

朱泚将奔吐蕃,其众随道散亡,比至泾州,才百余骑。田希鉴闭城拒之,泾卒遂杀姚令言,诣希鉴降。泚独与亲兵北走,宁州刺史夏侯英拒之。泚将梁庭芬射泚坠坑中,韩旻等斩之,诣泾州降。传首行在。诏以希鉴为泾原节度使。

评泾原之变:

安史之乱后,唐代藩镇问题凸显,河北等藩镇对中央朝廷的离心力愈益严重。德宗前期,削藩虽一度取得局部进展,但问题并未根本解决。加上对藩镇处理多有失当,造成激烈反弹。公元 783 年,泾原镇士卒兵变,攻陷长安;德宗仓皇出逃。德宗遽遭此难,不得不下诏罪己,改弦易辙,对藩镇采取更为缓和怀柔的政策。为积蓄力量,着意于聚资敛财,在一定程度上为宪宗平定河北、淮西等藩镇奠定了经济基础。

〔陆贽谏止德宗访求奉天所失内人〕

上命陆贽草诏赐浑瑊,使访求奉天所失内人。贽上奏曰:"今巨盗始平,疲瘵之民,疮痍之卒,尚未循拊(fǔ)②,而首访妇人,非所以副惟新之望也。"上遂不降诏,而遣中使求之。

纲以李晟为司徒、中书令,浑瑊为侍中,骆元光等迁官有差。

纲上发梁州。

---

① 簴:悬挂钟磬的立柱。
② 循拊:安抚、抚慰。

目上问陆贽:"今至凤翔,诸军甚盛,因此遣人代李楚琳,何如?"贽上奏曰:"如此则事同胁执,以言乎除乱则不武,以言乎务理则不诚,用是时巡,后将安入! 议者或谓之权,臣窃未喻其理。夫权之为义,取类权衡,今辇路所经,首行胁夺①,易一帅而亏万乘之义,得一方而结四海之疑,乃是重其所轻而轻其所重,谓之权也,不亦反乎! 夫以反道为权②,以任数为智③,此古今所以多丧乱而长奸邪也。不如俟奠枕京邑④,征授一官,彼将奔走不暇,安敢复劳诛锄哉⑤!"

纲秋七月,遣给事中孔巢父宣慰河中,李怀光杀之。

纲车驾还长安。

目李晟谒见上于三桥⑥,先贺平贼,后谢收复之晚,伏路左请罪。上驻马慰抚,为之掩涕,令左右扶上马。至宫,每闲日,辄宴勋臣,李晟为之首,浑瑊次之,诸将相又次之。

纲征李泌为左散骑常侍。

目李泌为杭州刺史,征诣行在,日直西省⑦,朝野属目。上问河中为忧,泌曰:"天下事甚有可忧者,若惟河中,不足忧也。陛下已还宫阙,怀光不束身归罪,乃虐杀使臣,窜伏河中,不日必为帐下所枭矣。"

---

① 胁夺:以威夺取。
② 反道:违反正道。
③ 任数:用权谋,使心计。
④ 奠枕:安定。
⑤ 诛锄:诛灭,除去。
⑥ 三桥:即今陕西西安市西二十里三桥镇。
⑦ 西省:指中书省。

〔李泌谏止德宗与吐蕃两镇〕

初，上发吐蕃以讨朱泚，许以安西、北庭之地与之；及泚诛，吐蕃来求地，上欲与之。泌曰："安西、北庭之人，势孤地远，尽忠竭力，为国家固守近二十年，诚可哀怜。一旦弃之戎狄，彼必深怨中国，他日从吐蕃入寇，如报私仇矣。况日者吐蕃观望不进，阴持两端，何功之有！"上遂不与之。

纲 八月，颜真卿为李希烈所杀。

目 李希烈闻希倩伏诛，忿怒，遣中使至蔡州杀颜真卿①。中使曰："有敕。"真卿再拜。中使曰："今赐卿死。"真卿曰："老臣无状，罪当死。不知使者几日发长安？"使者曰："自大梁来。"真卿曰："然则贼耳，何谓敕邪！"遂缢杀之。

纲 以李晟为凤翔、陇右节度等使②，进爵西平王。

纲 遣浑瑊等讨李怀光军于同州。

目 上命浑瑊、骆元光讨怀光，怀光遣其将徐庭光军长春宫以拒之③，瑊等数战不利。时度支用度不给，议者多请赦怀光，上不许。

纲 马燧讨李怀光，取晋、慈、隰（xí）州④。以浑瑊为河中节度使，康日知为晋慈隰节度使。

---

① 蔡州：治今河南汝南县。
② 陇右：藩镇名，治鄯州。
③ 长春宫：在今陕西大荔县东北。
④ 慈州：治今山西吉县。隰州：治今山西隰县。

纲 冬十月,以窦文场、王希迁为监神策军兵马使。

纲 十一月,加韩滉同平章事。

目 议者或言:"滉聚兵修城,阴蓄异志。"上疑之,以问李泌,对曰:"滉公忠清俭,贡献不绝。镇抚江东,盗贼不起。所以修城为迎扈之备耳①。此乃人臣忠笃之虑,奈何更以为罪乎!滉性刚严,不附权贵,故多谤毁,臣敢保其无他。"上曰:"外议汹汹,卿弗闻乎?"对曰:"臣固闻之。其子皋为郎,不敢归省,正以谤语沸腾故也。"退,遂上章,请以百口保滉。他日,又言于上曰:"臣之上章,非私于滉,乃为朝廷计也。"上曰:"如何?"对曰:"今天下旱、蝗,关中米斗千钱,仓廪耗竭,而江东丰稔。愿陛下早下臣章,以解朝众之惑,面谕韩皋使之归觐,令滉速运粮储,此朝廷大计也。"上即下泌章,令皋归觐,面谕之曰:"卿父比有谤言,朕不复信。关中乏粮,宜速致之。"皋至,滉感悦,即日发米百万斛,听皋留五日即还朝,自送至江上,冒风涛而遣之。陈少游闻之,即贡米二十万斛。

会刘洽得李希烈《起居注》,云:"某月日,陈少游上表归顺。"少游闻之惭惧,发疾,卒。大将王韶欲自为留后,韩滉遣使谓之曰:"汝敢为乱,吾即日全军渡江诛汝矣!"韶惧而止。上闻之喜,谓李泌曰:"滉不惟安江东,又能安淮南,真大臣之器,卿可谓知人!"遂加滉平章事、江淮转运使。滉入贡无虚月,朝廷赖之,使者劳问相继,恩遇始深矣。

纲 马燧取绛州。

---

① 迎扈:迎接圣驾,百官随侍。

纲乙丑,贞元元年(785),春正月,赠颜真卿司徒,谥文忠。

纲以卢杞为澧州别驾。

目卢杞遇赦,移吉州长史,谓人曰:"吾必再入。"未几,上果欲用为饶州刺史。给事中袁高奏:"杞极恶穷凶,何可复用!"上不听。补阙陈京、赵需等亦争之,上谓宰相:"与杞小州。"乃以杞为澧州别驾。上谓李泌曰:"朕已可袁高所奏。"泌曰:"累日外人窃议,比陛下于桓、灵,今承德音,乃尧、舜之不逮也!"上悦。杞竟卒于澧州。

纲三月,马燧败李怀光兵于陶城①。夏四月,燧及浑瑊又破怀光兵于长春宫。

目马燧败怀光兵于陶城,斩首万余级;分兵会浑瑊,逼河中。破怀光兵于长春宫南,遂围宫城。

时连年旱、蝗,资粮匮竭,言事者多请赦李怀光。李晟上言:"赦怀光有五不可:河中距长安才三百里,同州当其冲,多兵则未为示信,少兵则不足堤防,忽惊东偏,何以制之? 一也;今赦怀光,必以晋、绛、慈、隰还之,浑瑊既无所诣,康日知又应迁移,土宇不安②,何以奖励,二也;陛下连兵一年,讨除小丑,兵力未穷,遽赦其罪,今西有吐蕃,北有回纥,南有淮西,观我强弱,必起窥觎,三也;怀光既赦,则朔方将士皆应叙勋行赏,今府库方虚,赏不满望,是愈激之使叛,四也;既解河中,罢诸道兵,赏典不举,怨言必起,五也。今河中斗米五百,刍藁且尽③,

---

① 陶城:在今山西芮城县境。
② 土宇:国境之内。
③ 刍藁:代指粮草。

陛下但救诸道围守旬时,彼必有内溃之变,何必养腹心之疾为他日之悔哉!"马燧入朝,奏曰:"怀光凶逆尤甚,赦之无以令天下,愿更得一月粮,必为陛下平之。"上许之。

纲 六月,朱滔死,以刘怦为幽州节度使。

纲 秋七月,陕虢军乱①,杀其节度使张劝,诏以李泌为都防御转运使。

纲 八月,马燧取长春宫,遂及诸军平河中。李怀光缢死。

〔马燧披襟示信〕

目 马燧与诸将谋曰:"长春宫不下,则怀光不可得。然其守备甚严,攻之旷日持久,我当身往谕之。"遂径造城下,呼其守将徐庭光,庭光帅将士罗拜城上。燧曰:"汝曹徇国立功四十余年,何忽为灭族之计! 从吾言,非止免祸,富贵可图也。"众不对。燧披襟曰:"汝不信吾言,何不射吾!"将士皆伏泣。燧曰:"此皆怀光所为,汝曹无罪。第坚守勿出。"皆曰:"诺。"燧等遂进逼河中,怀光举火,诸营不应。

骆元光使人招庭光,庭光骂辱之。及燧还,乃开门降。燧以数骑入城慰抚之,其众大呼曰:"吾辈复为王人矣!"浑瑊谓僚佐曰:"始吾谓马公用兵不吾逮也,今乃知吾不逮多矣!"

燧帅诸军至河西,河中军士自相惊,皆易其号为"太平"字,怀光不知所为,乃缢而死。

初,怀光之解奉天围也,上以其子璀(cuǐ)为监察御史。及怀光屯咸阳

---

① 陕虢:藩镇名,治陕州,今河南三门峡市陕州区。

不进,璀密言于上曰:"臣父必负陛下,愿早为之备。臣闻君父一也,但今日陛下未能诛臣父,而臣父足以危陛下,故不忍不言。"上惊曰:"卿大臣爱子,当为朕委曲弥缝之!"对曰:"臣父非不爱臣,臣非不爱其父与宗族也,顾臣力竭,不能回耳。"上曰:"然则卿以何策自免?"对曰:"臣父败,则臣与之俱死,复有何策哉! 使臣卖父求生,陛下亦安用之!"及李泌赴陕,上谓之曰:"朕所以欲全怀光,诚惜璀也。卿至陕,试为朕招之。"对曰:"陛下未幸梁、洋,怀光犹可降也。今虽请降,臣不敢受,况招之乎! 璀固贤者,必与父俱死矣,若其不死,则亦无足贵也。"及怀光死,璀亦自杀。

朔方将牛名俊断怀光首出降。燧自辞行,至是凡二十七日。浑瑊尽得怀光之众。朔方军自是分居邠、蒲矣。

纲 加马燧兼侍中。

纲 赦怀光一子,收葬其尸。罢讨淮西兵。

〔陆贽谏讨淮西〕

目 上问陆贽:"今复有何事当区处者①?"贽以河中既平,虑必有希旨生事之人,请乘胜讨淮西者。李希烈必诱谕其所部及新附诸帅曰:"奉天息兵之旨,乃因窘急而言,朝廷稍安,必复诛伐。"如此,则四方负罪者孰不自疑,建中之忧行将复起。乃上奏曰:"陛下悔过降号,闻者涕泣,故诸将效死,叛夫请罪,逆泚、怀光相继枭殄。曩以百万之师而力

① 区处:处理,筹划安排。

殚,今以咫尺之诏而化洽。是则圣王之敷理道①,服暴人,任德而不任兵,明矣;群帅之悖臣礼,拒天诛,图活而不图王,又明矣。今叛帅革面,复修臣礼,然其深言密议固亦未尽坦然,必当聚心而谋,倾耳而听,观陛下所行之事,考陛下所誓之言。若言与事符,则迁善之心渐固;傥事与言背,则虑祸之态复回。所宜布恤人之惠以济威,乘灭贼之威以行惠。臣所未敢保者,惟希烈耳。陛下但敕诸镇各守封疆,彼既气夺算穷②,不有人祸,则有鬼诛。古所谓不战而屈人之兵者,斯之谓欤!"诏以"李怀光尝有功,宥其一男,归其尸使收葬。诸道与淮西连接者,非被侵轶,不须进讨。李希烈若降,当待以不死;自余一无所问"。

纲 以张延赏为左仆射。

目 初,李晟成成都,取其营妓以还。西川节度使张延赏怒③,追而返之,晟遂与延赏有隙。至是,上召延赏入相,晟表陈其过恶;上重违其意④,以延赏为左仆射。

纲 丙寅,二年(786),春正月,以刘滋、崔造、齐映同平章事。

〔宰相分判六曹〕

目 造少与韩会、卢车美、张正则为友,以王佐自许,时人谓之"四夔"⑤。

———————————

① 敷:布置、施行。理:即治。
② 气夺算穷:勇气丧失,缺乏筹算。
③ 西川:藩镇名,治成都府。
④ 重违:难以违背。
⑤ 夔:舜时贤臣。

上以造敢言,故不次用之。滋、映多让事于造。造久在江外,疾钱谷诸使罔上之弊,奏罢水陆度支①、转运等使②,诸道租赋悉委观察使③、刺史遣官送京师。令宰相分判六曹:映判兵部,李勉判刑部,滋判吏、礼部,造判户、工部。造与户部侍郎元琇善,使判诸道盐、铁、榷酒④,韩滉奏论其过失,罢之。

纲 夏四月,淮西将陈仙奇杀李希烈以降,以仙奇为节度使。

目 希烈兵势日蹙⑤,会有疾,仙奇使医毒杀之,因屠其家,举众来降。诏以为淮西节度使。

纲 秋七月,陈仙奇为其将吴少诚所杀,以少诚为留后。

纲 吐蕃入寇,诏浑瑊、骆元光屯咸阳。

纲 九月,置十六卫上将军⑥。

[李泌奏请恢复府兵]

目 初,上与常侍李泌议复府兵⑦,泌言:"府兵平日皆安居田亩,每府有折冲领之,农隙教战。有事征发,则以符契下州府参验发之,至所期

---

① 水陆度支:掌管国家财政统计与支调的官员。
② 转运:即转运使,初称水陆发运使,管理都城、江南乃至全国各道谷物财货的转输和出纳。
③ 观察使:唐代中后期藩镇行政长官,监察辖州。
④ 榷酒:由政府实施的酒类专卖制度。
⑤ 蹙:窘迫。
⑥ 十六卫:唐代统率府兵的军事机构。
⑦ 常侍:一般指散骑常侍,有左右之分,左隶门下省,右隶中书省,负责规讽过失,侍从顾问。

处。将帅按阅,有不精者,罪其折冲,甚者罪及刺史。军还,则赐勋加赏,行者近不逾时,远不经岁。高宗以刘仁轨为洮河镇守,使以图吐蕃,于是始有久戍之役。又牛仙客以积财得宰相,边将效之。诱戍卒,使以所赍缯帛寄于府库,而苦役之,利其死而没入其财,故戍卒还者什无二三。然未尝有外叛内侮者,诚以顾恋田园,恐累宗族故也。自开元之末,张说始募长征兵,兵不土著,不自重惜,忘身徇利,祸乱遂生。向使府兵之法不废,安有如此下陵上替之患哉!"上以为然,因有是命,然卒亦不能复也。

纲 李晟遣兵击吐蕃于汧城①,败之。

目 尚结赞败走②,谓其人曰:"唐之良将,李晟、马燧、浑瑊而已,当以计去之。"入凤翔境,以兵直抵城下,曰:"李令公召我来③,何不出犒我!"经宿而退。

纲 冬十一月,韩滉、刘玄佐、曲环俱入朝。

目 先是,关中仓廪竭,禁军或自脱巾呼于道曰:"拘吾于军而不给粮,吾罪人也!"上忧之甚,会韩滉运米三万斛至陕,李泌奏之。上喜,谓太子曰:"吾父子得生矣!"时禁中不酿,命于坊市取酒为乐。又遣中使谕神策六军④,军士皆呼万岁。时比岁饥馑,兵民率皆瘦黑,及麦熟,市有醉者,人以为瑞。然人乍饱食,死者甚众。数月,人肤色乃复故。滉遂入朝,过汴,时宣武节度使刘玄佐久未入朝。滉与约为兄弟,请

---

① 汧城:县名,今陕西陇县。
② 尚结赞:吐蕃相,名结赞。尚为吐蕃官名。
③ 令公:李晟时为中书令,故称令公。
④ 神策六军:即神策军,唐代中后期禁军主力。

拜其母。其母喜,为置酒。酒半,滉曰:"弟何时入朝?"玄佐曰:"久欲入朝,力未能办耳!"滉曰:"滉力可及。"乃遗玄佐钱二十万缗,备行装。滉留大梁三日,大出金帛赏劳,一军为之倾动。玄佐惊服,遂与陈许节度使曲环俱入朝①。

纲十二月,以韩滉兼度支、盐铁、转运等使。

纲李晟入朝。

目工部侍郎张彧(yù),李晟之婿也。晟在凤翔,以女嫁幕客崔枢,礼重之过于彧;彧怒,遂附于张延赏。上忌晟功名,会吐蕃有离间之言,延赏等腾谤于朝②,无所不至。晟闻之,昼夜泣,目为之肿,悉遣子弟诣长安,表请为僧,不许。入朝,称疾,恳辞方镇,亦不许。韩滉素与晟善,上命滉谕旨,使与延赏释怨。引延赏诣晟第谢,因饮尽欢,晟表荐延赏为相。

纲丁卯,三年(787),春正月,以张延赏同平章事。

目李晟为其子请婚于延赏,不许。晟谓人曰:"武夫性快,释怨于杯酒间,则不复贮胸中矣,非如文士难犯,外虽和解,内蓄憾如故,吾得无惧哉!"

纲刘滋罢,以柳浑同平章事。

纲二月,遣右庶子崔澣使吐蕃③。

---

① 陈许:藩镇名,治许州,今河南许昌市。
② 腾谤:肆意诽谤。
③ 右庶子:太子属官。

纲 镇海节度使、同平章事韩滉卒。

目 滉久在二浙①，所辟僚佐，各随其长，无不得人。尝有故人子谒之，滉考其能，一无所长，然与之宴，竟席，未尝左右视。因使监库门，其人终日危坐，吏卒无敢妄出入者。

纲 三月，以李晟为太尉。

目 初，吐蕃尚结赞屡遣使求和，上未之许。乃卑辞厚礼求和于马燧。燧信其言，为之请于朝。李晟曰："戎狄无信，不如击之。"张延赏与晟有隙，数言和亲便。上亦素恨回纥，欲与吐蕃击之，遂从燧、延赏计。

延赏又言："晟不宜久典兵。"上乃谓晟曰："朕以百姓之故，与吐蕃和亲决矣。大臣既与吐蕃有怨，宜留辅朕，自择代者。"晟荐都虞候邢君牙②，遂以君牙为凤翔尹，加晟太尉，罢镇。

〔李晟窃慕魏徵〕

晟在凤翔，尝谓僚佐曰："魏徵好直谏，余窃慕之。"行军司马李叔度曰："此儒者事，非勋德所宜也。"晟敛容曰："司马失言矣。晟任兼将相，知朝廷得失而不言，何以为臣哉！"叔度惭而退。及在朝廷，上有所顾问，极言无隐。而性沉密，未尝泄于人。

纲 夏五月，以浑瑊为会盟使。

目 崔澣见尚结赞，责以负约。尚结赞曰："破朱泚，未获赏，是以来耳。公欲修好，固所愿也。然浑侍中信厚闻于异域，请必使之主盟。"遂遣

---

① 二浙：浙江东道与浙江西道的合称，即今浙江、江苏南部一带。

② 都虞候：藩镇武职僚佐。

珹与盟,许盟于平凉①。

纲 闰月②,省州县官。

[吐蕃劫盟,唐蕃关系破裂]

纲 浑珹与吐蕃盟于平凉,吐蕃劫盟③。

目 浑珹之发长安也,李晟深戒之,以盟所为备不可不严。张延赏言于上
曰:"晟不欲盟好之成,故戒珹以严备。我有疑彼之形,则彼亦疑我
矣,盟何由成!"上乃召珹,切戒以推诚待虏,勿为猜疑。珹奏吐蕃决
以辛未盟,延赏集百官,称诏示之曰:"李太尉谓和好必不成,今盟日
定矣。"晟闻之泣曰:"吾生长西陲,备谙虏情,所以论奏,但耻朝廷为
犬戎所侮耳!"上始命骆元光屯潘原,韩游瑰屯洛口④,以为珹援。将
盟,吐蕃伏精骑数万于坛西,珹等入幕,易礼服,虏伐鼓三声,大噪而
至,珹自幕后出,偶得他马乘之,虏纵兵追击,唐将卒死者数百人。元
光成阵以待之,虏骑乃还。

是日上视朝,谓诸相曰:"今日和戎息兵,社稷之福!"柳浑曰:"戎狄,
豺狼也,非盟誓可结。今日之事,臣窃忧之!"李晟曰:"诚如浑言。"
上变色曰:"柳浑书生,不知边计,大臣亦为此言邪!"皆顿首谢。是
夕,韩游瑰表言:"虏劫盟者,兵临近镇。"上大惊,谓浑曰:"卿书生,

---

① 平凉:县名,今甘肃平凉市。
② 闰月:闰五月。
③ 劫盟:劫杀使者,破坏会盟。
④ 洛口:在今宁夏泾源县境。

乃能料敌如此其审邪①！"上欲出幸,大臣谏而止。

纲 六月,以马燧为司徒,兼侍中。

目 初,吐蕃尚结赞恶李晟、马燧、浑瑊,曰:"去三人,则唐可图也。"于是离间李晟,因马燧以求和,欲执浑瑊以卖燧,使并获罪,因纵兵直犯长安,会失浑瑊而止。获马燧之侄弈,谓曰:"胡以马为命。吾在河曲,春草未生,马不能举足。当是时侍中渡河掩之,吾全军覆没矣。今蒙侍中力,全军得归,奈何拘其子孙?"遣弈与宦官俱文珍等归。上由是恶燧,罢其副元帅、节度使,以为司徒、侍中。张延赏惭惧谢病。

〔李泌劝德宗勿害功臣〕

纲 以李泌同平章事。

目 泌初视事,与李晟等俱入见。上谓泌曰:"朕欲与卿有约,卿慎勿报仇,有恩者朕当为卿报之。"对曰:"臣素奉道,不与人为仇。李辅国、元载皆害臣者,今自毙矣。素有善者,率已显达,或多零落,臣无可报也。臣今日亦愿与陛下为约,可乎?"上曰:"何不可!"泌曰:"愿陛下勿害功臣。李晟、马燧有大功于国,间有谗之者②,陛下万一害之,则宿卫之士,方镇之臣,无不愤惋反仄③,恐中外之变复生也!陛下诚不以二臣功大而忌之,二臣不以位高而自疑,则天下永无事矣。"上以为然。晟、燧皆起,泣谢。上因谓泌曰:"自今凡军旅粮储事,卿主之;

---

① 审:详细,确切。

② 间:近来。

③ 愤惋反仄:因愤恨而辗转不安。

吏、礼委延赏;刑法委浑。"泌曰:"陛下不以臣不才,使待罪宰相。宰相之职,天下之事咸共平章,不可分也。若各有所主,是乃有司,非宰相矣。"上笑曰:"朕适失辞,卿言是也。"

纲 以李自良为河东节度使。

目 自良从马燧入朝,上欲使镇太原。自良固辞曰:"臣事燧久,不欲代之。"上曰:"卿于马燧,存军中事分,诚为得体,然北门之任,非卿不可。"卒以授之。

纲 复所省州县官。

纲 秋七月,以李昇为詹事。

纲 募戍卒屯田京西。

纲 张延赏卒。

纲 八月,柳浑罢为左散骑常侍。

目 初,浑与张延赏议事,数异同,延赏使人谓曰:"相公节言,则重位可久矣。"浑曰:"为吾谢张公,柳浑头可断,舌不可禁。"由是交恶。上好文雅缊藉①,而浑质直无威仪,时发俚语。上不悦,罢之。

纲 幽郜(gào)国大长公主,流李昇于岭南。

〔李泌论贞观、开元更易太子之弊〕

目 公主,肃宗女也,适萧升。女为太子妃,恩礼甚厚,宗戚皆疾之。主素

---

① 文雅缊藉:指言行举止温文尔雅、含蓄有致。

不谨,李昇等数人出入其第。或告主淫乱,且为厌祷①。上大怒,幽之禁中,流昇等岭表,切责太子;太子惧,请与妃离昏。上召李泌告之,且曰:"舒王近已长立②,孝友温仁。"泌曰:"陛下惟有一子,奈何欲废之而立侄!且陛下所生之子犹疑之,何有于侄!舒王虽孝,自今陛下宜努力,勿复望其孝矣!"上曰:"卿不爱家族乎?"对曰:"臣惟爱家族,故不敢不尽言。若畏陛下盛怒而为曲从,陛下明日悔之,必尤臣云③:'吾独任汝为相,不力谏,使至此,必复杀而子④。'臣老矣,余年不足惜,若冤杀臣子,使臣以侄为嗣,臣未知得歆其祀乎⑤!"因呜咽流涕。上亦泣曰:"事已如此,奈何?"对曰:"此大事,愿陛下审图之。自古父子相疑未有不亡国者,且陛下不记建宁之事乎⑥?"上曰:"建宁叔实冤,肃宗性急故耳!"泌曰:"臣昔为此,故辞归,誓不近天子左右。不幸今日复为陛下相,又睹兹事。且其时先帝常怀危惧,臣临辞日,因诵《黄台瓜辞》,肃宗乃悔而泣。"上意稍解,乃曰:"贞观、开元皆易太子,何故不亡?"对曰:"承乾谋反事觉,太宗使朝臣数十人鞫之,事状显白,然当时言者犹云:'愿陛下不失为慈父,使太子得终天年。'太宗从之,并废魏王泰。且陛下既知肃宗急而建宁冤,则愿陛下深戒其失,从容三日,究其端绪,必释然知太子之无他矣。若果有其迹,愿陛下如贞观之法,并废舒王而立皇孙,则百代之后,有天下

---

① 厌祷:带有诅咒性质的祈祷。
② 舒王:李谊,初名谟,李邈之子。德宗养为第二子。
③ 尤:责怪。
④ 而:通"尔",你。
⑤ 歆:歆享,指享受祭祀时的祭品、香火。
⑥ 建宁之事:建宁王李倓因皇嗣问题而被肃宗赐死之事。

者,犹陛下子孙也。至于武惠妃谮太子瑛兄弟杀之,海内冤愤,乃百代所当戒,此又可法乎!幸赖陛下语臣,臣敢以家族保太子。向使杨素、许敬宗、李林甫之徒承此旨,已就舒王图定策之功矣!"上曰:"此朕家事,何预于卿,而力争如此?"对曰:"天子以四海为家。臣今独任宰相之重,四海之内,一物失所,责归于臣。况坐视太子冤横而不言,臣罪大矣。"上曰:"为卿迁延至明日思之。"泌抽笏叩头而泣曰:"如此,臣知陛下父子慈孝如初矣!然陛下还宫,当自审思,勿露此意于左右,露之,则彼皆欲树功于舒王,太子危矣!"上曰:"具晓卿意。"泌归,太子遣人谢泌曰:"若必不可救,欲先自仰药,如何?"泌曰:"必无此虑。愿太子起敬起孝。苟泌身不存,则事不可知耳。"间一日,上开延英殿独召泌,流涕曰:"非卿切言,朕今日悔无及矣!太子仁孝,实无他也。自今军国及朕家事,皆当谋于卿矣。"泌拜贺,因曰:"臣报国毕矣。惊悸亡魂,不可复用,愿乞骸骨。"上慰喻,不许。

纲 九月,回纥求和亲,许之。

纲 冬十月,吐蕃城故原州而屯之。

纲 十二月,大稔,诏和籴粟麦①。

[平民赵光奇切言时弊]

目 上畋于新店,入民赵光奇家,问:"百姓乐乎?"对曰:"不乐。"上曰:"今岁颇稔,何为不乐?"对曰:"诏令不信。前云两税之外悉无他徭,

---

① 和籴:官府向民间征购粮食。

今非税而诛求者殆过于税。又云和籴,而实强取之,曾不识一钱。如云所籴粟麦纳于道次①,今则遣致京西行营,动数百里,车摧牛毙,破产不能支。愁苦如此,何乐之有!"上命复其家②。

谢一峰　评注

黄正建　审定

———————————

① 道次:道路旁边。
② 复:免除,指免除赵光奇家的徭赋。

纲鉴易知录卷五五

卷首语：本卷起唐德宗贞元四年（788），止唐宪宗元和四年（809），所记为唐德宗、顺宗、宪宗三朝二十二年史事。德宗晚年猜忌大臣，亲裴延龄而远陆贽，专务聚敛财物、重用宦官。顺宗时王叔文、王伾用事，力图革新而不久事败，致使"二王八司马"被贬。宪宗时平定刘闢、恢复制科、广开言路、尝试收河北藩镇节度使自任权，元和中兴之局初现。

唐　纪

德宗皇帝

纲 戊辰,四年(贞元四年,788),春二月,以诸道税外钱帛输大盈库。

纲 夏四月,更命殿前射生曰神威军①。

目 左右羽林、龙武、神武、神策、神威凡十军。

纲 六月,征阳城为谏议大夫。

目 城,夏县人②,以学行著闻,隐居柳谷③,李泌荐之。

纲 冬十月,回纥来迎公主,仍请改号回鹘(hú)。

纲 十一月,册回鹘长寿天亲可汗,以咸安公主归之。

纲 己巳,五年(789),春二月,以董晋、窦参同平章事。

目 李泌自陈衰老,乞更除一相。上曰:"朕深知卿劳苦,但未得其人耳。"
因从容论即位以来宰相曰:"卢杞忠清强介④,人言杞奸邪,朕殊不觉。"
泌曰:"此乃杞之所以为奸邪也。倘陛下觉之,岂有建中之乱乎⑤!"上

---

① 殿前射生:唐肃宗至德年间曾择善骑射者千人为射生手,宿卫宫中,称为殿前射生
　军。
② 夏县:今山西夏县。
③ 柳谷:在今山西运城市南中条山。
④ 强介:刚强耿直。
⑤ 建中之乱:指泾原兵变。

曰:"建中之乱,术士豫请城奉天。此盖天命,非杞所致也。"泌曰:"天命,他人皆可以言之,惟君相不可言。盖君相所以造命也。若言命,则礼、乐、政、刑皆无所用矣。纣曰:'我生不有命在天!'此商之所以亡也。"既而泌荐窦参通敏①,可兼度支盐铁②;董晋方正,可处门下。上皆以为不可。泌疾甚,复荐二人,上遂相之。

参为人刚果峭刻,无学术,多权数,每奏事,诸相出,参独居后,以奏度支事为辞,实专大政,多引亲党置要地,使为耳目;董晋充位而已。然晋为人重慎,所言于上前者未尝泄于人,子弟或问之,晋曰:"欲知宰相能否,视天下安危。所谋议于上前者,不足道也。"

纲 三月,中书侍郎、同平章事、邺侯李泌卒。

目 泌有谋略而好谈神仙诡诞,故为世所轻。

纲 辛未,七年(791),秋八月,以陆贽为兵部侍郎,解内职③。

目 窦参恶之也。

纲 壬申,八年(792),夏四月,赐谏议大夫吴通玄死,贬窦参为柳州别驾。

目 窦参每迁除,多与族子给事中申议之。申招权受赂,时人谓之"喜鹊"。上颇闻之。申恐陆贽进用,阴与谏议大夫吴通玄作谤书以倾贽。上察知之,贬参,赐通玄死。

纲 以赵憬、陆贽同平章事。

---

① 通敏:通达聪慧。
② 度支盐铁:唐代中后期负责盐铁专卖等财政事务的官员,掌握国家经济命脉。
③ 内职:指翰林学士。

目 陆贽请令台省长官各举其属①,著其名于诏书,异日考其殿最②,并以升黜举者。诏行之。未几,或言于上曰:"诸司所举皆有情故,不得实才。"上密谕贽:"自今除改③,卿宜自择,勿任诸司。"贽上奏曰:"今之宰相则往日之台省长官,今之台省长官乃将来之宰相,岂有为长官之时则不能举一二属吏,居宰相之位则可择千百具僚。物议悠悠,其惑甚矣。盖尊者领其要,卑者任其详,是以人主择辅臣,辅臣择庶长,庶长择佐僚,将务得人,无易于此。夫求才贵广,考课贵精,往者则天欲收人心,进用不次,然而课责既严,进退皆速,是以当代诵知人之明,累朝赖多士之用。然则则天举用之法,虽伤易而得人,而陛下慎简之规,则太精而失士矣。"上竟追前诏不行。

纲 平卢节度使李纳卒④。

目 军中推其子师古知留后。

纲 秋七月,以司农少卿裴延龄判度支事⑤。

目 陆贽请以李巽(xùn)权判度支⑥,上许之。既而复欲用延龄,贽言:"度支准平万货⑦,刻剥则生患⑧,宽假则容奸⑨。延龄诞妄小人,用之恐

---

① 台省:中书、门下、尚书三省和御史台。
② 殿最:考核官吏时的等级,最优者为最,最劣者为殿。
③ 除改:任命和改官。
④ 平卢:藩镇名,治郓州,今山东东平县。
⑤ 司农少卿:司农寺次官。
⑥ 权判:暂任。
⑦ 准平:保持均衡、均等。
⑧ 刻剥:苛刻剥削。
⑨ 宽假:宽容,宽纵。

伤圣鉴。"上不从。

[四十余州大水,陆贽请遣使赈抚]

纲天下四十余州大水。

目溺死者三万余人。

纲八月,遣使宣抚诸道。

目陆贽以大水请遣使赈抚。上曰:"闻所损殊少,即议优恤,恐生奸欺。"贽奏曰:"流俗之弊,多徇诡谀,揣所悦意则侈其言①,度所恶闻则小其事,制备失所②,恒病于斯。且今遣使巡抚,所费者财用,所收者人心,苟不失人,何忧乏用乎!"上曰:"淮西贡赋既阙,不必遣也。"贽曰:"陛下息师含垢,宥彼渠魁③,惟兹下人④,所宜矜恤。昔秦、晋仇敌,穆公犹救其饥⑤,而况帝王怀柔万邦,惟德与义。宁人负我,无我负人。"乃遣中书舍人奚陟等宣抚诸道。

纲九月,减江、淮运米,令京兆边镇和籴。

纲冬十一月,贬姜公辅为吉州别驾。

目姜公辅久不迁官,诣陆贽求迁。贽密语之曰:"闻窦相奏拟⑥,上有怒公之言。"公辅惧,请为道士。上问其故,公辅不敢泄贽语,以闻参言

---

① 侈:夸大。
② 制备:准备,安排。
③ 渠魁:首领,此指淮西节度使。
④ 下人:百姓,人民。
⑤ 穆公:即秦穆公,春秋五霸之一。
⑥ 奏拟:谓宰相或有司拟定任官方案,奏请皇帝批准。

为对。上怒,贬公辅,遣中使责参。

纲 癸酉,九年(793),春正月,初税茶。

目 凡州、县产茶及茶山外要路,皆估其值,什税一,从盐铁使张滂之请也。滂又奏:"税钱别贮,俟有水旱,代民田税。"自是岁收钱四十万缗,未尝以救水旱也。

纲 三月,贬窦参为骧州司马,寻赐死。

目 初,窦参恶李巽出为常州刺史。及参贬汴州,节度使刘士宁遗参绢五十匹,巽奏参交结藩镇。上大怒,欲杀参,陆贽曰:"刘晏之死,罪不明白,至使叛臣得以为辞。参之贪纵,天下共知,至于潜怀异图,事迹暧昧。若遽加重辟,骇动不细。"乃更贬参骧州司马。时宦官恨参尤深,谤毁不已,竟赐死于路。窦申杖杀。

纲 夏五月,以赵憬为门下侍郎,与贾耽、卢迈同平章事。

纲 秋七月,诏宰相迭秉笔以处政事①。

目 贾耽、陆贽、赵憬、卢迈为相,百官白事,更让不言,乃奏请依至德故事,宰相迭秉笔,旬日一易,诏从之,其后日一易之。

纲 置欠负耗剩、染练库②。

纲 八月,太尉、中书令、西平忠武王李晟卒。

---

① 迭秉笔:轮流执笔,指宰相轮流负责处理日常事务。
② 欠负:亏欠租税。剩:剩余。全句指皇帝以欠负耗賸为名将国家的赋税输入皇帝的私库,其中的染练之物单独置一库来安置。

纲 甲戌，十年(794)，夏六月，昭义节度使李抱真卒。

纲 冬十二月，陆贽罢为太子宾客。

目 陆贽为相，奏论备边六失，以为："措置乖方，课责亏度，财匮于兵众，力分于将多，怨生于不均，机失于遥制。"上虽不能尽从，心甚重之。

〔陆贽论赦恩、选用〕

　　贽又以"郊赦已近半年①，而衅谪者尚未沾恩"，乃为三状拟进。上以所拟超越，不从。贽曰："王者待人以诚，有责怒而无猜嫌，有惩沮而无怨忌②。斥远以儆其不恪③，甄恕以勉其自新；行法而暂使左迁，念材而渐加进叙。人知复用，谁不增修！如其贬黜，便谓奸凶，恒处防闲④，长从摈弃，则悔过者无由自补，蕴才者终不见伸。凡人之情，穷则思变，含凄念乱，或起于兹矣。"

　　上性猜忌，不委任臣下，官无大小，必自选用；一经谴责，终身不收。好以辩给取人⑤，不得敦实之士。贽又谏曰："登进以懋(mào)庸⑥，黜退以惩过，二者迭用，理如循环。故能使黜退者克励以求复，登进者警饬以恪居⑦，上无滞疑，下无蓄怨。"又曰："明王不以辞尽人，不以意选士，如或好善而不择所用，悦言而不验所行，进退随爱憎之情，离

①　郊赦：古代帝王举行郊祀礼时大赦天下。
②　惩沮：为阻止恶行而责罚。
③　儆：使人警醒，不犯过错。不恪：不敬。
④　防闲：防备约束。
⑤　辩给：能言善辩。
⑥　懋庸：褒美有功。
⑦　警饬：警戒。恪居：居官治事恭谨而行。

合系异同之趣,是由舍绳墨而意裁曲直,弃权衡而手揣重轻,虽甚精微,不能无谬。"上不听。

[德宗亲裴延龄而贬陆贽]

上欲修神龙寺,裴延龄奏:"同州有木数千株,皆可八十尺。"上曰:"开元、天宝间求美材于近畿,犹不可得,今安得有之?"对曰:"天生珍材,固待圣君乃出,开元、天宝何从得之!"又奏:"简阅左藏①,于粪土中得银十三万两,杂货百万有余。请入杂库以供别支②。"太府少卿韦少华抗表称:"皆月申见在之物,请加推验。"上不许。延龄由是恣为诡谲,处之不疑。上亦颇知其诞妄,但以其好诋毁人,冀闻外事,故亲厚之。群臣畏之,莫敢言,惟盐铁使张滂、京兆尹李充、司农卿李铦以职事相关,时证其妄,而贽独以身当之,日陈其不可用。上不悦,待延龄益厚。

贽以上知待之厚,事有不可,常力争之。所亲或规其太锐,贽曰:"吾上不负天子,下不负所学,他无所恤。"

延龄日短贽于上。赵憬密以贽所讥弹延龄事告之,故延龄益得以为言,上由是信延龄而不直贽。贽与憬约至上前极论延龄奸邪,上怒形于色,憬默而无言。遂罢贽为太子宾客。

纲 乙亥,十一年(795),夏四月,贬陆贽为忠州别驾。

目 裴延龄谮李充、张滂、李铦党于陆贽。会旱,延龄奏言:"贽等失势怨

---

① 左藏:亦称左藏库,唐朝国库之一,位于长安城中。
② 杂库:唐代设置的专库,主要为皇室和宫廷供给宝货、书籍、弓箭、医药、服饰和食品等物资。

望,言:'天旱,民流,度支多欠诸军刍粮。'动摇众心,其意非止欲中伤臣而已。"后数日,上猎苑中,适有军士诉"度支不给马刍"。上意延龄言为信,遽还宫,贬贽为忠州别驾,充、滂、铦皆为诸州长史。

〔阳城等守延英门上疏,张万福名重天下〕

初,阳城自处士征为谏议大夫,拜官不辞。人皆想望风采,曰:"城必谏净,死职下。"及至,诸谏官纷纷言事细碎,天子益厌之。而城方与客日夜痛饮,人莫能窥其际,皆以为虚得名耳。前进士韩愈作《争臣论》以讥之,城亦不以屑意。及陆贽等坐贬,上怒未解,中外惴恐,以为罪且不测,无敢救者。城即帅拾遗王仲舒、补阙熊执易、崔邠等守延英门①,上疏论延龄奸佞,贽等无罪。上大怒,欲罪之。太子为营救,乃解,令宰相谕遣之。金吾将军张万福闻谏官伏阁,趣往大言贺曰:"朝廷有直臣,天下必太平矣!"遂遍拜城等。万福,武人,年八十余,自此名重天下。时朝夕相延龄,城曰:"脱以延龄为相②,当取白麻坏之③,恸哭于廷。"李繁者,泌之子也,城尽数延龄过恶,欲密论之,使繁缮写,繁径以告延龄。延龄先诣上,一一自解。疏入,上以为妄,不之省。

纲 秋七月,以阳城为国子司业。

目 坐言裴延龄故也。

纲 八月,司徒、侍中、北平庄武王马燧卒。

---

① 延英门:位于宣政殿左侧,出延英门即中书省、殿中内省等中枢衙署。
② 脱:倘若。
③ 白麻:依照唐代制度,凡封王、授予和罢免将相等用白麻纸书写。

纲 丙子,十二年(796),夏六月,以窦文场、霍仙鸣为护军中尉①。

目 初,上置六统军②,视六尚书③,以处罢镇者,相承用麻纸写制。至是,文场讽宰相比统军降麻。翰林学士郑絪奏:"故事惟封王、命相用白麻,今不识陛下特以宠文场邪,遂为著令也④?"上乃谓文场曰:"朕今用尔,不谓无私。若复降麻,天下必谓尔胁我为之矣。"文场叩头谢。遂焚之,谓絪曰:"宰相不能违拒中人,朕得卿言方寤耳。"

纲 以严绶为刑部员外郎。

[德宗专意聚敛]

目 初,上以奉天窘乏,故还宫以来,专意聚敛。藩镇多以进奉市恩,皆云"税外方圆"⑤,亦云"用度羡余"⑥,其实或增敛百姓,或减刻吏禄,或贩鬻蔬果,往往自入,所进才什一二。李兼在江西有月进⑦,韦皋在西川有日进⑧。其后常州刺史裴肃以进奉迁浙东观察使⑨,刺史进奉自肃始。宣歙判官严绶掌留务⑩,竭府库以进奉,征为刑部员外郎。

---

① 护军中尉:分左右,以宦官为之,统帅神策军。
② 六统军:左右羽林、左右龙武、左右神武六军各置一统军,为该军次官。
③ 视:比照、视同。
④ 著令:明文写定的规章制度。
⑤ 税外方圆:唐代各藩镇在朝廷规定的赋税之外,又巧立名目,勒索掠取百姓财物,折则成方,转则成圆,时称为"税外方圆"。
⑥ 羡余:盈余、剩余。
⑦ 月进:逐月进献财物。
⑧ 日进:按日进献财物。
⑨ 浙东:藩镇名,治越州,今浙江绍兴市。
⑩ 判官:掌观察府事。

幕僚进奉自绶始。

纲秋八月,赵憬卒。

纲九月,裴延龄卒。

目中外相贺,上独悼惜之。

纲冬十月,以崔损、赵宗儒同平章事。

目损尝为裴延龄所荐,故用之。

纲十一月,以韦渠牟为谏议大夫。

〔德宗不任宰相,自县令以上皆自选用〕

目上自陆贽贬官,尤不任宰相,自县令以上皆自选用,中书行文书而已。
　　然深居禁中,所取信者裴延龄、礼部尚书李齐运、司农卿李贺、翰林学
　　士韦执谊及渠牟,皆权倾宰相,趋附盈门。

纲丁丑,十三年(797),冬十二月,以宦者为宫市使①。

目先是,宫中市外间物,令官吏主之,随给其直②。比岁以宦者为使,谓
　　之宫市,置白望数百人③,抑买人物④。以红紫染故衣、败缯⑤,尺寸裂

① 宫市使:到民市采购宫中所需之物的使者。
② 直:通"值"。
③ 白望:唐代宦官派在市场的采办人员。因他们于市中左右望,白取民物,故人称为
　　"白望"。
④ 抑买:强行购买。
⑤ 缯:丝织品的总称。

而给之,仍索进奉门户及脚价钱①。名为宫市,其实夺之。徐州节度使张建封入朝,具奏之。上以问判度支苏弁(biàn),弁希宦者意,对曰:"京师游手万家,无土著生业②,仰宫市取给。"上信之,故凡言宫市者皆不听。

纲 以姚南仲为义成节度使③。

纲 戊寅,十四年(798),秋七月,赵宗儒罢,以郑余庆同平章事。

纲 九月,以于頔(dí)为山南东道节度使。

纲 吴少诚叛,侵寿州。

纲 贬阳城为道州刺史。

[阳城治民如治家]

目 太学生薛约师事司业阳城,坐言事,徙连州,城送之郊外;贬道州刺史。城治民如治家。赋税不登④,观察使数加诮让⑤,城自署其考曰:"抚字心劳,征科政拙,考下下⑥。"观察使遣判官督其赋,城自系狱⑦。判官大惊,驰谒之,城不复归。判官辞去,遣他判官往案之,判官乃载

————————

① 脚价钱:进奉者额外支付的运输费用。
② 生业:生计。
③ 义成:藩镇名,治滑州。
④ 不登:歉收。
⑤ 诮让:谴责。
⑥ 考下下:唐代官员考核分为九等,第一等为上上,第九等为下下。
⑦ 系狱:囚禁于监狱。

妻子行,中道逸去。

纲己卯,十五年(799),秋八月,诏削夺吴少诚官爵,令诸道进兵讨之。

纲冬十二月,中书令、咸宁王浑瑊卒。

纲庚辰,十六年(800),春二月,以韩全义为蔡州招讨使。

纲夏四月,姚南仲入朝。

目义成监军薛盈珍有宠①,欲夺节度使姚南仲军政,南仲不从,由是有隙。屡毁南仲于上,上疑之。征盈珍入朝,南仲亦请入朝待罪。上召见,问曰:"盈珍扰卿邪?"对曰:"盈珍不扰臣,但乱陛下法耳。且天下如盈珍辈,何可胜数! 虽使羊、杜复生②,亦不能行恺悌之政③,成攻取之功也。"上默然,竟不罪盈珍,仍使掌机密。

纲五月,于頔奏贬元洪为吉州长史。

目山南东道节度使于頔因讨淮西,大募战士,缮甲厉兵,聚敛货财,有据汉南之志④。诬邓州刺史元洪赃罪,上为之流端州,頔复奏洪责太重,上复以洪为吉州长史。又怒判官薛正伦,奏贬之。比敕下,頔怒已解,复奏留为判官。上一一从之。

纲徐泗濠节度使张建封卒⑤。

———————

① 监军:即藩镇监军使,以宦官为之,主要负责监督藩镇将帅。
② 羊、杜:指羊祜、杜预,西晋名将。
③ 恺悌:和乐平易。
④ 汉南:汉水以南地区。
⑤ 徐泗濠:藩镇名,治徐州。

纲以张愔为徐州团练使。

目张愔表求旄节,朝廷不许。加淮南节度使杜佑兼徐泗濠节度使①,使讨之。前锋济淮而败,佑不敢进。朝廷不得已,除愔团练使,后名其军曰武宁,以愔为节度使。

纲以李藩为秘书郎②。

目初,张建封之疾病也,濠州刺史杜兼阴图代之③,疾驱至府。幕僚李藩曰:"仆射疾危如此,公宜在州防遏,来欲何为! 不速去,当奏之。"兼错愕,径归。及是,兼诬奏藩摇动军情,上大怒,密诏杜佑杀之。佑素重藩,出诏示之;藩神色不变。佑曰:"吾已密论,用百口保君矣。"上犹疑之,召藩诣长安,望见其仪度安雅,乃曰:"此岂为恶者邪!"即除秘书郎。

纲秋七月,吴少诚袭韩全义于五楼④,全义大败,走保陈州⑤。

纲九月,贬郑余庆为郴州司马。

目余庆与户部侍郎于頔(péi)素善,頔所奏事,余庆多劝上从之。上以为朋比⑥,贬之。

纲以齐抗同平章事。

---

① 淮南:藩镇名,治扬州。
② 秘书郎:秘书省属官。
③ 濠州:治今安徽凤阳县。
④ 五楼:在今河南商水县境。
⑤ 陈州:治今河南周口市淮阳区。
⑥ 朋比:勾结,结成私党。

綱冬十月，赦吴少诚，复其官爵。

綱癸未，十九年（803），春三月，以杜佑同平章事。

綱自正月不雨至于秋七月。

綱齐抗罢。

綱冬十月，崔损卒。

綱十二月，以高郢、郑珣瑜同平章事。

綱贬韩愈为阳山令①。

目京兆尹李实务征求以给进奉，言于上曰："今岁虽旱而禾苗甚美。"由
是租税皆不免，人穷至坏屋卖瓦木、麦苗以输官。监察御史韩愈言：
"京畿百姓穷困，今年税物征未得者，请俟来年。"遂坐贬。

綱甲申，二十年（804），秋九月，太子有疾。

目初，翰林待诏王伾善书②，王叔文善棋，俱出入东宫，娱侍太子。叔
文诡谲多诈，自言读书知治道，太子尝与诸侍读论及宫市事，曰：
"寡人方欲极言之。"众皆称赞，独叔文无言。既退，太子自留叔文
谓曰："向者君独无言，岂有意邪？"叔文曰："太子职当视膳问安，不
宜言外事。陛下在位久，如疑太子收人心，何以自解！"太子泣曰：
"非先生，寡人无以知此。"遂大爱幸，与伾相依附。因言："某可为
相，某可为将，幸异日用之。"密结翰林学士韦执谊及朝士有名而求

_____

① 阳山：县名，今广东阳山县。
② 翰林待诏：唐代选僧、道、书、画、琴、棋、数术之工安置于翰林院内，称为待诏。

速进者陆淳、吕温、李景俭、韩晔、韩泰、陈谏、柳宗元、刘禹锡等,定为死友。而凌准、程异等又因其党以进,日与游处,踪迹诡秘,莫有知其端者。

顺宗皇帝

纲 乙酉,二十一年(805),春正月,帝崩,太子即位。

目 正月朔,诸王亲戚入贺,太子独以疾不能来,上涕泣悲叹,由是得疾。帝崩,仓猝召翰林学士郑絪、卫次公等草遗诏。宦官或曰:"禁中议所立尚未定。"次公遽言曰:"太子虽有疾,地居冢嫡①,中外属心。必不得已,犹应立广陵王②;不然,必大乱。"絪等从而和之,议始定。太子知人心忧疑,力疾出九仙门③,召见诸军使,京师粗安。明日,即位。时顺宗以风疾失音,宦官李忠言、昭容牛氏侍左右;百官奏事,自帷中可其奏。王伾召叔文,坐翰林中使决事。伾入言于忠言,称诏行下,外初无知者。

纲 以韦执谊同平章事。

目 王叔文专国政,首引执谊为相,己用事于中④,与相唱和。

纲 以王伾为左散骑常侍,王叔文为翰林学士。

---

① 冢嫡:嫡长子。
② 广陵王:顺宗子李纯。
③ 九仙门:唐长安大明宫之西北门。
④ 中:禁中。

〔王叔文用事〕

目伾寝陋、吴语①,上所亵狎②;而叔文自许③,微知文义,好言事,上以故稍敬之。以伾为散骑常侍,仍待诏翰林;叔文为学士。每事先下翰林,使叔文可否,然后宣于中书,韦执谊承而行之。韩泰、柳宗元、刘禹锡等采听谋议,汲汲如狂④,互相推奖,偭然自得⑤,以为伊、周、管、葛复出也⑥,荣辱进退,生于造次⑦,惟其所欲,不拘程式。其门昼夜车马如市。

〔罢进奉、宫市、五坊小儿〕

纲大赦,罢进奉、宫市、五坊小儿⑧。

目先是,盐铁月进羡余,经入益少⑨。五坊小儿张捕鸟雀于闾里者,皆为暴横,以取人钱物,至有张罗网于门,或张井上,近之,辄曰:"汝惊供奉鸟雀!"即痛殴之,出钱物求谢,乃去。上在东宫知其弊,故即位首禁之。

纲以王伾为翰林学士。

---

① 寝陋:容貌丑陋。吴语:王伾为杭州人,当时应说吴语,其言难懂。
② 亵狎:亲近宠幸。
③ 自许:自我期许,自负其才。
④ 汲汲:形容急切的样子。
⑤ 偭然:狂妄、自大之貌。
⑥ 伊、周、管、葛:指伊尹、周公、管仲和诸葛亮。
⑦ 造次:轻率、随意。
⑧ 五坊:为雕坊、鹘坊、鹞坊、鹰坊、狗坊,负责饲养鹰犬之类,供皇帝娱乐。
⑨ 经入:常规赋税收入。

纲 追陆贽、阳城赴京师,未至,卒。

目 德宗之末,十年无赦,群臣以微谴逐者不复叙用,至是始得量移①。追陆贽、阳城赴京师。二人皆未闻追诏而卒。

贽之秉政也,贬李吉甫为明州长史②,及贽贬,吉甫徙刺忠州。贽门人以为忧,而吉甫忻然以宰相礼事之③。贽遂与深交。吉甫,栖筠之子也。西川节度使韦皋屡表请以贽自代,不从。

纲 以杜佑为度支等使,王叔文为副使。

目 先是,叔文与其党谋,得国赋在手,则可以结诸用事人,取军士心,以固其权,又惧人心不服,藉杜佑雅有会计之名,位重而务自全,易可制,故先令佑主其名,而自除为副以专之。叔文不以簿书为意,日夜与其党屏人窃语,人莫测其所为。

纲 立广陵王纯为皇太子。

目 初,上疾久不愈,中外危惧,思早立太子,而王叔文之党欲专大权,恶闻之。宦官俱文珍、刘光琦、薛盈珍等疾叔文等,乃启上召学士郑絪等入草制。时牛昭容辈以广陵王淳英睿,恶之。絪不复请,书纸为"立嫡以长"字呈上,上颔之。乃立淳为太子,更名纯。百官睹太子仪表,大喜,相贺,有感泣者,而叔文独有忧色。

先是,杜黄裳为裴延龄所恶,留滞台阁④,十年不迁,及其婿韦执谊为

---

① 量移:官吏因罪远谪,遇赦酌情调迁近处任职。

② 明州:治今浙江宁波市。

③ 忻然:欣然。

④ 台阁:尚书省别称。

相,始迁太常卿①。黄裳劝执谊帅群臣请太子监国,执谊惊曰:"丈人甫得一官,奈何启口议禁中事!"黄裳勃然曰:"黄裳受恩三朝,岂得以一官相买乎!"拂衣起出。至是执谊恐太子不悦,故以陆质为侍读,使潜伺太子意,且解之。太子怒曰:"陛下令先生为寡人讲经义耳,何为预他事!"质惧而出。质即淳也,避太子名改之。

纲 贾耽、郑珣瑜病,不视事。

纲 夏六月,韦皋表请太子监国。

目 韦皋上表曰:"陛下哀毁成疾②,请权令太子亲监庶政,俟皇躬痊愈,复归春宫③。"又上太子笺曰:"圣上亮阴不言,委政臣下,而所付非人。王叔文、王伾、李忠言之徒,辄当重任,堕紊纪纲。树置心腹,恐危家邦。愿殿下即日奏闻,斥逐群小,使政出人主,则四方获安。"俄而荆南裴均、河东严绶笺表继至,意与皋同,中外皆倚以为援,而邪党震惧。

纲 秋七月,太子监国。以杜黄裳、袁滋同平章事,郑珣瑜、高郢罢。

〔顺宗传位太子,"二王八司马"改革失败〕

纲 八月,帝传位于太子,自号太上皇。贬王伾为开州司马④,叔文为渝州

---

① 太常卿:即太常寺卿,为太常寺的长官,掌宗庙祭祀等事务。
② 哀毁:居亲丧悲伤异常而损毁其身。
③ 春宫:太子居住之地,即东宫。
④ 开州:治今四川开江县。

司户①。

目 伾寻病死,明年赐叔文死。

纲 太子即位。

目 宪宗初即位,升平公主献女口。上曰:"上皇不受献,朕何敢违!"遂却
　　之。荆南献毛龟,上曰:"朕所宝惟贤。嘉禾、神芝,皆虚美耳,所以
　　《春秋》不书祥瑞。自今勿复以闻。珍禽奇兽,亦毋得献。"

纲 南康忠武王韦皋卒。

纲 以袁滋为西川节度使。

目 西川节度副使刘闢自为留后,表求节钺,朝廷不许。以滋为节度使,
　　征闢为给事中。

纲 朗州江涨②。

目 流万余家。

纲 以郑余庆同平章事。

纲 始令史官撰日历③。

目 从监修国史韦执谊之请也④。

纲 贬韩泰、韩晔、柳宗元、刘禹锡为诸州刺史。

---

① 渝州:治今重庆巴南区。司户:司户参军,主管民户的州佐官。
② 朗州:治今湖南常德市。
③ 日历:史官逐日记录皇帝言行、朝政事务的史料汇编。
④ 监修国史:为宰相兼职,主持国史编修。

纲 冬十月,贾耽卒。

纲 葬崇陵①。

纲 贬韦执谊为崖州司户。

纲 贬袁滋为吉州刺史。

目 刘辟不受征,阻兵自守。滋畏其强,不敢进。上怒,贬之。

纲 以武元衡为御史中丞。

纲 再贬韩泰等及陈谏、凌准、程异为诸州司马。

〔刘辟节度西川,韦丹节度东川〕

纲 十二月,以刘辟为西川节度副使②,韦丹为东川节度使③。

目 上以初即位,力未能讨刘辟,故因而授之。谏议大夫韦丹上疏曰:"今释辟不诛,则朝廷可以指臂而使者,惟两京耳。此外谁不为叛!"上善其言。以丹镇东川。

纲 以郑絪同平章事。

宪宗皇帝

纲 丙戌,宪宗皇帝元和元年(806),春正月,太上皇崩。

---

① 崇陵:唐德宗陵,在今陕西三原县西嵯峨山。
② 节度副使:节度使之副职。据《资治通鉴》载,宪宗实命刘辟以副使知节度事。
③ 东川:藩镇名,治梓州,今四川三台县。

〔刘闢叛乱,杜黄裳荐高崇文讨刘闢〕

纲 刘闢反,命神策行营节度使高崇文将兵讨之。

目 闢既得旌节①,志益骄,求兼领三川②,上不许。闢遂发兵围梓州③,推官林蕴力谏闢④,闢怒,将斩之,阴戒行刑者使不杀,但数砺刃于其颈,欲使屈服而赦之。蕴叱之曰:"竖子,当斩即斩,我颈岂汝砥石邪⑤!"闢曰:"忠烈士也!"乃黜之。

上欲讨闢而重于用兵,公卿议者亦以为蜀险固难取,杜黄裳独曰:"闢狂戆(gàng)书生⑥,取之如拾芥耳! 臣知神策军使高崇文勇略可用,愿陛下专以军事委之,勿置监军,闢必可擒。"上从之。翰林学士李吉甫亦劝上讨蜀,上由是器之。乃削闢官爵,诏崇文与兵马使李元奕、山南西道严砺讨之。

时崇文屯长武城⑦,练卒五千,常如寇至,受诏即行,器械糗(qiǔ)粮一无所阙。军士有食于逆旅,折人匕箸者,崇文斩以徇。刘闢陷梓州,执东川节度使李康。崇文引兵趣梓州,闢归康以求自雪,崇文以康败军失守,斩之。

〔杜黄裳请裁制藩镇〕

初,上与杜黄裳论及藩镇,黄裳曰:"德宗自经忧患,务为姑息,不生除

---

① 旌节:指节度使。
② 三川:即剑南西川节度使、剑南东川节度使、山南东道节度使。
③ 梓州:东川节度使治所。
④ 推官:节度使的属官。
⑤ 砥石:磨刀石。
⑥ 狂戆:狂妄鲁笨。
⑦ 长武城:今陕西长武县。

节帅;有物故者,遣中使察军情所与则授之,未尝出朝廷之意。陛下必欲振举纲纪,宜稍以法度裁制藩镇,然后天下可得而理也。"上深以为然,于是始用兵讨蜀,以至威行两河①,皆黄裳启之也。

[杜黄裳以为帝王之道贵在知人善任,而非勤于琐细之事]

上尝与宰相论"自古帝王,或勤劳庶政,或垂拱无为,何为而可?"黄裳对曰:"王者上承天地宗庙,下抚百姓四夷,夙夜忧勤,固不可自暇逸。然上下有分,纪纲有叙,苟慎选贤才而委任之,有功则赏,有罪则刑,则谁不尽力! 明主劳于求人而逸于任人,此虞舜所以无为而治者也。至于簿书狱市烦细之事,各有司存,非人主所宜亲也。昔秦始皇以衡石程书,魏明帝自按行尚书事,隋文帝卫士传餐,皆无补当时,取讥后世,所务非其道也。夫人主患不推诚,人臣患不竭忠。苟上疑其下,下欺其上,将以求理,不亦难乎!"上深然之。

纲夏四月,以高崇文为东川节度副使。

目韦丹至汉中,表言:"高崇文客军远斗,无所资,若与梓州,缀其士心②,必能有功。"故有是命。

[开制科,元稹、白居易等被简拔,由此踏上仕途]

纲策试制举之士③。

目于是元稹(zhěn)、独孤郁、白居易、萧俛(miǎn)、沈传师出焉。

---

① 两河:即河南道与河北道。

② 缀:连缀、凝聚。

③ 策:一种议论文体。制举:由皇帝下诏临时设置,选拔特殊人才的科举考试科目。

纲以李巽为度支盐铁转运使。

目杜佑请解盐铁，举巽自代。自刘晏之后，居职者莫能继之。巽掌使一年，征课所入，类晏之多，明年过之，又一年加一百八十万缗。

纲以元稹、独孤郁、萧俛为拾遗。

目稹上疏曰："自古人主即位之初，必有敢言之士，苟受而赏之，则君子乐行其道，竞为忠谠；小人亦贪得其利，不为回邪。如是，则上下之志通，幽远之情达，欲无理得乎！苟拒而罪之，则君子括囊以保身①，小人迎合以窃位；十步之事，皆可欺也，欲无乱得乎！昔太宗初即位，孙伏伽以小事谏，太宗厚赏之。故当时言事者惟患不深切，未尝以触忌讳为忧也。陛下践祚，今已周岁，未闻有受伏伽之赏者。臣等备位谏列，犹且弥年不得召见，而况疏远之臣乎！"因条奏请次对百官②，复正牙奏事，禁非时贡献等十事。又劝上以伾、文为戒，早择修正之士，辅导诸子。上颇嘉纳其言，时召见之。

纲郑余庆罢。

纲尊太上皇后为皇太后。

纲六月，高崇文破鹿头关③，连战皆捷。

纲秋七月，葬丰陵④。

---

① 括囊：结扎袋口，比喻缄口不言。
② 次对：即轮对，指百官依照一定顺序和周期，轮值上殿面圣，指陈时政利弊得失。
③ 鹿头关：在今四川德阳县境。
④ 丰陵：唐顺宗陵，在今陕西铜川市南金瓮山。

纲八月，平卢节度使李师古卒。

目师古薨，判官高沐、李公度奉师古异母弟师道以为帅，奉表京师。杜
　黄裳请乘其未服而分之。上以刘闢未平，以师道为留后。

〔高崇文平蜀擒刘闢〕

纲九月，高崇文克成都，擒刘闢，送京师，斩之。

目高崇文又败刘闢之众于鹿头关。河东将阿跌光颜将兵会崇文于行
　营，愆期一日，惧诛，欲深入自赎，军于鹿头之西，断其粮道，于是绵
　江、鹿头诸将皆以城降。崇文遂长驱直指成都，克之。闢奔吐蕃，崇
　文使高霞寓追擒之。遂入成都，屯于通衢，市肆不惊，秋毫无犯。槛
　闢送京师①，斩其大将邢泚，余无所问。命军府事，一遵韦南康故
　事②，从容指撝③，一境皆平。
　闢有二妾，皆殊色，监军请献之，崇文曰："天子命我讨平凶竖，当以抚
　百姓为先，遽献妇人以求媚，岂天子之意邪！崇文义不为此。"乃以配
　将吏之无妻者。
　杜黄裳建议征蜀，指授方略，皆悬合事宜。及蜀平，宰相入贺，上目黄
　裳曰："卿之功也！"
　闢至长安，并族党悉诛之。

纲征少室山人李渤为左拾遗。

———————

① 槛：以囚车关押。
② 韦南康：即西川节度使韦皋，封南康王。
③ 撝：同"挥"。

目 渤辞疾不至,然朝政有得失,辄附奏陈论。

纲 冬十月,以高崇文为西川节度使,柳晟为山南西道节度使。

纲 十一月,以吐突承璀为左神策中尉①。

纲 回鹘入贡。

目 始以摩尼偕来,置寺处之。

纲 丁亥,二年(807),春正月,杜黄裳罢为河中节度使。

目 黄裳有经济大略而不修小节,故不得久在相位。

纲 以武元衡、李吉甫同平章事。

〔李吉甫以进贤报德〕

目 吉甫谓中书舍人裴垍曰:"吉甫流落江、淮,逾十五年,一旦蒙恩至此,思所以报德,惟在进贤,而朝廷后进,罕所接识,君有精鉴,愿悉为我言之。"垍取笔疏三十余人。数月之间,选用略尽。当时翕然称吉甫为得人。

纲 夏四月,李锜反,制削官爵属籍,发诸道兵讨之。

目 夏、蜀既平②,藩镇惕息。镇海节度使李锜不自安,求入朝,上许之。锜实无行意,屡迁行期。称疾,请至岁暮。武元衡曰:"锜求朝得朝,求止得止,将何以令四海!"上以为然,下诏征之。锜计穷,遂谋反。

---

① 神策中尉:率领神策军,分为左右。
② 夏:即夏绥,藩镇名,治夏州,今陕西榆林市。

杀留后王澹、大将赵琦,使人杀所部五州刺史。制削锜官爵属籍。遣淮南节度使王锷统诸道兵以讨之。

纲 以武元衡为西川节度使,高崇文为邠宁节度使。

目 高崇文在蜀期年,谓监军曰:"西川乃宰相回翔之地,崇文岂敢自安!"屡上表称"蜀中安逸,无所陈力,愿效死边陲",故有是命。

纲 镇海兵马使张子良执李锜,送京师,斩之。

目 有司籍其家财输京师。翰林学士裴垍、李绛言:"锜割剥六州以富其家,今以输上京,恐远近失望。愿以赐浙西百姓,代今年租赋。"上嘉叹,从之。

纲 以白居易为翰林学士。

目 居易作《乐府》百余篇,规讽时事,流闻禁中。上悦之,故有是命。

纲 李吉甫上《元和国计簿》。

〔复开制科〕

纲 戊子,三年(808),夏四月,策试贤良方正、直言极谏举人。

目 牛僧孺、皇甫湜、李宗闵皆指陈时政之失,无所避。考官杨於陵、韦贯之署为上第,上亦嘉之。李吉甫恶其言直,泣诉于上,且言"湜,翰林学士王涯之甥也,涯与裴垍覆策而不自言①。"上不得已,罢垍,贬贯之巴州刺史,涯虢州司马,於陵岭南节度使。僧孺等久之不调,各从

───────────

① 覆策:试策后审核对策的内容。

辟于藩府。

纲以裴均为右仆射,卢坦为庶子。

目均素附宦官。尝入朝,逾位而立。御史中丞卢坦揖而退之,均不从。坦曰:"昔姚南仲为仆射,位在此。"均曰:"南仲何人?"坦曰:"是守正不交权幸者。"坦寻改右庶子。

纲秋七月,以卢坦为宣歙观察使。

目坦到官,值岁饥,谷价日增。或请抑之,坦曰:"宣歙谷少,仰食四方。若价贱,则商船不来,益困矣。"既而米斗二百,商旅辐辏,民赖以生。

纲以裴垍同平章事。

目上虽以李吉甫故罢垍学士,然宠信弥厚,故未几复擢为相。尝谓之曰:"以太宗、玄宗犹藉辅佐以成其理,况如朕不及先圣万倍者乎!"垍亦竭诚辅佐。上尝问垍:"为理之要何先?"对曰:"先正其心。"

〔裴垍不私故人〕

垍器局峻整①,人不敢干以私。尝有故人自远诣之,垍厚遇之。其人乘间求京兆判司,垍曰:"公才不称此官,垍不敢以私害公。"先朝执政,多恶谏官言时政得失,垍独赏之。

纲己丑,四年(809),春正月,南方旱饥,遣使宣慰赈恤。

目宣慰使郑敬等将行,上戒之曰:"朕宫中用帛一匹,皆籍其数,惟赒

────────────

① 器局:气量,风度。

(zhōu)救百姓①,则不计费,卿等宜识此意。"

纲 郑絪罢,以李藩同平章事。

目 藩给事中制敕有不可者,即于黄纸后批之②。吏请更连素纸,藩曰:
"如此,乃状也,何名批敕!"裴垍荐藩有宰相器。上以絪循默③,罢
之,擢藩为相。藩知无不言,上甚重之。

纲 三月,成德节度使王士真卒。

〔河北三镇各以子袭位〕

目 子承宗自为留后。河北三镇④,相承各置副大使,以嫡长为之,父没则
代领军务。

纲 闰月,立邓王宁为皇太子。

纲 夏四月,起复卢从史为金吾大将军。

目 上欲乘王士真死,除人代之。不从则兴师讨之,以革河北诸镇世袭之
弊。李绛曰:"武俊父子相承,四十余年,今承宗又已总军务,一旦易
之,恐未即奉诏。又河北诸镇事体正同,必不自安,阴相党助。且今
江、淮大水,公私困竭,军旅之事,恐未可轻议也。"中尉吐突承璀自请
将兵讨之。时昭义节度使卢从史遭父丧,朝廷久未起复⑤。从史惧,

---

① 赒:救济。
② 黄纸:即黄麻纸,诏书用纸。
③ 循默:循常随俗而不表意见。
④ 河北三镇:即成德、魏博和卢龙。
⑤ 起复:古时官员遭父母之丧去职,服丧期未满而重新起用。

因承璀进说,请以本军讨承宗。诏起复金吾大将军。

纲 秋七月,贬杨凭为临贺尉①。

目 中丞李夷简弹京兆尹杨凭贪污僭侈,贬临贺尉。凭亲友无敢送者,栎(yuè)阳尉徐晦独至蓝田与别②。权德舆谓之曰:"君送杨临贺,诚为厚矣,无乃为累乎!"对曰:"晦自布衣蒙杨公知奖,今日远谪,岂得不与之别!借如明公他日为谗人所逐,晦敢自同路人乎!"德舆嗟叹,称之于朝。后数日,李夷简奏为监察御史,谓之曰:"君不负杨临贺,肯负国乎!"

纲 九月,王承宗表献德、棣二州,诏以承宗为成德节度使。德州刺史薛昌朝为保信节度使,领德、棣二州。承宗袭昌朝,执之以归。

纲 冬十月,削夺王承宗官爵,发兵讨之。以吐突承璀为招讨、处置等使。

纲 十一月,彰义节度使吴少诚卒③。

目 初,吴少诚宠其大将吴少阳,名以从弟,出入如至亲。少诚病,少阳杀其子自摄副使、知军事。少诚死,少阳遂自为留后。

谢一峰 评注

黄正建 审定

---

① 临贺:县名,今广西贺州市。
② 栎阳:县名,治今陕西西安市临潼区北栎阳镇。
③ 彰义:藩镇名,治蔡州,后更名淮西。